Inhaltsseiten

Diese Seiten vermitteln dir – unterstützt durch **Merksätze**, Tabellen und Übersichten – biologisches Grundlagenwissen über wichtige Begriffe, Gesetze, Erscheinungen und Zusammenhänge.

Ergänzendes und Vertiefendes bietet zusätzliche Informationen.

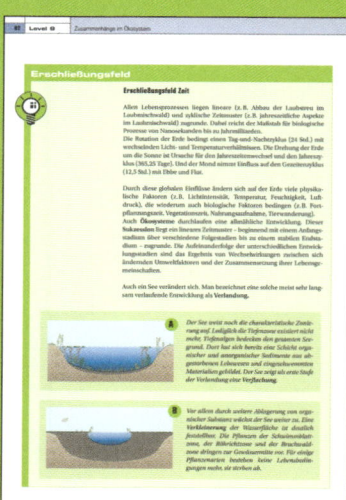

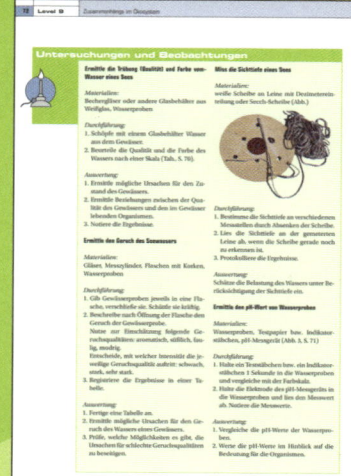

Erschließungsfeld

Diese Seiten helfen dir, allgemeingültige Zusammenhänge (z. B. Struktur und Funktion) in der Biologie zu erkennen und sie – unterstützt durch Aufgaben – auf neue Erscheinungen anzuwenden.

Beobachtungen/Experimente

Diese Seiten regen dich zum selbstständigen Beobachten, Experimentieren, Probieren sowie Überprüfen von Aussagen und eigener Ideen an.

Projekte und fächerverbindendes Thema

Diese Seiten sollen dich zum selbstständigen Bearbeiten ausgewählter Themen anregen, die eine Verbindung zwischen verschiedenen Fächern herstellen.

Level ▶ Biologie

**Lehrbuch für die Klasse 9
Gymnasium Sachsen**

Herausgeber:
Dr. Axel Goldberg
Dr. Edeltraud Kemnitz

DUDEN PAETEC Schulbuchverlag
Berlin · Frankfurt a. M.

Herausgeber
Dr. Axel Goldberg
Dr. Edeltraud Kemnitz

Autoren
Ralf Ballmann
Dr. Karl-Heinz Firtzlaff
Dr. Axel Goldberg
Prof. Dr. habil. Frank Horn

Dr. Edeltraud Kemnitz
Dr. habil. Christa Pews-Hocke
Prof. Dr. habil. Erwin Zabel

Beiträge von Bernd Sauer und Jens Bussen

Berater
Ralf Ballmann, Werdau

Dieses Werk enthält Vorschläge und Anleitungen für **Untersuchungen** und **Experimente.**
Vor jedem Experiment sind mögliche Gefahrenquellen zu besprechen. Die Gefahrstoffe sind mit den entsprechenden Symbolen gekennzeichnet. Experimente werden nur nach Anweisung des Lehrers durchgeführt. Solche mit Gefahrstoffen dürfen nur unter Aufsicht durchgeführt werden. Beim Experimentieren sind die Richtlinien zur Sicherheit im naturwissenschaftlichen Unterricht einzuhalten.

Das Werk und seine Teile sind urheberrechtlich geschützt. Jede Nutzung in anderen als den gesetzlich zugelassenen Fällen bedarf der vorherigen schriftlichen Einwilligung des Verlages.
Hinweis zu § 52 a UrhG: Weder das Werk noch seine Teile dürfen ohne eine solche Einwilligung eingescannt und in ein Netzwerk eingestellt werden. Dies gilt auch für Intranets von Schulen und sonstigen Bildungseinrichtungen.
Das Wort **Duden** ist für den Verlag Bibliographisches Institut & F. A. Brockhaus AG als Marke geschützt.

Die genannten Internetangebote wurden von der Redaktion sorgfältig zusammengestellt und geprüft. Für die Inhalte der Internetangebote Dritter, deren Verknüpfung zu anderen Internetangeboten und Änderungen der unter der jeweiligen Internetadresse angebotenen Inhalte übernimmt der Verlag keinerlei Haftung.

1. Auflage*
1 6 5 4 3 2 | 2011 2010 2009 2008 2007
Alle Drucke dieser Auflage können im Unterricht nebeneinander benutzt werden.
Die letzte Zahl bezeichnet das Jahr des Druckes.

© 2006 DUDEN PAETEC GmbH, Berlin

Internet www.duden-paetec.de

Redaktion Dr. Edeltraud Kemnitz
Gestaltungskonzept und Umschlag Simone Hoschack
Layout Simone Hoschack, Jessica Kupke
Grafik Christiane Gottschlich, Christiane Mitzkus, Walther-Maria Scheid, Sybille Storch
Titel Clownfisch, age fotostock/mauritius images; Seerosen, Rainer Fischer
Druck und Bindung Druckerei zu Altenburg GmbH, Altenburg

ISBN 978-3-89818-475-5

Inhaltsverzeichnis

1 Anatomie und Physiologie der Samenpflanzen 6

1.1 Struktur und Funktionen der Organe der Samenpflanzen ... 7

- Vielfalt der Algen und Pflanzen 8
- Gruppen von Algen, Moos-, Farn- und
  Samenpflanzen – ein Überblick 9
- **Methode: Bestimmen von Hauptgruppen einiger Pflanzen** ... 10
- Bau der Blüte und ihre Funktionen 12
- Bau und Funktionen der Wurzel 18
- Zusatzinformation: Mineralstoffe und ihre Aufnahme 23
- Bau und Funktionen der Sprossachse 24
- Zusatzinformation: Dickenwachstum von Sprossachsen 29
- Bau und Funktionen des Laubblatts 30
- gewusst · gekonnt 34
- Das Wichtigste auf einen Blick 36

1.2 Stoff- und Energiewechsel
bei chlorophyllhaltigen Organismen 38

- Ernährungsweisen 39
- Fotosynthese als grundlegender Prozess des Stoff- und
  Energiewechsels bei chlorophyllhaltigen Organismen 40
- Experimente zur Fotosynthese 41
- Zusatzinformation: Teilreaktionen der Fotosynthese 44
- Experiment: Sauerstoffnachweis bei der Fotosynthese 45
- Bildung weiterer organischer Stoffe 46
- Bedeutung der Fotosynthese 47
- Die Atmung – ein weiterer Lebensprozess
  chlorophyllhaltiger Organismen 48
- Zusatzinformation: Wissenschaftler, die sich mit
  der Physiologie der Pflanzen beschäftigten 48
- Experimente zur Atmung 49
- Zusatzinformation: Beeinflussung der
  Fotosynthese und Atmung durch den Menschen 52
- Der Stoff- und Energiewechsel – ein Überblick 54
- **Erschließungsfelder: Stoff und Energie
  sowie Wechselwirkung** 56
- gewusst · gekonnt 60
- Das Wichtigste auf einen Blick 62

2 Zusammenhänge im Ökosystem 64

2.1 Der See – ein vielgestaltiger Lebensraum 65
- Bedeutung und Besonderheit des Wassers 66
- Der See als Lebensraum 68
- Untersuchungen zur Gewässerqualität 72
- Lebensgemeinschaften eines Sees 73
- Nahrungsbeziehungen zwischen den Lebewesen eines Sees ... 79
- Ökologische Einnischung 80
- Der See als Ökosystem 81
- **Erschließungsfeld: Zeit** 82
- **Projekt: Erkundung eines Sees** 86
- gewusst · gekonnt 87
- Das Wichtigste auf einen Blick 89

2.2 Wechselwirkungen zwischen den verschiedenen Faktoren in einem See 91
- Wechselwirkungen zwischen abiotischen Faktoren 92
- Wechselwirkungen zwischen abiotischen und biotischen Faktoren 94
- Zusatzinformation: Einfluss des Lichts auf Landpflanzen 95
- Zusatzinformation: Einfluss des Lichts auf Landtiere 96
- Zusatzinformation: Einfluss der Temperatur auf Landpflanzen und Landtiere 98
- Zusatzinformation: Landpflanzen als Zeigerpflanzen 103
- Toleranz von Organismen gegenüber der Ausprägung abiotischer Faktoren 104
- Beziehungen zwischen den Organismen in einem See 106
- Kreisläufe in einem Ökosystem – am Beispiel eines Sees 116
- gewusst · gekonnt 119
- Das Wichtigste auf einen Blick 121

2.3 Schutz der Gewässer 123
- Eintrag von Schadstoffen 124
- Reinigung von Abwasser 125
- Maßnahmen zur Sanierung und Restaurierung von Seen 127
- Einige gefährdete Pflanzen und Tiere in Sachsen 128
- **Methode: Herbarisieren** 130
- **Projekt: Bestimmen und Herbarisieren von Pflanzen der Uferregion** 131
- gewusst · gekonnt 132
- Das Wichtigste auf einen Blick 133

W Wahlpflichtbereich • Fächerverbindendes Thema 134

Projekte 135
- Hinweise zur Arbeit 135
- Mikrokosmos Wiese 136
- Mannigfaltigkeit der Pilze 140
- Von der Gerste zum Bier 144

Fächerverbindendes Thema 147
- Energie und Umwelt 147

- Register 150
- Bildquellenverzeichnis 152

1 Anatomie und Physiologie der Samenpflanzen

1.1 Struktur und Funktionen der Organe der Samenpflanzen

Wurzel – Standbein der Pflanzen ▸▸ Die Wurzeln verankern die Pflanzen einerseits im Boden. Andererseits nehmen sie mithilfe vieler winziger Wurzelhaare Wasser und darin gelöste Mineralstoffe auf.

Sprossachse – Leitungsorgan der Pflanze ▸▸ Die von der Wurzel aufgenommenen Stoffe – Wasser und Mineralstoffe – müssen entgegen der Schwerkraft bis in die höchsten Teile der Pflanzen transportiert werden. Beim Mammutbaum sind das z. B. über 100 m.

Spaltöffnungen – Ort des Gasaustauschs ▸▸ In den Laubblättern befinden sich vor allem an der Blattunterseite viele kleine Öffnungen, durch die Wasserdampf, Sauerstoff und Kohlenstoffdioxid ausgetauscht werden. Durch einen Spalt wird die Menge z. B. der Wasserdampfabgabe reguliert.

Vielfalt der Algen und Pflanzen

Samenpflanzen sind in Wurzel und Spross (Sprossachse und Laubblätter) gegliedert.

Wenn von Pflanzen gesprochen wird, denken viele nur an **Samenpflanzen.** Sie prägen das Landschaftsbild – Wiesen, Wälder, Parkanlagen, Alleen. Zu den Pflanzen gehören aber noch andere Gruppen: die **Moos-** und **Farnpflanzen** (Abb. 1). Alle diese Lebewesen besitzen den grünen Farbstoff Chlorophyll. Sie sehen daher meist grün aus. Chlorophyll besitzt auch die Gruppe der **Algen.**

Die Pflanzen sind an unterschiedliche **Lebensbedingungen** angepasst. Sie kommen daher in großer Vielfalt auf der Erde vor. Die Samenpflanzen leben wie die Moos- und Farnpflanzen vorwiegend auf dem Land. Es gibt aber auch Arten, die im oder auf dem Wasser ihren Lebensraum haben, z. B. *Wasserlinse, Weiße Seerose.* Vertreter der Gruppe der Algen sind überwiegend Wasserbewohner, man findet sie aber auch auf dem Land, z. B. an Baumstämmen.

Die Vielfalt an Pflanzen und Algen (etwa 304 000 Arten) ist kaum überschaubar. Sie unterscheiden sich z. B. in der **Größe.** Manche Algen sind mikroskopisch klein (z. B. *Chlorella*), andere Algen werden über 100 m lang. Die kleinste Samenpflanze (*Wasserlinse*) ist nur wenige Millimeter groß. Der *Mammutbaum* dagegen kann über 100 m hoch werden.

Auch die **Lebenszeit** der Pflanzen ist unterschiedlich. Manche Samenpflanzen leben z. B. weniger als 1 Jahr (z. B. die *Garten-Erbse*), andere können über 1 000 Jahre alt werden (z. B. die *Eiche,* der *Mammutbaum*).

Die **Vielgestaltigkeit der Pflanzen** fällt uns besonders bei den Samenpflanzen auf. Manche haben nadelförmige Blätter, z. B. Kieferngewächse. Bei den meisten Pflanzen sind die Blätter laubblattartig, z. B. *Eiche.* Sehr unterschiedlich sind auch die Blüten in Form und Farbe der Kronblätter sowie in ihrer Größe.

1 ▸ Übersicht über die Vielfalt von Pflanzen

Struktur und Funktionen der Organe der Samenpflanzen

Gruppen von Algen, Moos-, Farn- und Samenpflanzen – ein Überblick

Diese Organismengruppen besitzen im Unterschied z. B. zu den Tieren **Chlorophyll**, einen grünen Farbstoff, und sehen daher meist grün aus.

Algen (ca. 33 000 Arten)

Lebensraum:	Meer, Süßwasser, aber auch feuchte oder trockene Landstandorte
Einteilung:	u. a. Grünalgen, Jochalgen, Braun- und Rotalgen (hier Chlorophyll durch andere Farbstoffe überlagert)
Merkmale:	ein- und mehrzellige Lebewesen; mehrzellige: fädig, flächig, strauchförmig; keine ausgeprägten Gewebe

Moos-, Farn- und Samenpflanzen: mehrzellig, mehr oder weniger ausgeprägte **Gewebe**

Moospflanzen (ca. 26 000 Arten)

Lebensraum:	meist auf dem Land, feuchte oder trockene Standorte
Einteilung:	Lebermoose und Laubmoose
Merkmale:	noch „einfache" Gewebe, z. B. Leit- und Festigungsgewebe, keine Wurzeln, Laubmoose in Stämmchen und Blättchen gegliedert, Lebermoose meist blattähnlich gestaltet

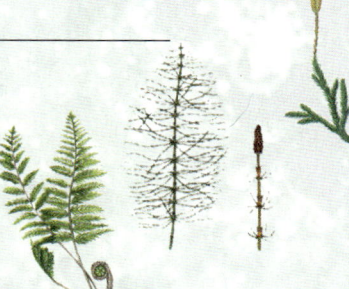

Farnpflanzen (ca. 15 000 Arten)

Lebensraum:	meist Landpflanzen
Einteilung:	Farnpflanzen, Bärlappe, Schachtelhalme
Mermale:	Gliederung in Wurzel und Spross (Laubblätter, Sprossachse), differenzierte Gewebe, unterschiedlich gestaltet

Samenpflanzen (ca. 230 000 Arten)

Lebensraum:	meist Landpflanzen, aber auch in Gewässern
Einteilung:	Bedecktsamer und Nacktsamer
Merkmale:	Gliederung in Wurzel und Spross (Sprossachse und Laubblätter), Ausbildung von Samen
	Nacktsamer: Samenanlagen liegen frei („nackt") auf Fruchtblättern (Samenschuppen), es werden Samen, aber keine Früchte ausgebildet
	Bedecktsamer: Samenanlagen sind in Fruchtknoten eingeschlossen; die Frucht mit Samen entwickelt sich vorwiegend aus dem Fruchtknoten; Einteilung der Bedecktsamer u. a. in Einkeimblättrige Pflanzen und Zweikeimblättrige Pflanzen

Methoden

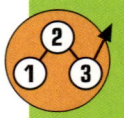

Wir bestimmen Hauptgruppen einiger Pflanzen

1	• Pflanzen ständig im Wasser, mit Schwimmblättern (Abb. 1, S. 11) oder untergetaucht **Wasserpflanzen**	
1*	• Pflanzen ständig auf dem Land; wenn im Wasser stehend, dann Sprossteile noch deutlich über der Wasseroberfläche	2
2	• Pflanzen Blüten und Samen bildend (Samenpflanzen), Samen in Zapfen oder Früchten, Kräuter oder Holzgewächse...................................	3
2*	• Pflanzen nie Blüten und Samen bildend, staubfeine Sporen in Sporenkapseln, nur Kräuter (Abb.1–4; Abb. 2, S. 11) **Farnpflanzen**	
3	• Blätter nadelförmig oder schuppenförmig (Abb. 5), selten breit-fächerförmig (nur Ginkgo – Abb. 6); Samen oft in holzigen (Abb. 7) oder beerenartigen Zapfen (Abb. 8) oder von einem fleischigen becherförmigen Mantel umgeben (Abb. 9) nur Holzgewächse (Abb. 3, S. 11) **Nacktsamige Pflanzen**	
3*	• Blätter meist breitflächig (Abb. 10–13), selten nadelförmig; Samen in Früchten; Blüten oft mit auffallend gefärbten Kronblättern Kräuter oder Holzgewächse **(Bedecktsamige Pflanzen)**...................	4
4	• Blätter meist parallelnervig, stets einfach (Abb. 10), nur Kräuter **Einkeimblättrige Landpflanzen**	
4*	• Blätter meist netzadrig, vielgestaltig, einfach (Abb. 11 u. 12) oder zusammengesetzt (Abb. 13) Kräuter oder Holzgewächse (siehe **Zweikeimblättrige Landpflanzen**)	5
5	• Sprossachse holzig, Bäume oder Sträucher (Abb. 6, S. 11) **Zweikeimblättrige Holzgewächse**	
5*	• Sprossachse krautig (Abb. 4 u. 5, S. 11) **Zweikeimblättrige krautige Landpflanzen**	

Struktur und Funktionen der Organe der Samenpflanzen | Biologie 11

Methoden

1 ▸ Schmalblättrige Wasserpest

2 ▸ Gemeiner Frauenfarn

3 ▸ Weiß-Tanne

4 ▸ Einjähriges Rispengras

5 ▸ Busch-Windröschen

6 ▸ Rotbuche

Bau der Blüte und ihre Funktionen

Die Blüte der Samenpflanzen

Die Blüte der Samenpflanzen ist aus Kelchblättern, Kronblättern, Staubblättern sowie ein oder mehreren Fruchtblättern (Abb. 3) aufgebaut.

Außen ist die Blüte von den meist grünen **Kelchblättern** umgeben. Die **Kronblätter** sind oft auffällig gefärbt. In der Mitte befinden sich die **Fruchtblätter.** Oft sind mehrere Fruchtblätter verwachsen. Man kann dann meist drei Abschnitte unterscheiden: Narbe, Griffel und Fruchtknoten. An dem langen Staubfaden des **Staubblatts** befindet sich ein Staubbeutel. Aus den Fruchtblättern der Blüten entstehen Früchte, die Samen enthalten. Durch die **Bildung der Samen** erfolgt die Fortpflanzung der Samenpflanzen.

Die Blüten der Samenpflanzen sind *vielgestaltig*. Sie unterscheiden sich u.a. in Größe, Form (Abb. 1, 2, 4) und Farbe. Bei manchen Pflanzenarten sind die Kronblätter miteinander verwachsen, bei anderen stehen sie frei auf dem Blütenboden.

Auch in der **Anzahl** der Kelch-, Kron-, Staub- und Fruchtblätter unterscheiden sich Blüten verschiedener Pflanzenarten. So hat zum Beispiel die Blüte des *Apfels* fünf, die Blüte des *Saat-Mohns* nur vier Kronblätter.

Unterschiedlich ist auch die **Anzahl der Blüten,** die an einer Sprossachse zu finden sind. Bei manchen Pflanzenarten trägt die Sprossachse nur einzeln stehende Blüten, bei anderen Pflanzenarten stehen mehrere Blüten dicht beieinander. Die Blüten bilden dann einen **Blütenstand,** z.B. Dolde, Köpfchen, Korb, Traube.

Die Anzahl der Blütenteile ist ein wichtiges Merkmal, um die Pflanzen einer Pflanzengruppe, z.B. einer **Pflanzenfamilie,** zuzuordnen. Aufgrund der Vielfalt der Blütenformen und anderer Merkmale unterscheidet man auch eine Vielzahl von Pflanzenfamilien. Dazu gehören u.a. *Schmetterlingsblütengewächse, Kreuzblütengewächse, Lippenblütengewächse, Rosengewächse* und *Korbblütengewächse*.

1 ▸ Besen-Ginster

2 ▸ Glockenblume

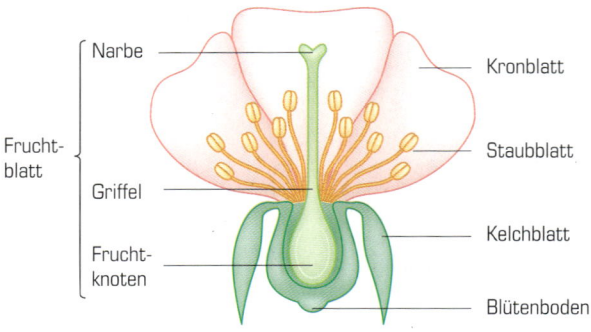

3 ▸ Blüte schematisch

4 ▸ Blüte eines Safrankrokusses

Überblick über einige Familien der Samenpflanzen

Schmetterlingsblütengewächse

Merkmale:	Blüte besitzt 5 Kelch- und 5 Kronblätter (1 Fahne, 2 Flügel, 2 zu einem Schiffchen verwachsene Kronblätter), 10 Staubblätter; Fruchtblatt mit länglichem Fruchtknoten liegt in Röhre
Früchte:	Hülsen

Kreuzblütengewächse

Merkmale:	Blüte besitzt 4 Kelchblätter, kreuzweise gegenüberstehend; 4 Kronblätter, kreuzweise gegenüberstehend; 6 Staubblätter (2 kürzere, 4 längere); 2 verwachsene Fruchtblätter
Frucht:	Schote, Schötchen

Rosengewächse

Merkmale:	Blüte besitzt 5 Kelchblätter; 5 Kronblätter; viele Staubblätter, ein oder mehrere Fruchtblätter (oft verwachsen)
Frucht:	u. a. Nüsse, Steinfrüchte, Apfelfrüchte

Korbblütengewächse

Blütenstand:	Korb
Einzelblüten:	Zungenblüten (bilden keine Früchte aus), Röhrenblüten (besitzen alle Teile einer Blüte, bilden Früchte aus)
Frucht:	u. a. Nüsse

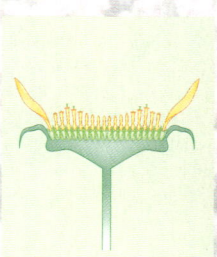 

Lippenblütengewächse

Merkmale:	Blüte besitzt 5 Kronblätter (2 bilden Oberlippe, 3 die Unterlippe), im unteren Teil verwachsen; 4 Staubblätter (2 längere und 2 kürzere), 2 Fruchtblätter (verwachsen)
Früchte:	4 Teilfrüchte

Bestäubung und Befruchtung

Wenn die Samenanlage in einem Fruchtknoten eingeschlossen ist, spricht man von Bedecktsamern. Liegt sie frei auf offenen Fruchtblättern, spricht man von Nacktsamern.

Blüten dienen der Fortpflanzung von Pflanzen. Aus der Samenanlage im Fruchtblatt entwickelt sich der Samen und aus diesem später eine neue Pflanze.

Die **Fruchtblätter** sind die weiblichen Blütenteile, die **Staubblätter** sind die männlichen Blütenteile (Abb. 1). Häufig sind die Fruchtblätter miteinander verwachsen. Der Fruchtknoten enthält eine oder mehrere *Samenanlagen*.

In der Samenanlage befindet sich die *Eizelle*. An dem langen Staubfaden des Staubblatts ist ein Staubbeutel. In ihm entsteht der *Blütenstaub* (Pollen). Im Blütenstaub entwickeln sich Samenzellen.

Bei der **geschlechtlichen Fortpflanzung** müssen Eizelle und Samenzelle aufeinandertreffen, um verschmelzen zu können. Voraussetzung ist die Übertragung des Pollens auf die Narbe. Dies wird **Bestäubung** genannt. Sie erfolgt z. B. durch Insekten (Insektenbestäubung) oder durch Wind (Windbestäubung).

Insektenbestäubung kommt oft bei auffällig gefärbten oder stark duftenden Blüten vor. Insekten werden bei ihrer Nahrungssuche dadurch angelockt. Beim Herumkrabbeln auf der Blüte berühren sie den Staubbeutel mit dem Pollen, dieser bleibt an ihrem Körper haften. Beim Besuch der nächsten Blüte bleibt der Pollen dann an der klebrigen Narbe hängen. Da die Narben der Blüten mit Pollen von fremden Blüten bestäubt werden, spricht man hier auch von *Fremdbestäubung*.

Windbestäubung kommt häufig bei Pflanzen mit sehr kleinen, unscheinbaren Blüten vor. Hier erfolgt die Übertragung des Blütenstaubs auf die Narben durch den Wind. Windbestäubung kommt z. B. bei allen Gräsern und der *Kiefer* vor.

Wenn ein Pollenkorn auf die Narbe gelangt ist, bildet sich ein **Pollenschlauch.** Der Pollenschlauch wächst durch den Griffel hindurch bis in die Samenanlage mit der Eizelle (Abb. 1 a). Im Pollenschlauch bilden sich zwei Samenzellen. Eine verschmilzt mit der Eizelle. Die Verschmelzung von Eizelle und Samenzelle nennt man die **Befruchtung** (Abb. 1 b).

Die Bestäubung und die Befruchtung sind die Voraussetzungen für die Bildung von Samen und Früchten.

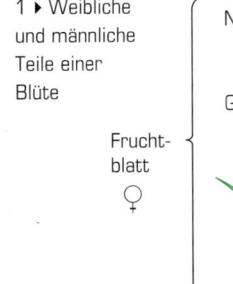

1 ▶ Weibliche und männliche Teile einer Blüte

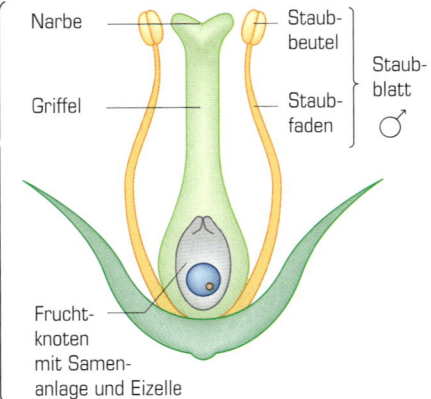

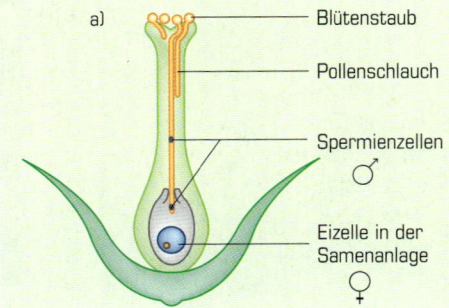
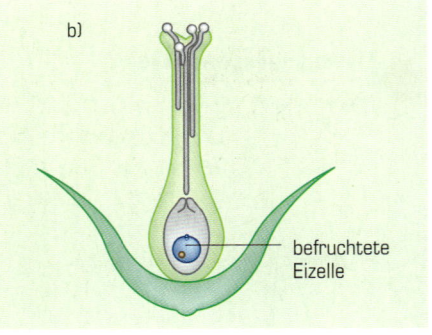

2 ▶ Vorgang der Bestäubung und Befruchtung

Struktur und Funktionen der Organe der Samenpflanzen

Bildung von Früchten und Samen

Nach der Befruchtung vertrocknen die Kelch-, Kron- und Staubblätter. Sie fallen meist ab. Der Fruchtknoten wächst heran, wird dicker und entwickelt sich zur Frucht.

Aus der Samenanlage mit der befruchteten Eizelle entsteht der Samen mit einem Keimling (Abb. 1). Gelangt der Samen in den Boden, kann sich aus dem Keimling eine neue Pflanze entwickeln.

Am Beispiel der *Süß-Kirsche* kann man gut beobachten, wie aus der Blüte eine Frucht mit Samen entsteht (Abb. unten).

Aus der Samenanlage mit der befruchteten Eizelle entwickelt sich der Samen, aus dem Fruchtknoten die Frucht.

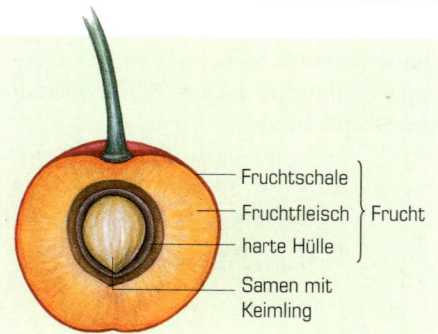

1 ▸ Bau der Frucht der Süß-Kirsche

Entwicklung der Süß-Kirsche von der Blüte zur Frucht

- Blüten
- befruchtete Eizelle
- Abfallen nicht mehr benötigter Blütenteile
- Wachstum und Färbung des Fruchtknotens
- reife Frucht

Fruchtformen

Ebenso wie bei Wurzeln, Blättern, Blüten und Sprossachsen gibt es auch bei den Früchten eine Vielzahl von verschiedenen Fruchtformen.

Man unterscheidet z. B. **Schließfrüchte** und **Streufrüchte.**

Bei *Schließfrüchten* bleibt der Samen in der reifen Frucht eingeschlossen. Zu den Schließfrüchten zählen u. a. *Nüsse, Steinfrüchte* und *Beeren.*

Bei den *Streufrüchten* platzt die Frucht auf und die Samen werden herausgestreut. Zu den Streufrüchten zählen u. a. *Kapseln, Hülsen* und *Schoten.*

Schließfrüchte

Steinfrucht — Pflaume
Nüsse — Haselnuss
Beeren — Blaubeere

Streufrüchte

Kapseln — Mohn
Hülsen — Garten-Erbse
Schoten — Raps

Verbreitung von Früchten und Samen

Früchte und Samen haben oft Einrichtungen entwickelt, die der **Verbreitung** dienen. Dadurch werden sie manchmal weit fortgetragen. Gelangen sie an einen Ort mit guten Bedingungen, wachsen sie zu einer neuen Pflanze heran.

Je nachdem wie die Samen und Früchte verbreitet werden, unterscheidet man zwei große Gruppen: *Selbstverbreitung* und *Fremdverbreitung*.

Zur Gruppe mit **Selbstverbreitung** gehören solche Pflanzen, die ihre Früchte und Samen ohne fremde Hilfe (ohne Wind, Tiere, Wasser) verbreiten können. Dazu haben sie bestimmte Einrichtungen ausgebildet.

Beim *Springkraut* gibt es fast eine „Explosion", wenn die Früchte ganz reif sind. Dann nämlich springt die Frucht explosionsartig auseinander und schleudert die Samen ca. 3 m heraus. Das passiert auch, wenn man eine reife Frucht des *Springkrauts* berührt. Daher auch der Name „Rührmichnichtan".

Zur Gruppe mit **Fremdverbreitung** gehören solche Pflanzen, deren Samen und Früchte mit fremder Hilfe (Wind, Tiere, Wasser) verbreitet werden.

Verbreitung durch den Wind: Manche Früchte und Samen haben Flugeinrichtungen, z. B. Flügel oder Haare. Sie werden durch den Wind verbreitet.

Die „Pusteblume" des *Löwenzahns* ist jedem bekannt. Die Frucht sieht aus wie ein kleiner Fallschirm. Durch die kleinen Härchen an dem Schirm wird die Oberfläche vergrößert. Wenn Wind weht oder auch wenn man pustet, fliegen diese kleinen Fallschirme weit weg, manchmal bis zu 10 Kilometer entfernt von dem Standort der Mutterpflanze.

Beim *Klatsch-Mohn* werden die Samen aus der Kapsel bei trockenem Wetter durch Poren herausgestreut. Durch den Wind schwanken die Kapseln, die auf langen Stielen sitzen, hin und her. Auf diese Weise werden die Samen ziemlich weit verstreut. Auch die Früchte der *Linde* werden durch den Wind verbreitet. Die Frucht der *Linde* bewegt sich bei Wind wie ein kleiner Propeller durch die Luft und wird auf diese Weise verbreitet.

Verbreitung durch Tiere: Auch Tiere sind an der Verbreitung von Samen und Früchten beteiligt. Für das *Eichhörnchen* z. B. sind Haselnüsse, Eicheln und Bucheckern (Trockenfrüchte) eine beliebte Nahrung. Es sammelt sie und schleppt sie in seine Vorratskammer. Auf dem Weg dorthin verliert das Eichhörnchen auch viele Früchte. Es kommt außerdem vor, dass es die Lage seiner Verstecke vergisst.

Viele Vögel werden von den auffällig gefärbten Früchten *(Lockfrüchte)* von Bäumen und Sträuchern (z. B. *Vogelbeere, Tollkirsche*) angelockt. Sie fressen die Früchte und scheiden die unverdauten Samen aus. So gelangen die Samen an Stellen, die weit von der Mutterpflanze entfernt sind. Andere Früchte haben Widerhaken ausgebildet, z. B. *Klebriges Labkraut* und *Waldmeister*. Diese bleiben am Fell der Tiere haften und werden so an einen anderen Ort gebracht. *Leberblümchen* und *Veilchen* besitzen sogenannte Ameisenfrüchte. Diese Früchte besitzen nämlich einen nahrhaften fleischigen Anhang, der von Ameisen gern gefressen wird. Sie verschleppen die Früchte an einen anderen Ort, verzehren den süßen Anhang und lassen den eigentlichen Samen liegen.

Verbreitung durch Wasser: Wasserpflanzen (z. B. *Seerose*) und einige andere Pflanzen (z. B. *Mauerpfeffer*) sind bei der Verbreitung ihrer Früchte und Samen auf Wasser angewiesen. Die Früchte des *Mauerpfeffers* öffnen sich nur bei Regen. Dabei werden dann die Samen herausgespült und verbreitet.

Früchte des Löwenzahns

Früchte des Springkrauts

Früchte des Klatsch-Mohns

Früchte der Linde

Bau und Funktionen der Wurzel

Der Bau der Wurzel

Wurzeln sind in der Regel unterirdische Organe. Sie dienen der Verankerung der Pflanzen im Boden, der Aufnahme von Wasser und Mineralstoffen, deren Weiterleitung zu anderen Pflanzenorganen und gelegentlich auch als Speicherorgane für körpereigene organische Stoffe. Der äußere und der innere Bau der Wurzeln sind optimal auf die Erfüllung dieser Aufgaben abgestimmt.

Alle Wurzeln einer Pflanze bilden ein **Wurzelsystem.**

Bei den meisten *zweikeimblättrigen Pflanzen* besteht das Wurzelsystem aus einer in die Tiefe wachsenden **Hauptwurzel,** die fortlaufend *Nebenwurzeln* bildet (Hauptwurzelsysteme). Die Hauptwurzel dringt tief in den Boden ein und bildet einen festen Anker (Abb. 1).

Einige Hauptwurzeln sind als **Speicherorgane** umgebildet, z. B. die der *Zuckerrübe* und *Möhre*. Die gespeicherten Nährstoffe werden von der Pflanze während der Blüten- und Fruchtbildung verbraucht. Deshalb wird das Wurzelgemüse vor der Blüte geerntet.

Die meisten *einkeimblättrigen Pflanzen* haben ein **sprossbürtiges Wurzelsystem** (Abb. 1).

Bei ihnen stirbt die bei der Keimung des Samens gebildete Wurzel ab und wird durch mehrere aus der Basis der Sprossachse herauswachsende Wurzeln, die sogenannten sprossbürtigen Wurzeln, ersetzt. Die sprossbürtigen Wurzeln bilden dicht unter der Bodenoberfläche ein weit verzweigtes Wurzelsystem. Aus diesem Grund sind z. B. Gräser ausgezeichnete Bodendecker, die die Bodenerosion verhindern.

Wurzelsysteme haben meist eine beträchtliche Gesamtlänge und können beachtliche Tiefen erreichen, z. B. kann eine *Roggenpflanze* eine Gesamtlänge des Wurzelsystems von 975 m und eine Wurzeltiefe von 2 m besitzen.

Die **Zonierung** einer Wurzel (Abb. 1, S. 19) ist an Keimwurzeln gut erkennbar. An der Wurzelspitze befindet sich eine *Wurzelhaube* (Kalyptra). Sie schützt das darunter befindliche *Bildungsgewebe*.

Dieses Bildungsgewebe ist durch Zellteilungen für das Wachstum der Wurzeln im Erdboden verantwortlich. Daran schließt sich die *Streckungszone* an. Sie kann durch das Anlegen einer gleichmäßigen Markierung an Keimwurzeln leicht ermittelt werden.

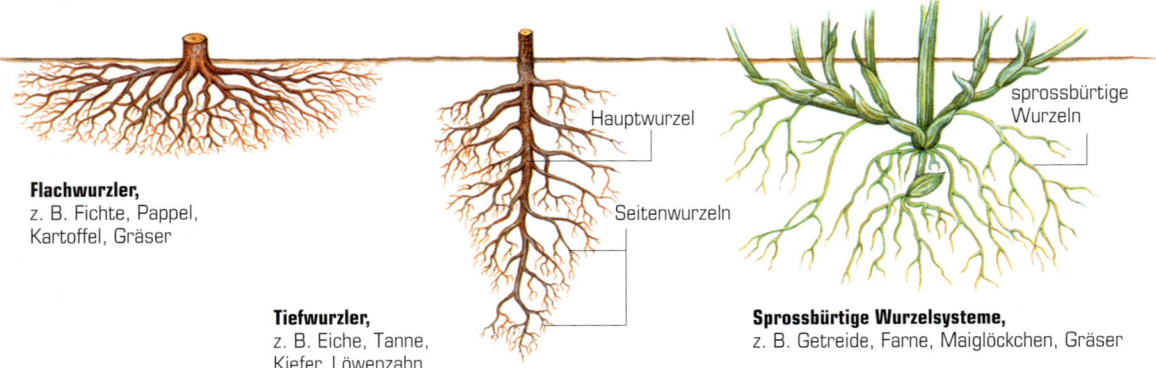

Flachwurzler, z. B. Fichte, Pappel, Kartoffel, Gräser

Tiefwurzler, z. B. Eiche, Tanne, Kiefer, Löwenzahn

Sprossbürtige Wurzelsysteme, z. B. Getreide, Farne, Maiglöckchen, Gräser

Hauptwurzel
Seitenwurzeln
sprossbürtige Wurzeln

1 ▶ Unterschiedliche Wurzelsysteme; sie verankern die Pflanzen im Boden.

Dicht hinter der Streckungszone folgt die *Wurzelhaarzone*. Dort vergrößern viele winzige Wurzelhaare die Wurzeloberfläche. Die wenige Millimeter bis einen Zentimeter langen Wurzelhaare bestehen jeweils nur aus einer Zelle.

Sie tragen in besonderem Maße zur Gesamtlänge der Wurzelsysteme bei. Nur in dem Bereich der Wurzelhaarzone, der oft nur ein paar Zentimeter lang ist, kann die Pflanze Wasser und Mineralstoffe aufnehmen. Die sehr fein gebauten Wurzelhaare leben nur ein bis wenige Tage und werden mit dem Wachstum neu gebildet.

Obwohl die Wurzeln sehr unterschiedlich aussehen können, sind sie in ihrem **inneren Bau** weitgehend übereinstimmend gebaut (Abb. 2 u. 3).

Das äußere Gewebe wird **Rhizodermis** (**Wurzelhaut**) genannt und besteht aus einer Zellschicht. Die Rhizodermiszellen haben Ausstülpungen und bilden so die **Wurzelhärchen,** die für die Aufnahme von Wasser und Mineralstoffen wichtig sind (Abb. 1).

Nach dem **Prinzip der Oberflächenvergrößerung** wird durch die Ausstülpungen der einzelligen Wurzelhaarzellen die Fläche der Wasser aufnehmenden Wurzel auf einige hundert Quadratmeter erweitert. Die Rhizodermis mit ihren feinen Wurzelhärchen lebt nur wenige Tage und wird nach ihrem Absterben durch ein anderes Abschlussgewebe (Exodermis/Hypodermis) ersetzt. Dieses ist bereits als äußerste Schicht des **Rindengewebes** vorhanden. Das Rindengewebe schließt sich nach innen an. Es bildet den Hauptteil des Wurzelkörpers und füllt den Raum zwischen der Rhizodermis und dem Leitgewebe mit gleichmäßig geformten Grundgewebszellen aus. Das Rindengewebe kann neben Schutz- und Festigungsfunktionen auch Speicherfunktionen erfüllen.

Die **Endodermis** ist die innerste Zellschicht der Rinde. Sie umschließt den **Zentralzylinder** mit den **Leitbündeln.** Die Leitbündel bestehen aus *Gefäß- und Siebzellen*. Die Gefäßzellen dienen der Leitung von Wasser, die Siebzellen transportieren organische Stoffe.

Das Leitgewebe hat neben der Transportfunktion immer auch Stütz- und Festigungsfunktionen zu erfüllen. Die Stützzellen sind an ihrer verstärkten Zellwand zu erkennen.

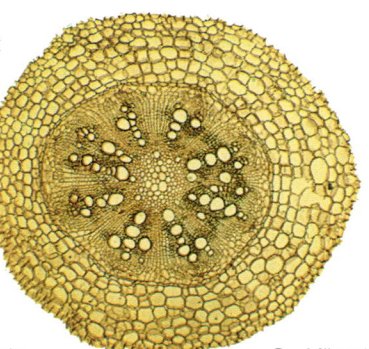

3 ▶ Mikroskopisches Bild des Wurzelquerschnitts

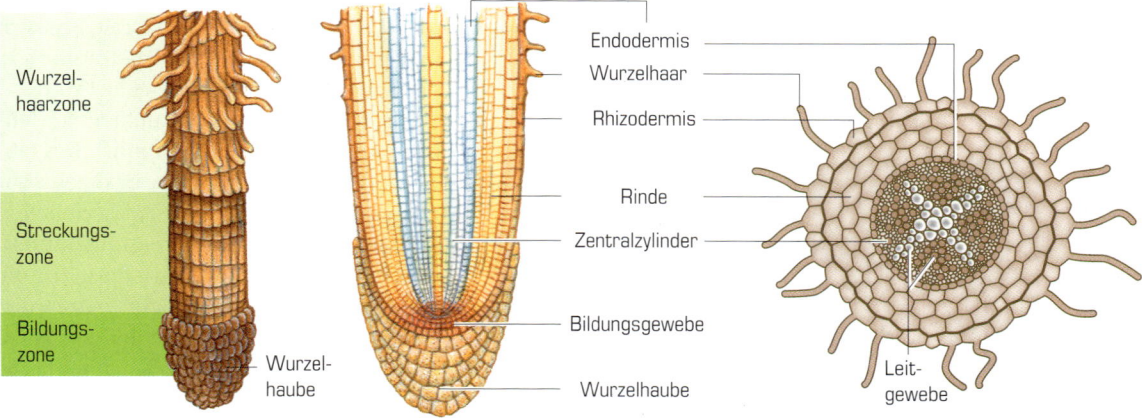

1 ▶ Zonierung einer Wurzel

2 ▶ Innerer Bau einer jungen Wurzel (Längs- und Querschnitt)

Aufnahme des Wassers durch die Wurzeln

Die Wasseraufnahme der Pflanzen erfolgt durch die Wurzelhaarzellen. Sie beruht auf physikalischen Gesetzmäßigkeiten. Physikalische Gesetze wirken auch außerhalb biologischer Objekte und lassen sich durch **Modellexperimente** veranschaulichen (Abb. 1).

In einem Standzylinder wird Wasser vorsichtig mit Zuckersirup unterschichtet. Zunächst sind beide Flüssigkeiten deutlich voneinander getrennt. Diese Grenze wird allmählich immer undeutlicher erkennbar und auch breiter, bis sich beide Flüssigkeiten vollständig miteinander vermischt haben. Die Ursache dieser eigenständigen Vermischung der Stoffe Wasser und Zuckersirup ist die Eigenbewegung der Wasser- und Zuckersirupteilchen (der Moleküle).

Diesen Konzentrationsausgleich zwischen Wasser und Zuckersirup kann man durch Schmecken feststellen. Während Wasser einen neutralen Geschmack hat, schmeckt unverdünnter Zuckersirup sehr süß. Die Mischung aus beiden hat eine angenehme Süße.

Wasser ist ein wichtiges Lösemittel, das aus zahlreichen Wasserteilchen (Wassermolekülen) besteht. Der Zuckersirup ist im Vergleich zum Wasser eine Lösung von Zucker in Wasser. Der Anteil des im Wasser gelösten Zuckers ist hoch. Deshalb spricht man von einer *konzentrierten Lösung*. Durch die *Eigenbewegung der Teilchen* (Wasser- und Zuckerteilchen) kommt es entlang dem Konzentrationsgefälle zu einem *Konzentrationsausgleich* zwischen den beiden Stoffen Wasser und Zuckersirup (Abb. 1). Dieser physikalische Vorgang der Durchmischung heißt **Diffusion**.

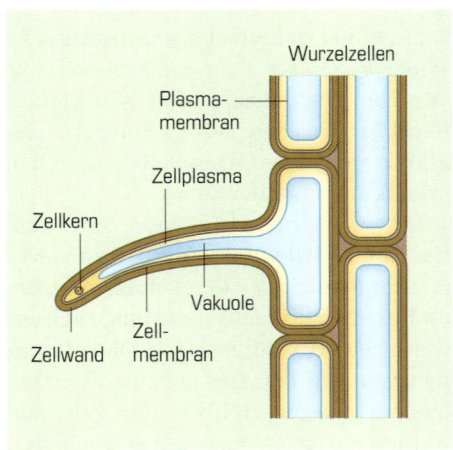

2 ▸ Bau einer Wurzelhaarzelle

> **Die Diffusion ist ein physikalischer Vorgang, bei dem aufgrund der Eigenbewegung der Stoffteilchen ein Konzentrationsausgleich zwischen unterschiedlich konzentrierten flüssigen oder gasförmigen Stoffen erfolgt.**

Wie erfolgt nun die Aufnahme des Wassers aus dem Boden?

Auf dem Weg in das Wurzelinnere müssen die Wasserteilchen zunächst von den Wurzelhaaren der Rhizodermis aufgenommen werden. Die Wurzelhaarzellen (Abb. 2) sind dünnwandige, schlauchförmige lebende Zellen. Von der Zellwand und der Zellmembran umschlossen, befindet sich das Zellplasma mit Zellkern und großen Vakuolen (Zellsafträume), in denen verschiedene Stoffe gelöst sind.

Die Vakuolen sind ebenfalls vom Zellplasma durch dünne **Membranen** abgegrenzt. Die Membranen besitzen sehr kleine Poren. Während Wasserteilchen (Wassermoleküle) die Poren ungehindert durchdringen können, sind diese für die gelösten Stoffteilchen nicht passierbar. Membranen, die für verschiedene Stoffe unterschiedlich (selektiv) durchlässig sind, nennt man **semipermeable** (halbdurchlässige) **Membranen**.

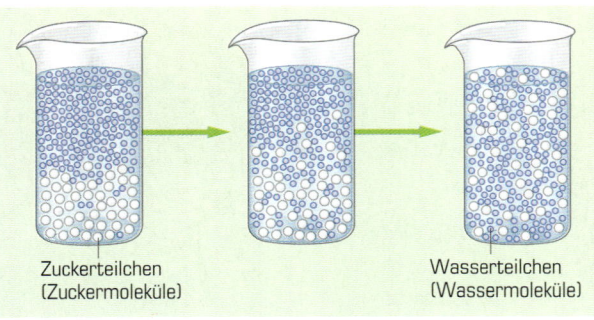

1 ▸ Modellexperiment zur Diffusion

Um diese Verhältnisse an einem **Modellexperiment** zu veranschaulichen, wird das Diffusionsexperiment etwas variiert. Wasser und eine konzentrierte Lösung werden durch eine semipermeable Membran voneinander getrennt. Als *semipermeable Membran* verwendet man z. B. einen Kunstdarm. An einem Ende zugebunden, wird er mit einem Steigrohr versehen und mit angefärbter konzentrierter Zuckerlösung gefüllt. Diese Apparatur wird an einem Stativ in ein Becherglas mit Wasser gehängt (Abb. 1).

Das im Becherglas befindliche Wasser stellt das Bodenwasser dar, das von der Wurzel aufgenommen werden soll. Der Kunstdarm symbolisiert die Biomembranen, die das Zellplasma und die Vakuolen einschließen. Die konzentrierte Zuckerlösung entspricht dem Zellplasma und den in den Vakuolen gelösten Stoffen.

In der Versuchsanordnung kann man nach wenigen Minuten ein Ansteigen des Flüssigkeitspegels im Steigrohr entgegen der Schwerkraft beobachten. Angefärbtes Zuckerwasser lässt sich dagegen nicht im Becherglas nachweisen.

Wie lässt sich die Beobachtung erklären?

Der Konzentrationsausgleich zwischen dem Wasser und der Zuckerlösung wird durch die semipermeable Membran behindert. Die Zuckerteilchen in der konzentrierten Lösung werden durch die semipermeable Membran zurückgehalten. Die Wasserteilchen können die Membran ungehindert passieren und diffundieren in die Zuckerlösung. Durch diese Wasseraufnahme steigt der Flüssigkeitsstand im Steigrohr. Die konzentrierte Zuckerlösung wird durch die Wasseraufnahme verdünnt (theoretisch bis zum Konzentrationsausgleich).

Die Wanderung von Wasserteilchen aus einem Bereich, in dem sie in hoher Anzahl vorhanden sind (z. B. Bodenlösung, Wasser im Becherglas), durch eine semipermeable Membran in einen Bereich, in dem sie in geringer Anzahl vorliegen (z. B. Vakuole, Lösung im Kunstdarm), wird als **Osmose** bezeichnet.

> Die Osmose ist ein physikalischer Vorgang, bei dem die Diffusion durch eine halbdurchlässige Membran erfolgt.

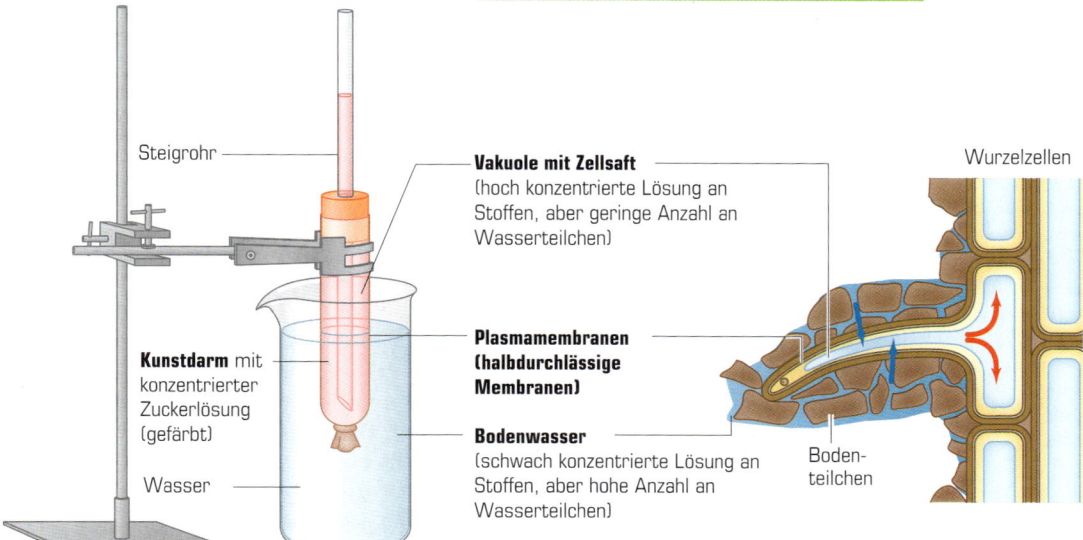

1 ▸ Modellexperiment zur Osmose und zur Aufnahme des Wassers in das Wurzelhaar

Der **Transport des Wassers** erfolgt bis in die Gefäße des Zentralzylinders:

🟠 **V**erteilung des Wassers innerhalb der Zellen durch **Diffusion** (→)

🟠 **T**ransport des Wassers in der Rinde von Zelle zu Zelle durch **Osmose** bis in die Leitgefäße (→)

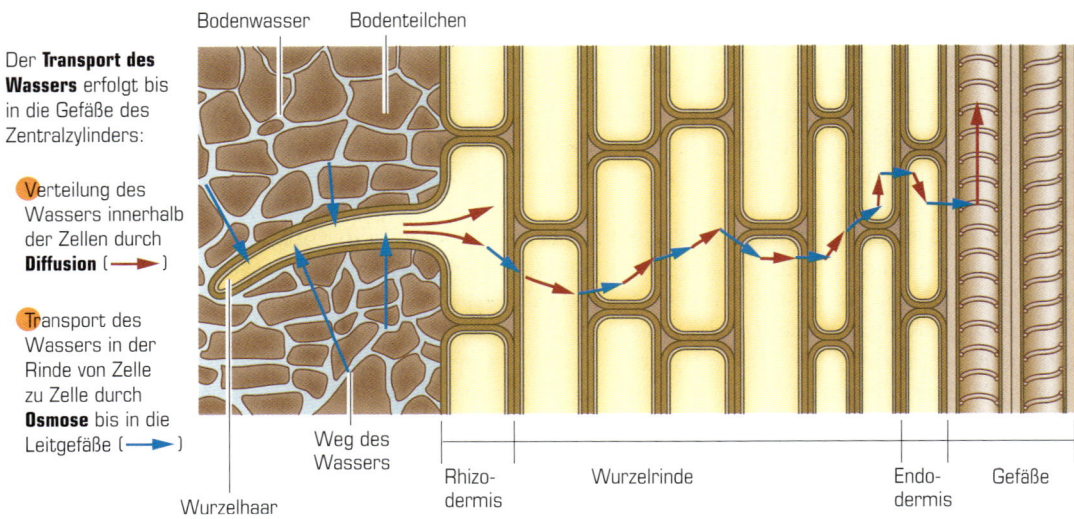

1 ▸ Wasseraufnahme durch das Wurzelhaar (→); Transport des Wassers bis zum Leitgefäß (→,→)

Der Übergang des Wassers von der Endodermis in den Zentralzylinder ist ein komplizierter, Stoffwechselenergie umsetzender Vorgang. Die Regulation der Wasseraufnahme ist möglich.

Die **Wasseraufnahme** aus dem Boden in die Wurzelhaarzelle erfolgt durch *Osmose*. Im Zellplasma und in den Vakuolen der Wurzelhaarzellen ist die Konzentration der Stoffteilchen groß. Es sind weniger Wasserteilchen vorhanden. Im Bodenwasser ist dagegen der Anteil an Wasserteilchen groß. Die Konzentration an anderen Stoffen ist gering.

Zellplasma und Vakuolen einerseits und Bodenwasser andererseits sind durch semipermeable (halbdurchlässige) Membranen voneinander getrennt. Aufgrund des Vorgangs der Osmose wird das Wasser aus dem Boden aufgenommen. Innerhalb der Zellen eines Gewebes wird das Wasser auf der physikalischen Grundlage der Diffusion geleitet.

Zwischen den Zellen, auch denen verschiedener Gewebe, erfolgt die Wasserleitung durch Osmose, weil semipermeable Membranen, z. B. Zellmembranen und Plasmamembranen, zu passieren sind (Abb. 1).

Die Vakuolen der inneren Zellen der Wurzel haben im Vergleich zu den Rhizodermiszellen eine höhere Konzentration an gelösten Stoffteilchen und einen geringeren Anteil an Wasserteilchen.

Als nährstoffreichste und damit ertragreichste Böden gelten die Schwarzerdeböden. Zu Mineralstoffverlusten kommt es, wenn die Mineralstoffe mit dem Sickerwasser (Bodenwasser) ausgewaschen werden.

Durch Osmose gelangt das Wasser entsprechend dem Konzentrationsgefälle von der Wurzelhaarzelle in das Wurzelinnere bis zu den Gefäßen in den Leitbündeln und von diesen in die Sprossachse.

Wasser wird durch Osmose in das Wurzelhaar aufgenommen.

Mineralstoffe sind im Boden in Form von gelösten Mineralsalzen enthalten, z. B. Kalium-, Magnesium-, Phosphat- oder Nitrat-Ionen. Der Mineralstoffgehalt des Bodens ist abhängig von den Bodeneigenschaften, der Vegetation, dem Klima und der Bewirtschaftung durch den Menschen.

Die Mineralstoffe können von der Pflanze nur in gelöster Form aufgenommen werden. Da die Zellmembranen für die gelösten Mineralstoffe weitgehend undurchlässig sind, können diese nicht durch den Wasserstrom mittransportiert werden.

Die Mineralstoffe werden an ein Trägerteilchen der Membran gebunden und von diesem unter Energieverbrauch aktiv in das Zellinnere transportiert.

Mineralstoffe und ihre Aufnahme

Mineralstoffe benötigen die Pflanzen zum **Aufbau körpereigener organischer Substanzen.**
Für ihre optimale Entwicklung benötigen Samenpflanzen die zehn *Hauptelemente* (C, O, H, N, S, P, K, Ca, Fe, Mg) sowie die *Spurenelemente* (Mn, Cu, Mo, B, Zn).

Die **Mineralstoffzufuhr** erfolgt in der Landwirtschaft und im Gartenbau vor allem durch anorganische (mineralische) und organische **Düngung.**
Topfpflanzen können u. a. durch Düngerstäbchen mit Mineralstoffen versorgt werden. Um Hydrokulturen mit Mineralstoffen zu versorgen, werden dem Gießwasser Nährsalzlösungen beigefügt. Wenn diese Stoffe nicht zugeführt werden, fehlen sie für die pflanzliche Ernährung. Die Ernteerträge in Landwirtschaft und Gartenbau werden entsprechend geringer.
Fehlen den Pflanzen bestimmte Mineralstoffe, kann man bei ihnen **Mangelerscheinungen** feststellen.
Stickstoffmangel wirkt sich z. B. negativ auf die Chlorophyllbildung bei den Pflanzen aus. Äußerlich ist das an dem Vergilben und Absterben älterer Blätter und einem nur spärlichen Wuchs erkennbar.

Phosphormangel beeinträchtigt den Stoffwechsel der Pflanzen. Sie reagieren mit absterbendem Blattgewebe und dem Abwerfen der Blätter, vermindertem Wuchs und kümmerlicher Fruchtausbildung.
Calciummangel führt zum Absterben der Vegetationspunkte an den Wurzeln und am Spross. Die Missbildung junger Blätter ist ein Anzeichen dafür.

Dass sich die pflanzlichen Erträge in der Landwirtschaft durch **Zusatzdüngung** erhalten und auch steigern lassen, wurde von JUSTUS VON LIEBIG (1803–1873) mit seiner Mineralstofftheorie wissenschaftlich begründet.
JUSTUS VON LIEBIG schuf die heute noch gebräuchliche Einteilung der anorganischen Düngemittel nach ihrem Anteil an Hauptnährstoffen und unterschied Stickstoff-, Phosphor-, Kali- und Kalkdünger. Diese werden heute größtenteils als **Mischdünger** angeboten.
Auch organische Stoffe, z. B. Stallmist oder Gülle, können zur Nährstoffversorgung der Pflanzen genutzt werden. Durch die Tätigkeit der Zersetzer (Destruenten) wie Bakterien und Pilze können aus ihnen die anorganischen Mineralstoffe erschlossen werden.

1 ▸ Dünger wird auf das Feld aufgebracht.

Bau und Funktionen der Sprossachse

Das von der Wurzel aufgenommene Wasser und die Mineralstoffe müssen zur weiteren biochemischen Umwandlung von der Sprossachse zu den Blättern transportiert werden.

Die Sprossachse verbindet Blätter und Wurzeln miteinander und sorgt für den Stofftransport zwischen ihnen. Wasser und gelöste Mineralstoffe werden von den Wurzeln zu den Blättern transportiert, und die in den Blättern gebildeten Stoffe können über die Sprossachse in alle anderen Pflanzenteile gelangen. Als Träger der Blätter und Blüten hat die Sprossachse auch die Aufgabe, diese möglichst günstig, z. B. zum Licht, zu positionieren.

Der Bau der Sprossachse

Die Sprossachsen sind vielfältig in ihrer **Gestalt** und **Form**. Sie können krautig (z. B. *Sonnenblume*) oder holzig (z. B. Bäume oder Sträucher) sein. Die Sprossachsen unterscheiden sich in der Wuchsform (z. B. aufrecht, liegend, kletternd, windend) sowie in Verzweigungen (z. B. in verzweigte und in unverzweigte).

Unabhängig von der äußeren Mannigfaltigkeit, stimmen die jungen Sprossachsen in ihrem **inneren Bau** weitgehend überein. In dem mikroskopischen Bild eines Sprossachsenquerschnitts findet man die *Epidermis,* das *Rindengewebe,* die *Leitbündel* und das *Mark,* oftmals mit einer *Markhöhle.*

Viele dieser Gewebe treten auch am Wurzelquerschnitt auf und haben dort ähnliche Funktionen zu erfüllen.

Die **Stängelepidermis** ist meist einschichtig und hat Schutz- und Abschlussfunktion nach außen. Die **Rindenzellen** haben Festigungsfunktionen und können auch Stoffe speichern.

Die **Leitbündel** enthalten Gefäßzellen und Siebröhren (Abb. 1 u. 2, S. 25). Die *Gefäße* dienen der Leitung von Wasser und den darin gelösten Mineralstoffen aus der Wurzel in andere Teile der Pflanze. In den *Siebröhren* werden die in den Laubblättern der Pflanze gebildeten organischen Stoffe in die Speicherorgane und Wurzeln geleitet und auch umgekehrt.

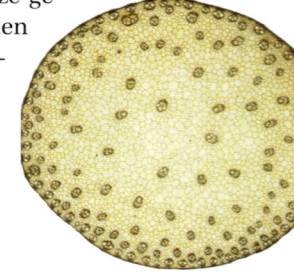

Rinde: Speicherung
Bildungsgewebe: Bildung neuer Zellen
Mark: Speicherung
Markstrahl: Stoffaustausch zwischen Mark und Rinde
Leitbündel: Wasser- und Stoffleitung, Festigung
Epidermes: Schutz

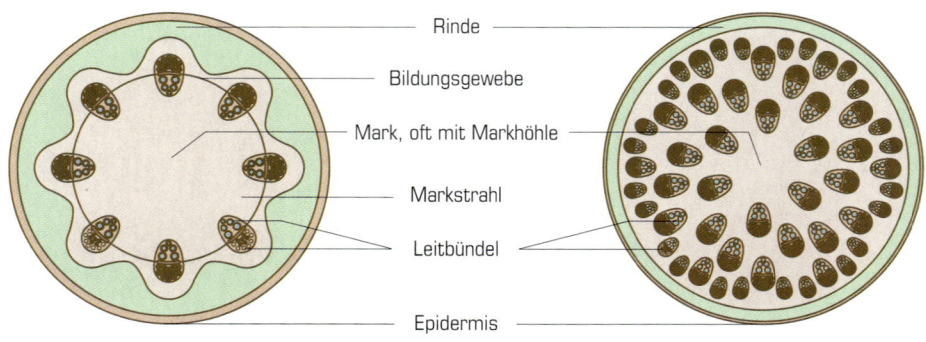

a) Zweikeimblättrige Pflanzen

b) Einkeimblättrige Pflanzen

1 ▸ Innerer Bau (Querschnitt) von jungen Sprossachsen verschiedener Typen (a, b)

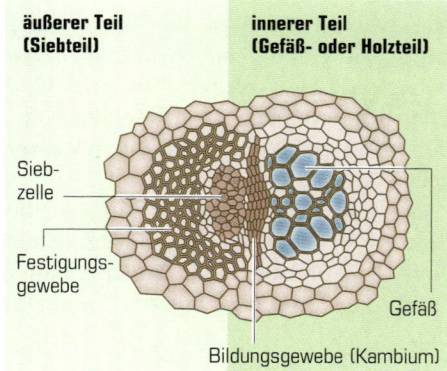
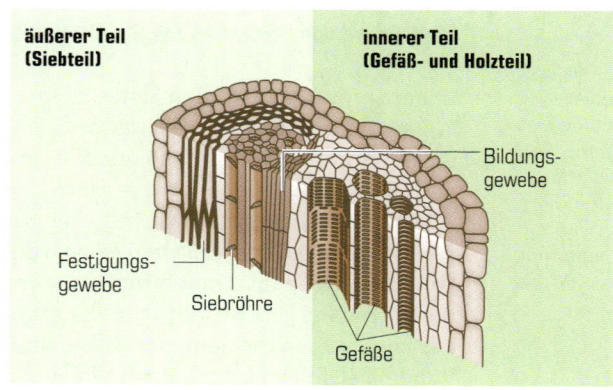

1 ▶ Querschnitt durch ein Leitbündel

2 ▶ Blockdiagramm eines Leitbündels

Betrachtet man mithilfe eines Mikroskops den Längsschnitt eines Leitbündels (Abb. 1 u. 2), so ist gut zu erkennen, dass die Gefäße aus lang gestreckten verholzten Röhren bestehen. Es sind tote Zellen ohne Querwände. Innen sind die Wände durch ringförmige oder schraubige Verdickungen verstärkt.

Die Gesamtheit der Gefäße bildet den **Gefäßteil** (**Holzteil**) des Leitbündels. Der äußere Teil des Leitbündels enthält Siebröhren, er wird deshalb **Siebteil** genannt. Die Siebröhren haben ihren Namen erhalten, weil ihre Querwände durch Poren wie ein Sieb durchlöchert sind und dadurch den Stofftransport ermöglichen. Es sind lebende Zellen mit Zellplasma.

Zwischen den Sieb- und Gefäßzellen liegt u. a. bei zweikeimblättrigen Pflanzen ein als *Kambium* bezeichnetes *Bildungsgewebe*. Es besitzt teilungsfähige Zellen und bildet bei jeder Zellteilung nach innen und außen neue Zellen. Auf diese Weise erfolgt das Dickenwachstum der Sprossachse. Die Siebzellen werden von Festigungsgewebe umgeben. Das Festigungsgewebe besteht aus Zellen mit verdickten Zellwänden und verleiht der Sprossachse die erforderliche Stabilität.

Im Innern der Sprossachse ist das **Mark**. Es besteht aus Grundgewebezellen, die Speicherfunktion haben können.

Betrachtet man die Sprossachsenquerschnitte **bedecktsamiger Samenpflanzen** (Ein- und Zweikeimblättrige), fallen uns Gemeinsamkeiten und Unterschiede auf. Gemeinsam ist den Sprossachsen, dass sie aus denselben Geweben bestehen. Die Stängelepidermis, die Rinde, die Leitbündel und das Mark findet man bei allen bedecktsamigen Samenpflanzen, z. B. bei Kreuzblütengewächsen, bei Korbblütengewächsen und Gräsern.

Trotz ihrer prinzipiellen Übereinstimmung lassen sich auch bei den Sprossachsenquerschnitten von bedecktsamigen Pflanzen Unterschiede feststellen. Am auffälligsten sind die Unterschiede bei der Anordnung der Leitbündel (Abb. 1, S. 24). Während die Leitbündel bei *zweikeimblättrigen Pflanzen* im Kreis angeordnet sind, findet man sie bei *einkeimblättrigen Pflanzen* über den ganzen Sprossachsenquerschnitt verstreut.

Der weitgehend gleiche Bau der Sprossachsen beruht auf denselben Grundfunktionen, die sie zu erfüllen haben.

Ein Blockdiagramm ist aus verschiedenen Teilen zusammengesetzt, im obigen Bild aus Längs- und Querschnitt.

Die Sprossachsen sind in Gestalt und Form mannigfaltig. Sie tragen die Laubblätter und Blüten. Im Innern zeigen sie im Wesentlichen den gleichen Aufbau.

Die Leitung von Stoffen in der Sprossachse

Die Wasserleitung in der Sprossachse kann man auch sehr gut beim Springkraut beobachten.

In der Sprossachse werden Stoffe geleitet. Wasser wird in den *Gefäßen der Leitbündel* der Sprossachse zu den Laubblättern und Blüten geleitet.

Die in den Pflanzenzellen mit Chlorophyll gebildeten **organischen körpereigenen Stoffe**, z. B. Traubenzucker, werden in Organe geleitet, die kein Blattgrün besitzen, z. B. in die Samen, Früchte und Wurzeln. Dieser Stofftransport findet in den *Siebzellen der Leitbündel* statt.

Der Siebröhrensaft besteht aus einer 10- bis 30%igen Lösung von organischen Stoffen, von denen 96 % Zucker sind. Die Teilchen der Stoffe werden durch Diffusion von Zelle zu Zelle weitergeleitet, da das Plasma der lebenden Siebzellen durch die Poren der Zwischenwände miteinander in Verbindung steht.

Die Versorgung der oberirdischen Pflanzenteile mit dem von den Wurzeln aufgenommenen Wasser und den darin gelösten Mineralstoffen gehört zu den wichtigsten Lebensprozessen der Pflanzen. Die Pflanzen leisten dabei Erstaunliches, denn das Wasser muss entgegen der Schwerkraft, z. B. bei Bäumen, in oft beträchtliche Höhen und in großen Mengen transportiert werden. Und es steht ihnen für den Wassertransport keine Flüssigkeitspumpe zur Verfügung!

Die **Wasserleitung** in der Sprossachse kann mit einem *einfachen Experiment* nachgewiesen werden. Dazu wird eine Pflanze mit weißen Blüten für einige Stunden in ein Gefäß mit angefärbtem Wasser gestellt (Abb. 1).

Das angefärbte Wasser gelangt in die Blüte, weil Sieb- und Gefäßröhren alle Teile der Pflanzen, auch die Laubblätter (Blattadern) und Blütenblätter, durchziehen.

> **Die Sprossachse leitet Wasser und Mineralstoffe in die Laubblätter sowie umgekehrt die in den Laubblättern gebildeten Stoffe in alle Teile der Pflanze.**

Der **Wassertransport** in den Gefäßen der Leitbündel ist von den Pflanzen kein aktiv geförderter Prozess. Er beruht auf rein *physikalischen Gesetzmäßigkeiten*.

In der Wurzel wird das Wasser von den Wurzelhaaren bis in die Gefäße durch Diffusion und Osmose geleitet (Abb. 1, S. 22). Der Transport des Wassers in den Gefäßen der Sprossachse bis in die Laubblätter und die Blüten erfolgt durch andere biophysikalische Vorgänge. Um die Vorgänge zu erkennen, kann man folgenden **Versuch** durchführen.

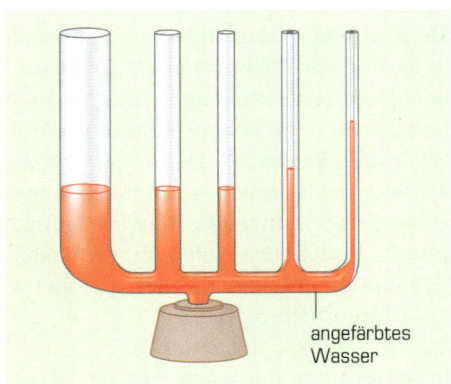

1 ▶ Nachweis der Wasserleitung in den Sprossachsen von den Wurzeln bis zu den Blättern

2 ▶ Versuch zum Wassertransport: Wasser steigt in englumigen Gefäßen höher als in weitlumigen.

Füllt man ein Glasgefäß, das aus Röhren mit unterschiedlichem Durchmesser (Abb. 2, S. 26) besteht und dessen Röhren verbunden sind, mit Wasser, so stellt man fest, dass das Wasser bei den sehr engen Röhren (als **Kapillaren** bezeichnet) höher als in den weiten Röhren steigt.

Ursache dafür ist das Wirken von Anziehungskräften zwischen den Teilchen des Wassers und des Glases. Die Anziehungskräfte zwischen den Teilchen verschiedener Stoffe werden als **Adhäsionskräfte** bezeichnet. Adhäsionskräfte bewirken z. B. das Haften von Kreide an der Tafel, von Farben an Wänden und auf Bildern.

Auch die Wirkungsweise aller Klebstoffe basiert auf Adhäsion. In den Gefäßen der Pflanzen wirkt die Adhäsion ebenfalls.

> **M** Adhäsion ist in den Gefäßzellen das Anheftungsvermögen der Teilchen verschiedener Stoffe an die Gefäßwand.

Die Gefäßzellen verschiedener Pflanzen haben einen unterschiedlich geringen Durchmesser. Er beträgt je nach Pflanzenart 40 bis 700 µm. Die Gefäßzellen wirken wie Kapillarsysteme, in denen das Wasser aufsteigt. Mithilfe dieser Kapillarkräfte kann das Wasser in den Gefäßen des Leitbündels etwa 4 bis 7 cm aufsteigen. Das bedeutet, dass die in den Gefäßzellen (als Kapillaren gekennzeichnet) wirkenden Adhäsionskräfte zwar den Wassertransport erleichtern, sie können aber nicht die einzigen Kräfte sein, die ihn bewirken.

Für die Erzeugung des Wasserstroms in den Gefäßzellen des Leitbündels gibt es theoretisch zwei Möglichkeiten: einmal durch die Erzeugung eines **Drucks von der Wurzel** her und zum anderen durch die Entwicklung eines **Sogs an der Sprossspitze** infolge von Unterdruck.

Im ersten Fall wird das Wasser in den Leitgefäßen von der Wurzel her „geschoben" und im zweiten Fall von den Blättern her „gezogen". Beide Möglichkeiten sind in der Pflanze verwirklicht.

Durch den **Wurzeldruck** wird beispielsweise im Frühjahr bei der Ausbildung der Laubblätter die „neue geschlossene" Wassersäule ermöglicht. Diese wurde im Herbst durch den Blattfall unterbrochen, da der Transpirationssog fehlte.

Der Wurzeldruck lässt sich auch an intakten Pflanzen beobachten. An warmen Tagen kann man in den frühen Morgenstunden bei jungen *Graspflanzen* sehen, dass an ihnen Wassertröpfchen geradezu herausquellen. Diese Erscheinung wird als **Guttation** bezeichnet.

Die Pflanzen geben vor allem über die Spaltöffnungen der Blätter Wasser in Form von Wasserdampf ab. Dieser Vorgang heißt **Transpiration**. Der durch die Transpiration hervorgerufene Wasserverlust erzeugt einen Sog, wodurch Wasser aus den Blattzellen, den Blattnerven und -stielen und letztlich aus der Sprossachse und den Wurzeln nachzieht. Diesen Sog nennt man **Transpirationssog** (Abb. 1).

Durch den geringen Wassergehalt der Atmosphäre und damit letztendlich durch die Sonnenenergie wird ein Transpirationssog erzeugt.

Der Wurzeldruck wird auch durch Stoffwechselenergie umsetzende Vorgänge bewirkt.

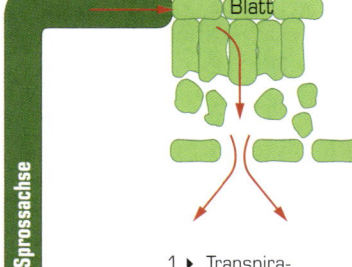

1 ▶ Transpirationssog durch die Pflanze

> **M** Der Transpirationssog entsteht durch den unterschiedlichen Wassergehalt der Laubblätter und der sie umgebenden Luft. Er beruht auf den physikalischen Gesetzmäßigkeiten der Diffusion.

Das Wasser wird aufgrund der Transpiration gleichsam in Form von „Wassersäulen" durch die Gefäßzellen der Leitbündel nach oben gedrückt.

Durch vielgestaltige Verdickungen der Zellwände der Gefäße, wie man sie auch analog in den Knorpelringen der Luftröhre oder dem Schlauch eines Staubsaugers finden kann, wird ein Zusammenfallen der Gefäße durch den Transpirationssog verhindert. Der Wasserstrom kommt nur unter der Voraussetzung zustande, dass die Wassersäulen in den Gefäßen trotz der hohen Zugkräfte nicht reißen.

Die Ursache für die Reißfestigkeit liegt darin begründet, dass sich die Wasserteilchen gegenseitig anziehen.

> **Als Kohäsion bezeichnet man den Zusammenhalt der Wasserteilchen.** M

Die in den Laubblättern gebildeten **organischen Stoffe,** z. B. Glucose, werden in den *Siebröhren* in alle anderen Pflanzenorgane, z. B. in die Wurzeln, Samen und Früchte, geleitet.

Wasser und **Mineralstoffe in gelöster Form** werden in den *Gefäßen* von der Wurzel bis in die Laubblätter transportiert. Der Transport des Wassers und der Mineralstoffe in gelöster Form erfolgt durch die Wirkung des Wurzeldrucks, der Kapillarität (z. B. durch Adhäsion und Kohäsion) und durch den Transpirationssog. Die Pflanze braucht für den Wassertransport keine Energie aufzuwenden. Durch diese physikalischen Vorgänge wird das Wasser z. B. in Mammutbäumen bis zu 100 m hoch transportiert.

> **Diffusion, Osmose, Adhäsion, Kohäsion, Wurzeldruck und Transpirationssog bewirken Wassertransport und Transport der Mineralstoffe in gelöster Form in den Gefäßen von den Wurzeln bis in die Blätter.** M

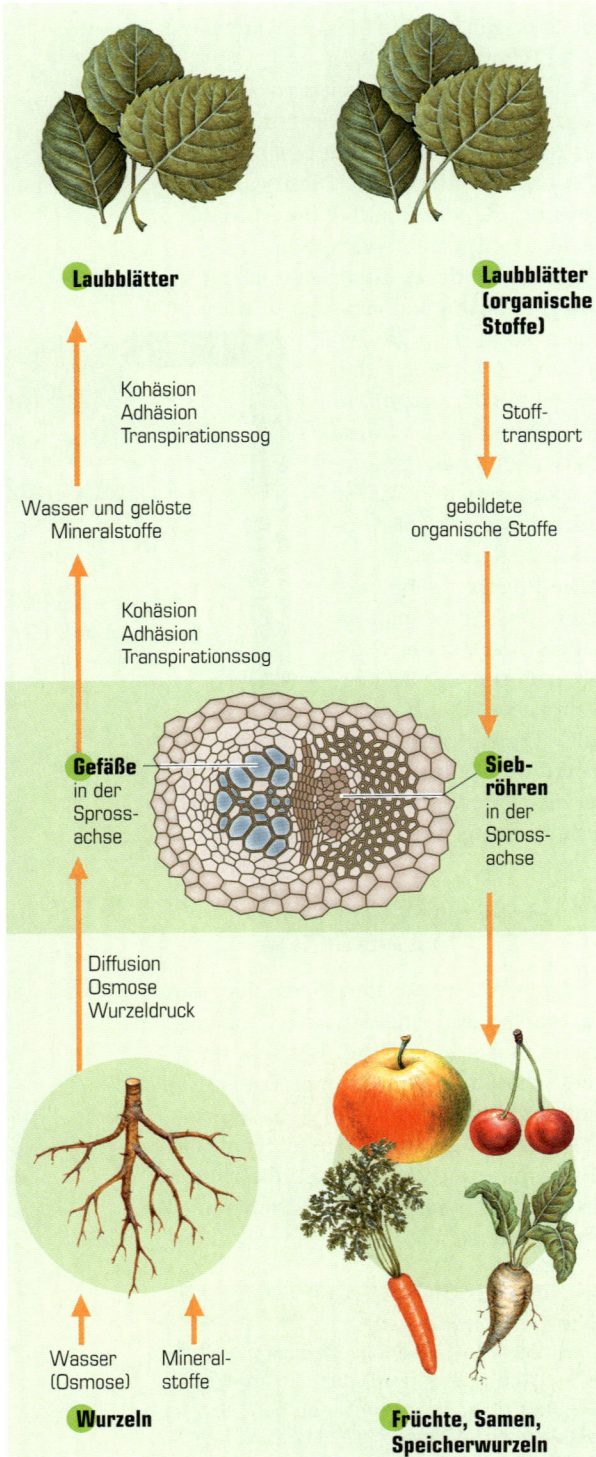

1 ▶ Wasser- und Stofftransport in der Sprossachse

Dickenwachstum von Sprossachsen

Die Wurzeln und Sprossachsen der nacksamigen Pflanzen (z. B. *Kiefer*) sowie der zweikeimblättrigen bedecktsamigen Pflanzen nehmen im Verlauf ihres Lebens an Umfang zu. Es findet ein **Dickenwachstum** statt. Bei einkeimblättrigen Pflanzen erfolgt nur bei wenigen Arten (z. B. *Drachenbaum*) ein Dickenwachstum.

Das Dickenwachstum wird durch **Bildungsgewebe** (**Kambium**) bewirkt, das sich zwischen Gefäß- und Siebzellen der Leitbündel befindet sowie auch zwischen den Leitbündeln ausgebildet wird. Dadurch entsteht ein geschlossener Kambiumring.

Durch Zellteilung werden von diesem Bildungsgewebe nach innen und außen Zellen gebildet. Alle nach *innen* abgegebenen Zellen bilden den **Holzteil** (Abb. 2). Diese Zellen dienen zunächst als Gefäßzellen der Leitung von Wasser und Mineralstoffen. Später verholzen sie durch Einlagerung von Holzstoff (Lignin), sterben ab und sind dann vorwiegend für die Festigung und Speicherung verantwortlich („Holz").

Im Frühjahr werden weitlumige und dünnwandige Holzzellen gebildet, da zu Beginn der Wachstumsperiode große Mengen von Wasser benötigt werden (**helles Frühholz**). Im Spätsommer entstehen kleinere und dickwandige Holzzellen (**dunkles Spätholz**). Durch den Wechsel in der Bildung weiter und enger Gefäßzellen (helles Frühholz und dunkles Spätholz) entstehen in den Bäumen die **Jahresringe** (Abb. 2).

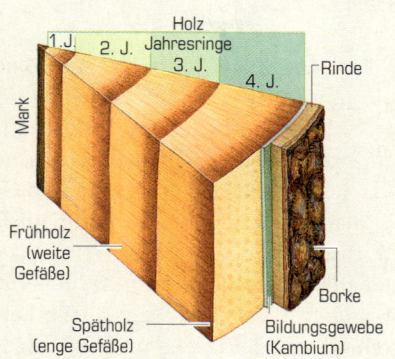

2 ▸ Ausschnitt aus einem Kiefernstamm

Die vom Bildungsgewebe nach *außen* abgegebenen Zellen werden in ihrer Gesamtheit **Rinde** (Bast) genannt. Zunächst entstehen vorwiegend **Siebröhrenzellen,** in denen organische Stoffe (z. B. Traubenzucker) von den Laubblättern zu den Wurzeln und umgekehrt geleitet werden. Außerdem werden noch **Bastzellen** gebildet, die zur Festigkeit beitragen. Beide – Siebröhrenzellen und Bastzellen – werden immer weiter nach außen „gedrängt". Sie sterben schließlich ab und bilden die **Borke.** Sie schützt die Sprossachse vor mechanischen und klimatischen Einflüssen. Da sie nicht mitwächst, reißt sie beispielsweise schuppenartig auf (z. B. *Eiche, Kiefer*, Abb. 3) oder blättert ab (z. B. *Platane*, Abb. 1).

1 ▸ Stamm einer Plantane mit Rinde (blattartige Borkenstücke)

3 ▸ Stamm einer Waldkiefer mit Rinde (schuppenartige Borkenstücke)

Bau und Funktionen des Laubblatts

Bau des Laubblatts

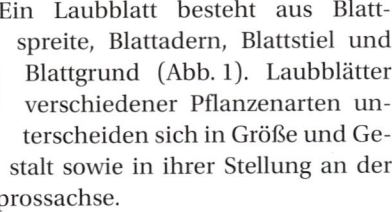

Ein Laubblatt besteht aus Blattspreite, Blattadern, Blattstiel und Blattgrund (Abb. 1). Laubblätter verschiedener Pflanzenarten unterscheiden sich in Größe und Gestalt sowie in ihrer Stellung an der Sprossachse.

Der **Blattgrund** ist die Ansatzstelle des Blattstiels an der Sprossachse. Er kann verschiedengestaltig sein und wie bei der *Erbse* und *Rose* Nebenblätter bilden.

Der **Blattstiel** trägt die Blattspreite. Bei Gräsern fehlt ein Blattstiel. Bei ihnen ist der Blattgrund zu einer röhrenförmigen Blattscheide umgebildet, die den Halm umschließt. Am Übergang von der Blattscheide zur Blattspreite befindet sich meist ein Blatthäutchen (Abb. 2).

Die **Blattspreite** ist der flächige Teil des Laubblatts. Sie wird von den *Blattadern (Blattnerven)* durchzogen. Die Blattadern bestehen aus *Festigungsgewebe* mit den *Leitbündeln*. Sie verleihen dem Blatt die nötige Festigkeit und dienen dem Stofftransport.

Die **Anordnung der Leitbündel** ist ein wichtiges Unterscheidungskriterium von *ein-* und *zweikeimblättrigen Pflanzen*. Während die Blattadern bei *Einkeimblättrigen* meist **parallel** verlaufen, sind sie bei *Zweikeimblättrigen* **netzartig** verzweigt. Von einem Hauptstrang, auch als Mittelrippe bezeichnet, zweigen Nebenstränge ab, die sich untereinander zu einem Netzwerk verbinden (Abb. 1).

Die Form der Laubblätter, die Ausbildung des Blattrands und die Stellung der Laubblätter an den Sprossachsen sind von enormer Vielfalt. Sie ermöglichen in vielen Fällen eine genaue Bestimmung von Pflanzenarten.

Der **Blattrand** der Laubblätter kann beispielsweise ganzrandig, gebuchtet, gesägt oder gezähnt sein. Auch die **Blattfläche** besitzt verschiedene Formen. So gibt es schildförmige (z. B. *Kapuziner-Kresse*), rundliche (z. B. *Schwarz-Erle*) oder herzförmige (z. B. *Winter-Linde*) Laubblätter. Bei manchen Pflanzen sind die Laubblätter aus mehreren Blättchen zusammengesetzt. So gibt es, nach Anzahl und Anordnung der Teilblättchen benannt, z. B. dreizählige, gefingerte, gefiederte Laubblätter.

> **M** Das Laubblatt ist aus der Blattspreite, dem Blattstiel und dem Blattgrund aufgebaut. Laubblätter verschiedener Pflanzenarten sind in ihrer Größe und Gestalt sowie in ihrer Stellung an der Sprossachse mannigfaltig.

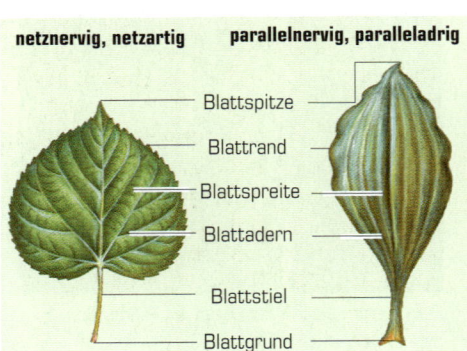

1 ▸ Bau des Laubblattes

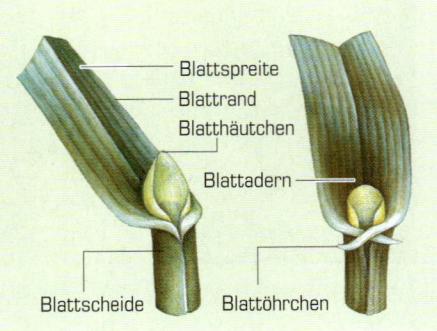

2 ▸ Laubblatt bei Gräsern

Struktur und Funktionen der Organe der Samenpflanzen

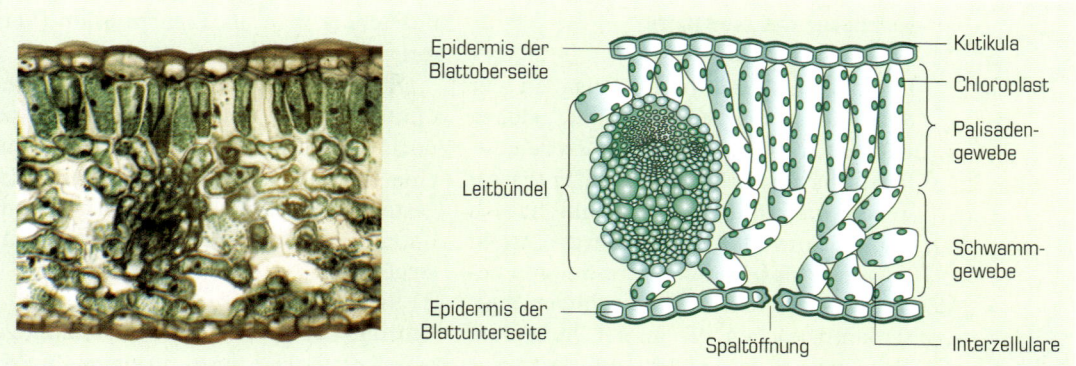

1 ▸ Querschnitt durch ein Laubblatt (mikroskopisches Bild und schematische Zeichnung)

Das mikroskopische Bild eines Laubblattquerschnitts zeigt einen typischen Schichtenaufbau (Abb. 1).

Die **Epidermis der Blattoberseite** ist meist einschichtig. Ihre Zellen sind fugenlos aneinandergefügt und haben in der Regel keine Chloroplasten. Die äußeren Zellwände der oberen Epidermis sind oft verdickt und von einer wachsähnlichen Schicht, der **Kutikula,** überzogen. Durch sie wird die obere Epidermis fast undurchlässig für Wasserdampf und andere Gase. Neben dem Schutz vor mechanischer Beschädigung schützt die obere Epidermis die Blätter vor Infektion durch Mikroorganismen.

Unter der oberen Epidermis befindet sich das **Palisadengewebe.** Es besteht aus säulenförmigen Zellen, die senkrecht zur Blattoberfläche stehen und etwa 80 % der Chloroplasten enthalten.

In den Chloroplasten finden Stoffwechselprozesse (z. B. Fotosynthese) statt. Dabei werden mithilfe von Lichtenergie energiearme anorganische Stoffe, z. B. Wasser, Kohlenstoffdioxid, in energiereiche organische Stoffe, z. B. Traubenzucker, umgewandelt. Sauerstoff wird abgegeben.

Unterhalb des meist einschichtigen Palisadengewebes befindet sich das **Schwammgewebe.** Die Zellen des Schwammgewebes sind in einem lockeren Verband angeordnet und enthalten ebenfalls Chloroplasten.

Die zum Teil recht großen **Interzellularen** (**Zellzwischenräume**) bewirken, dass das Schwammgewebe eine beträchtliche innere Oberfläche erreicht. Die Interzellularen erfüllen eine wichtige Funktion beim Gasaustausch des Laubblatts mit der Umwelt.

Kohlenstoffdioxid (Fotosynthese) gelangt durch die Interzellularen zu den Zellen des Schwamm- und Palisadengewebes. Der Wasserdampf z. B. kann in umgekehrter Richtung an die Umgebung abgegeben werden.

Die **Epidermis der Blattunterseite** ist wie die Epidermis der Blattoberseite das Schutz- und Abschlussgewebe des Blattes. Sie erfüllt bei den meisten Pflanzen zwei entgegengesetzte Aufgaben. Einmal schützt sie die Pflanze durch ihre geschlossene Zellschicht vor Austrocknung. Zum anderen ermöglicht und reguliert sie den Gasaustausch der Pflanze mit der Außenluft. Zur Regulierung des Gasaustauschs und der Wasserdampfabgabe befinden sich in der Epidermis **Spaltöffnungen** (Abb. 2). Eine Spaltöffnung besteht aus zwei bohnenförmigen Schließzellen, zwischen den Schließzellen befindet sich ein Spalt.

2 ▸ Spaltöffnung

Funktionen des Laubblatts

Das Wasser wird in den Gefäßen der Sprossachse bis in die Blätter geleitet. Dort wird das Wasser verteilt. Aus den Gefäßen der Blattzellen gelangt das Wasser in die *Interzellularen*. Es vermischt sich mit der dort vorhandenen Luft, es entsteht **Wasserdampf.** In den Interzellularen befindet sich eine höhere Anzahl von Wasserdampfteilchen als in der Außenluft. Nach den Gesetzen der Diffusion wandern die Wasserdampfteilchen durch den Spalt zwischen den Schließzellen in die wasserdampfärmere Außenluft (Abb. 1). Die Wasserdampfabgabe wird durch die **Spaltöffnungen** reguliert.

Das Öffnen und Schließen der Spaltöffnungen erfolgt durch die zwei meist bohnenförmigen Schließzellen. Wenn die Wasserversorgung der Pflanzen gesichert ist, vergrößert sich der Zellinnendruck der Schließzellen, und die Öffnung des Spaltes erweitert sich. Der Wasserdampf wird an die Außenluft abgegeben. Bei Wassermangel erschlaffen die Schließzellen, und der Spalt zwischen ihnen wird geschlossen (Abb. 1, S. 33). Diese Vorgänge beruhen auf den physikalischen Gesetzmäßigkeiten der Osmose. Dem Austrocknen der Pflanze wird damit entgegengewirkt.

Diese regulierte Wasserdampfabgabe der Pflanze durch die Spaltöffnungen bezeichnet man als **Transpiration** (**Verdunstun**g).

Die Transpiration durch die Spaltöffnungen lässt sich **experimentell** gut nachweisen. Im einfachsten Fall kann eine Topfpflanze unter eine Glasglocke gestellt werden. Ein Beschlagen der Wandung würde die Wasserdampfabgabe anzeigen.

Um die Transpiration mengenmäßig zu erfassen, wird ein Spross in einen Messzylinder mit Wasser gestellt. Durch die Zugabe einiger Tropfen Öl wird die direkte Wasserverdunstung aus dem Messzylinder verhindert. Die von der Pflanze in einer bestimmten Zeit abgegebene Wassermenge kann an dem Messzylinder direkt abgelesen werden (Abb. 2, S. 33).

Das Schließen der Spaltöffnungen verhindert zwar, dass die Pflanzen bei hoher Sonneneinstrahlung zu viel Wasser abgeben und „verdunsten". Das Schließen der Spaltöffnungen bewirkt aber auch, dass sie durch den geschlossenen Spalt kein Kohlenstoffdioxid mehr für ihre Ernährung aufnehmen können.

Pflanzen benötigen zum Leben auch **Kohlenstoffdioxid** und **Sauerstoff.** Durch Diffusion gelangen beide Stoffe durch die Spaltöffnungen sowohl in das Blattinnere als auch wieder in die Außenluft.

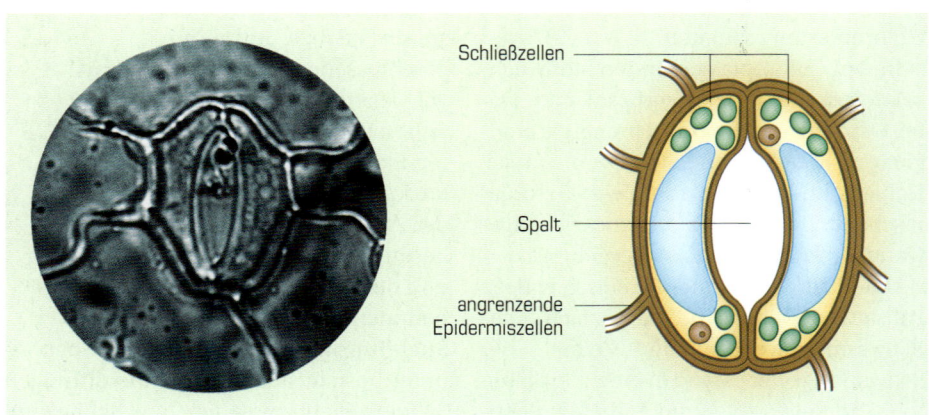

1 ▶ Bau der Schließzellen (mikroskopisches und schematisches Bild)

Der Vorgang der Aufnahme von Kohlenstoffdioxid und von Sauerstoff sowie die Abgabe dieser Stoffe durch die Spaltöffnungen wird **Gasaustausch** genannt.

Die Transpiration wird von **Umweltfaktoren,** z. B. *Temperatur, Luftbewegung (Wind)* und *Luftfeuchtigkeit*, beeinflusst. Eine Temperaturerhöhung, eine starke Luftbewegung und eine niedrige Luftfeuchtigkeit **fördern** die Transpiration. Je größer der Unterschied zwischen dem Gehalt an Wasserteilchen in den Interzellularen der Laubblätter und der Außenluft ist (z. B. bei niedriger Luftfeuchtigkeit oder bei schnellem Abtransport der Wasserteilchen durch den Wind), umso stärker ist die Transpiration.

Niedrige Temperaturen, eine hohe Luftfeuchtigkeit und eine geringe Luftbewegung **hemmen** die Transpiration.

So gibt zum Beispiel eine Birke mit 200 000 Laubblättern an einem sonnigen, windigen Tag 300 Liter Wasser, an einem kühlen, regnerischen Tag nur 60 Liter Wasser aus den Laubblättern ab.

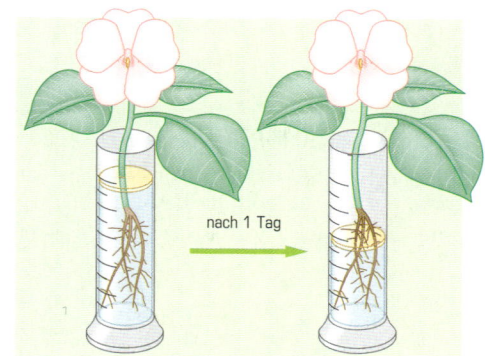

2 ▸ Nachweis der Transpiration

Die Menge des durch Transpiration abgegebenen Wassers ist also recht beachtlich. Man hat bei Messungen in einem Buchenwald beispielsweise festgestellt, dass etwa 60 % des jährlichen Niederschlags wieder als Transpirationswasser an die Umgebung abgegeben wurden.

Ein Blatt des Apfelbaums hat an der Oberseite keine, aber an der Unterseite 29 000 Spaltöffnungen. Das Blatt der Seerose hat auf der Oberseite 49 000 und auf der Unterseite gar keine Spaltöffnungen.

> Durch die Spaltöffnungen der Laubblätter findet ein Gasaustausch statt. Die Transpiration wird von Umweltfaktoren (Temperatur, Luftbewegung, Luftfeuchtigkeit) beeinflusst.

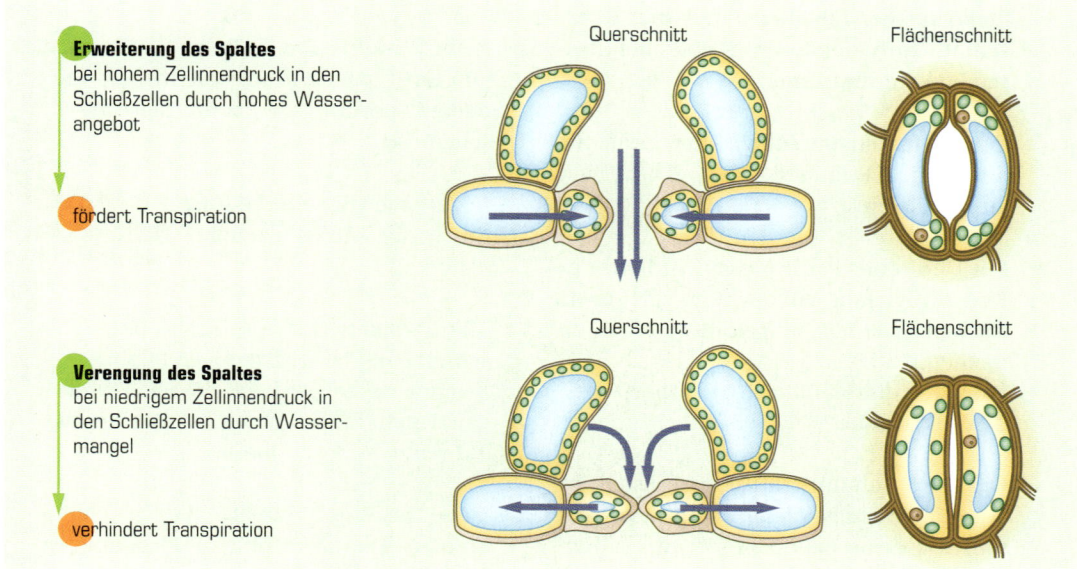

1 ▸ Öffnen und Schließen des Spaltes durch die Bewegung der Schließzellen (⟶ Weg des Wassers)

gewusst · gekonnt

1. Vergleiche den Aufbau des Wurzelsystems von Pflanzen, z. B. der Gemeinen Kuhblume und einer Getreidepflanze (Abb.). Fertige eine Tabelle an.

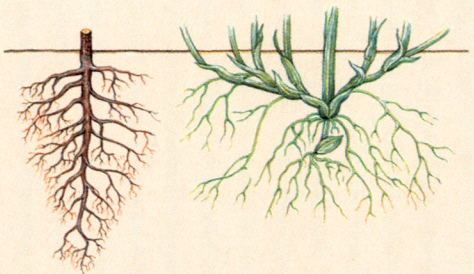

2. Betrachte eine Keimwurzel von Senf oder Gartenkresse mit der Lupe. Beschreibe den äußeren Bau. Erläutere die Funktion der Wurzelhaare.

3. Mikroskopiere einen Wurzelquerschnitt. Zeichne einen Ausschnitt des mikroskopischen Bildes.
Vergleiche deine Zeichnung mit Abbildung 1 auf Seite 19 und beschrifte sie. Stelle in einer Tabelle die im Wurzelquerschnitt vorhandenen Gewebe und ihre Funktionen zusammen.

4. Wasser ist ein unentbehrlicher Stoff für die Pflanze. Erläutere diesen Sachverhalt an Beispielen.

5. Ein Deo- oder Parfümspray wird vor der Klasse zerstäubt. Alle Schüler, die etwas riechen, werden aufgefordert, sich zu melden.
Wo sitzen die Schüler, die sich zuerst melden? Begründe.

6. Gib ein Kaliumpermanganatkristall in eine mit Wasser gefüllte Petrischale. Beschreibe deine Beobachtung und erkläre sie.

7. Vergleiche Diffusion und Osmose miteinander. Fertige eine Tabelle an.

8. Beschreibe anhand der Abbildung 1 auf der Seite 21 den Aufbau und die Beobachtungen des Modellexperiments zur Osmose.
Erkläre den Vorgang der Osmose.

9. Bei der Düngung mit Mineralsalzen ist es nicht ratsam, nach dem Prinzip „Viel hilft viel" zu verfahren.
Begründe diesen Sachverhalt.

10. Ordne die folgenden Prozesse den physikalischen Vorgängen Diffusion und Osmose zu:
Süßen von Tee, Saftbildung beim Salzen von Gurkenscheiben, Wassertransport von einer Wurzelhaarzelle zu einer benachbarten Zelle der Rindenschicht, Wassertransport innerhalb einer Zelle, Verdünnen einer Säure, Platzen der Kirschen im Regen.
Begründe deine Zuordnung.

11. Beim Zuckern von Erdbeeren tritt nach längerem Stehen Fruchtsaft aus, die Erdbeeren schrumpfen. Erkläre diese Erscheinung.

12. Erkläre die Wasseraufnahme durch die Wurzelhaarzelle (Abb.).

13. Mikroskopiere den Sprossachsenquerschnitt einer bedecktsamigen Pflanze. Zeichne das mikroskopische Bild. Vergleiche deine Zeichnung mit der Abbildung 1 auf Seite 24. Beschrifte sie.

14. Stelle in einer Tabelle die in einem Sprossachsenquerschnitt vorhandenen Gewebe und ihre Funktionen dar.

gewusst · gekonnt

15. Zwei gleich große Zweige mit der gleichen Anzahl von Laubblättern werden in je ein Gefäß mit Wasser gestellt. Die Blattunterseiten des einen Zweiges werden mit Vaseline bestrichen. Die Wasseroberfläche wird in beiden Gefäßen mit Öl abgedichtet. Bereits nach kurzer Zeit ist der Wasserspiegel des Gefäßes mit dem unbehandelten Zweig merklich gesunken, während der Wasserspiegel des anderen Gefäßes unverändert bleibt. Erkläre.

16. Vergleiche den inneren Bau der Wurzel mit dem der Sprossachse.

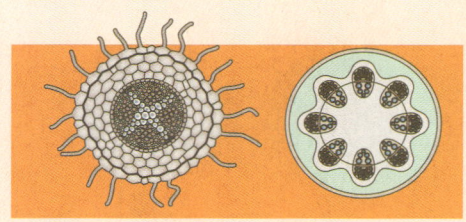

17. Erkläre die Entstehung eines Transpirationssogs und beschreibe seine Bedeutung für den Wassertransport durch die Sprossachse.

18. Betrachte den Querschnitt eines Laubblatts mithilfe des Mikroskops und zeichne einen Ausschnitt des Bildes. Beschrifte die Zeichnung mithilfe des Lehrbuchs. Entwickle eine tabellarische Übersicht über die verschiedenen Blattgewebe und deren Funktionen.

19. Stelle ein Abzugspräparat der Epidermis der Blattunterseite eines Laubblatts her. Beschreibe das mikroskopische Bild.

20. Erkläre die physikalischen Ursachen des Wassertransports in den Gefäßzellen.

21. Mikroskopiere ein Leitbündel mit möglichst starker Vergrößerung. Welche Zell- und Gewebetypen kannst du erkennen?
Fertige eine Skizze des mikroskopischen Bildes an und beschrifte sie.
Ermittle mithilfe des Lehrbuchs die Funktionen der verschiedenen Gewebe.

22. Beschreibe ein Experiment, mit dem man das Wirken von Kohäsionskräften beim Wassertransport nachweisen kann.

23. Erkläre die Funktion von Schließzellen.

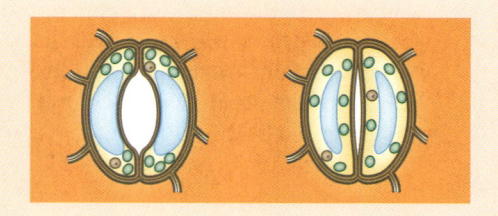

24. Die abgebildete Versuchsserie dient zum Nachweis der Abhängigkeit der Transpiration von äußeren Faktoren.

a) Beschreibe die Versuchsdurchführung.
b) Erkläre die zu erwartenden Versuchsergebnisse.

25. Viele Pflanzen können zur Regulation der Transpiration keine Ortsbewegung vornehmen. Erkläre an selbst gewählten Beispielen die Angepasstheit des Baues der Laubblätter an den Wasserfaktor.

Das Wichtigste auf einen Blick

Mannigfaltigkeit der Pflanzen

Zu den Pflanzen gehören die Algen, Moos-, Farn- und Samenpflanzen. Die Samenpflanzen sind in unserem Gebiet die auffälligste Gruppe.

Sie stimmen trotz mannigfaltiger Gestalt in ihrem Grundaufbau überein. Sie bestehen aus Wurzel und Spross (mit Sprossachse, Laubblättern und Blüten).

Bau und Funktionen der Wurzel der Samenpflanzen

Die Wurzel dient dazu, die Pflanzen im Boden zu verankern, Wasser und Mineralstoffe aufzunehmen und in den Spross weiterzuleiten sowie Reservestoffe zu speichern. Die Funktionen werden von verschiedenen Geweben ausgeführt, z. B. Rhizodermis, Rindengewebe und Bildungsgewebe (Abb.).

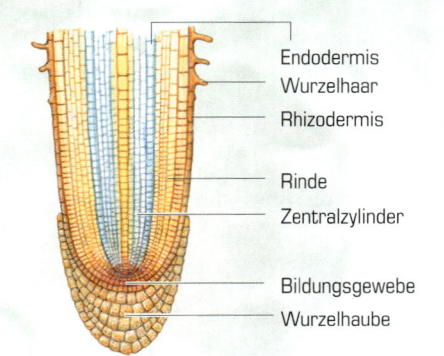

- Endodermis
- Wurzelhaar
- Rhizodermis
- Rinde
- Zentralzylinder
- Bildungsgewebe
- Wurzelhaube

Die **Aufnahme des Wassers** in das Wurzelhaar erfolgt durch Osmose. Die Wasserteilchen wandern von dem Ort, an dem sie in hoher Anzahl vorhanden sind (Bodenwasser), zum Ort, an dem sie in geringer Anzahl vorliegen (Zellsaft der Vakuole). Die Zellmembranen sind halbdurchlässig.

Der **Transport des Wassers** erfolgt bis in die Gefäße des Zentralzylinders durch Diffusion und Osmose.

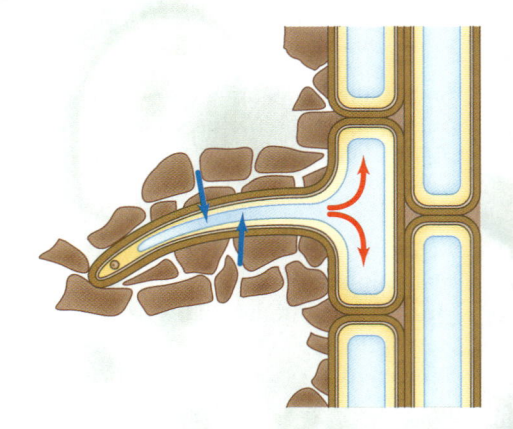

Bau und Funktionen der Sprossachse der Samenpflanzen

Die Sprossachse trägt die Laubblätter und Blüten. Sie besteht aus verschiedenen Geweben, z. B. Abschluss-, Grund-, Leit- und Festigungsgewebe (Abb. zweikeimblättrige Pflanze). Sie dient der Wasser- und Stoffleitung.

- Epidermis (Schutz)
- Leitbündel (Wasser- und Stoffleitung, Festigung)
- Bildungsgewebe (Bildung neuer Zellen)
- Mark, oft mit Markhöhle (Speicherung)
- Rinde (Speicherung, Festigung)

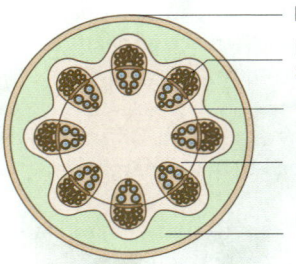

Das Wichtigste auf einen Blick

Bau und Funktionen der Laubblätter der Samenpflanzen

Durch die Spaltöffnungen des Laubblatts werden Gase – Kohlenstoffdioxid und Sauerstoff – aufgenommen und auch wieder abgegeben (Gasaustausch).

Durch die Spaltöffnungen gelangt auch Wasser in Form von Wasserdampf nach außen. Dieser Vorgang wird Transpiration genannt.

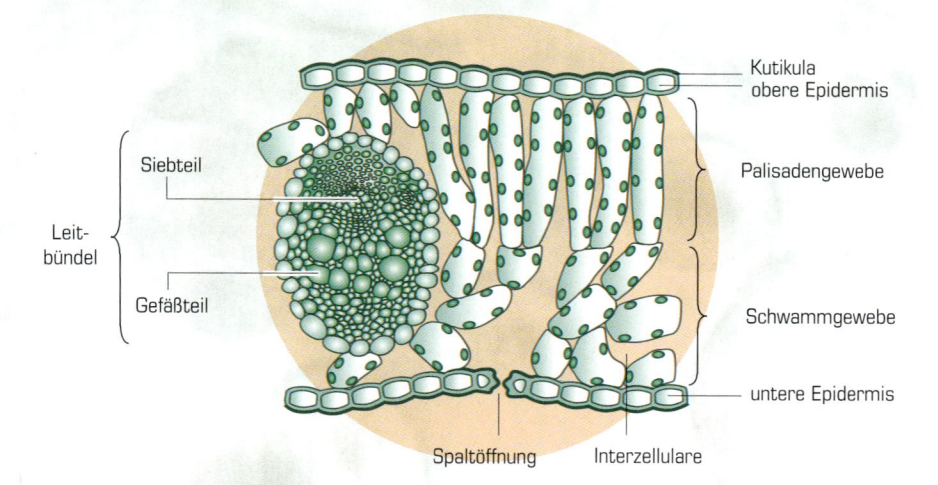

Transport des Wassers und anderer Stoffe

Der Transport des Wassers und der Mineralstoffe von der Wurzel bis in die Laubblätter erfolgt durch Gefäße des Leitbündels. Es wirken mehrere physikalische Vorgänge zusammen, z. B. Diffusion, Osmose, Kohäsion, Adhäsion und Transpirationssog.

Die in den Laubblättern gebildeten organischen Stoffe werden in den Siebröhren in alle Teile der Pflanze geleitet.

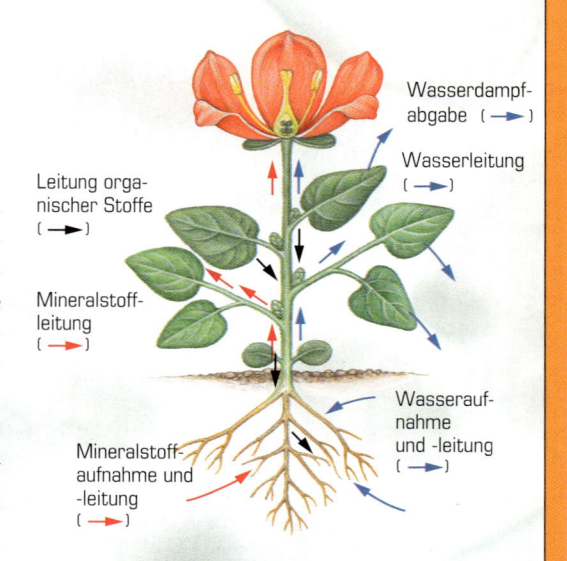

1.2 Stoff- und Energiewechsel bei chlorophyllhaltigen Organismen

Ein Prozess, der in den Chloroplasten abläuft ▸▸ Pflanzen und einige Bakterien mit Chlorophyll sind in der Lage, Lichtenergie für ihre Lebensprozesse zu nutzen. Die Fotosynthese ist ein komplizierter Prozess, der schrittweise in den Chloroplasten abläuft.

Mitochondrien – Kraftwerk in den Zellen ▸▸ Organische Stoffe wie Kohlenhydrate, aber auch Fette und Eiweiße, werden in den Mitochondrien mithilfe von Sauerstoff in anorganische Stoffe umgewandelt. Dabei wird Energie frei.

Grundlage allen Lebens auf der Erde ▸▸ Pflanzen nehmen als Gruppe unter den Lebewesen und damit im Ökosystem eine zentrale Stellung ein. Durch die Fotosynthese wird u. a. der Vorrat organischer Stoffe auf der Erde immer wieder erneuert und damit die Nahrungsgrundlage für nahezu alle heterotroph lebenden Organismen erhalten.

Ernährungsweisen

Alle Lebewesen müssen zur Aufrechterhaltung ihrer Lebensprozesse ständig Stoffe aus ihrer Umwelt aufnehmen. Die Aufnahme von Stoffen wird **Ernährung** genannt. Für die Organismen handelt es sich meist um körperfremde Stoffe. Sie bilden die Voraussetzung für den Aufbau körpereigener Stoffe (S. 54). Es gibt zwei verschiedene **Ernährungsweisen**.

Die meisten Bakterien, die Pilze, die Tiere und der Mensch nehmen mit der Nahrung außer Wasser, Mineralstoffen und Vitaminen vor allem *Eiweiße, Fette* und *Kohlenhydrate* (z. B. Traubenzucker, Stärke) auf.

Dies sind *körperfremde, energiereiche organische Stoffe*. Diese Art der Ernährung wird **heterotrophe Ernährung** genannt (Abb. 2).

Davon unterscheidet sich die Ernährung der *Algen* und *Pflanzen mit Chlorophyll* sowie einiger *Bakterien*, die ebenfalls Chlorophyll besitzen. Sie nehmen als Nahrung Wasser, Mineralstoffe sowie Kohlenstoffdioxid der Luft auf. Das sind *körperfremde, energiearme anorganische Stoffe*. Einige Bakterien sind auch in der Lage, anorganische Stoffe als Nahrung zu nutzen, obwohl sie kein Chlorophyll besitzen. Diese Art der Ernährung wird **autotrophe Ernährung** (Abb. 1) genannt.

Die Ernährung ist ein Kennzeichen für alle Lebewesen.

> Man unterscheidet autotrophe und heterotrophe Ernährung.

1 ▶ Autotrophe Ernährung findet man bei allen Pflanzen mit Chlorophyll sowie bei einigen Bakterien und Algen, die Chlorophyll besitzen.

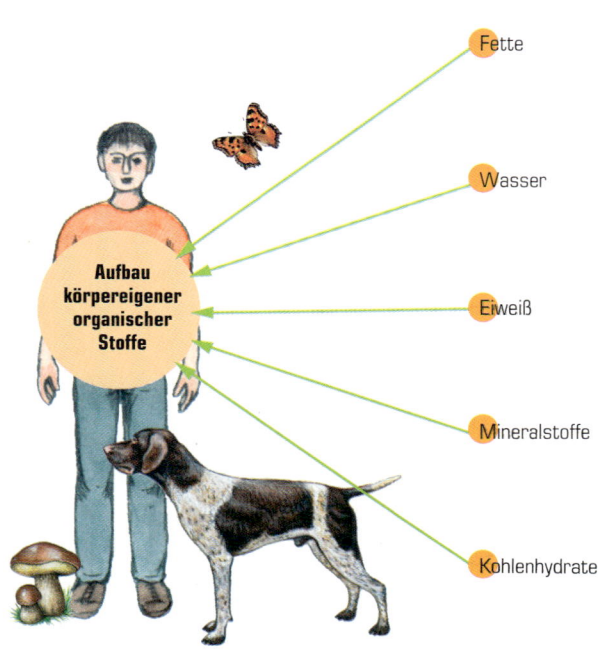

2 ▶ Heterotrophe Ernährung findet man bei den Tieren, Pilzen, den meisten Bakterien und beim Menschen.

Fotosynthese als grundlegender Prozess des Stoff- und Energiewechsels bei chlorophyllhaltigen Organismen

Beobachtungen an Pflanzen

Seit Langem ist bekannt, dass Pflanzen *Wasser* als Nahrung benötigen. Ein niederländischer Forscher, JAN INGENHOUSZ (1730–1799), entdeckte, dass auch *Kohlenstoffdioxid* aus der Luft für Pflanzen unentbehrlich ist. Er war es auch, der beobachtete, dass Pflanzen bei Lichteinwirkung gleichzeitig Sauerstoff abgeben (Experimente, S. 41).

Bekannt war außerdem, wie die Aufnahme von Wasser und Kohlenstoffdioxid bzw. Abgabe von Sauerstoff und Wasser erfolgt. Ungeklärt blieb aber lange Zeit, was mit diesen Stoffen in den Zellen geschieht.

Bei der Klärung dieser Frage war eine Beobachtung wichtig, die JULIUS SACHS an Pflanzen machte. Er erkannte, dass unter Lichteinwirkung in Laubblättern, die Chloroplasten mit Chlorophyll besitzen, Stärke, ein Kohlenhydrat, gebildet wird (Abb. 1).

Damit war klar, dass außer Chlorophyll die *Lichtenergie* (Strahlungsenergie) bei der Umwandlung der aufgenommenen energiearmen anorganischen Stoffe (Wasser und Kohlenstoffdioxid) in energiereiche organische Stoffe eine entscheidende Rolle spielt.

Kurz gefasst könnte man nun schreiben:

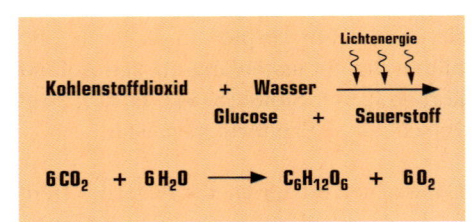

Kohlenstoffdioxid + Wasser →(Lichtenergie) Glucose + Sauerstoff

$$6\,CO_2 + 6\,H_2O \longrightarrow C_6H_{12}O_6 + 6\,O_2$$

Da der Prozess der Umwandlung anorganischer Stoffe nur bei Lichteinwirkung (Zufuhr von Lichtenergie) erfolgt, wird er **Fotosynthese** genannt.

Damit waren wichtige Fortschritte bei der Aufklärung der **Fotosynthese** erreicht. Was aber im Innern der Zellen vor sich geht, konnte erst im 20. Jahrhundert schrittweise geklärt werden.

> **Die Umwandlung der von den Pflanzen aufgenommenen energiearmen anorganischen Stoffe in energiereiche organische Stoffe erfolgt nur unter Lichteinwirkung mithilfe des Chlorophylls. Dabei wird Sauerstoff gebildet und an die Umwelt abgegeben.**

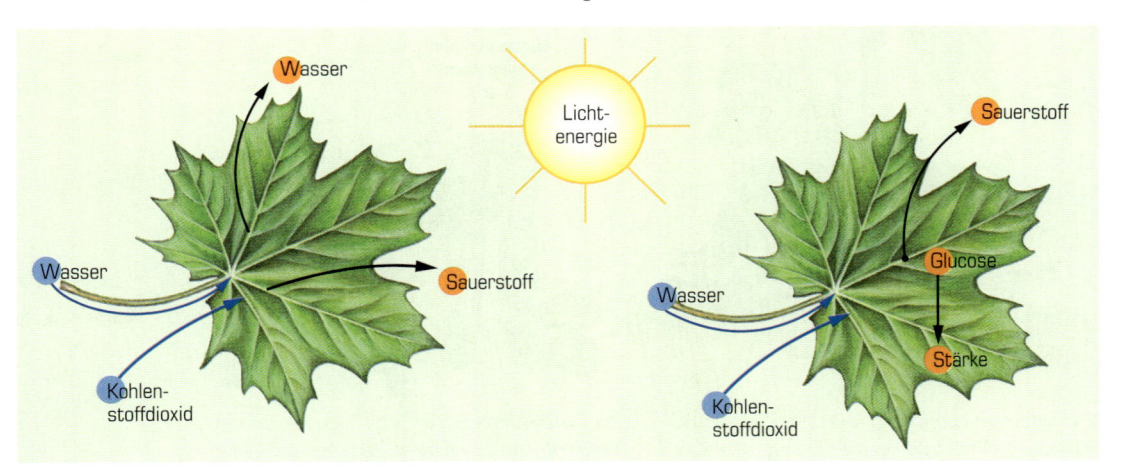

JULIUS SACHS (1832–1837) entdeckte bei seinen Beobachtungen die Stärkebildung in Laubblättern.

1 ▸ Aufnahme und Abgabe von Stoffen

2 ▸ Ausgangsstoffe und Produkte der Fotosynthese

Experimente

Pflanzen benötigen Kohlenstoffdioxid

Materialien:
2 Glasglocken, Blumentöpfe mit jungen Kressepflanzen, 2 Korken, 2 Schalen Wasser, Calciumhydroxidlösung

Durchführung und Beobachtung:
1. Experiment nach den Abbildungen anordnen:

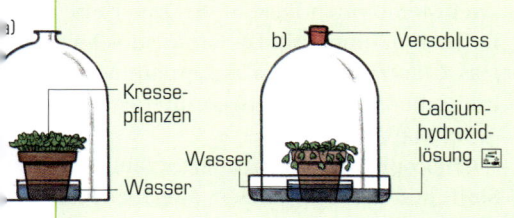

Beachte: Das Calciumhydroxid bindet das im Gefäß vorhandene Kohlenstoffdioxid.
2. Gefäße bei Zimmertemperatur an einen belichteten Ort stellen.
3. Das Wachstum der Kressepflanzen in beiden Gefäßen einige Tage beobachten.
4. Beobachtungsergebnisse notieren.

Auswertung:
Waren Unterschiede zu beobachten? Wenn ja, worauf sind sie zurückzuführen?

Pflanzen geben bei Lichteinwirkung Sauerstoff ab

Materialien:
2 Bechergläser, 2 Trichter, 2 Reagenzgläser, Wasser, Karton zum Abdunkeln, Sprosse, z. B. der Wasserpest

Durchführung und Beobachtung:
1. Experimentieranordnung entsprechend den Abbildungen aufbauen:

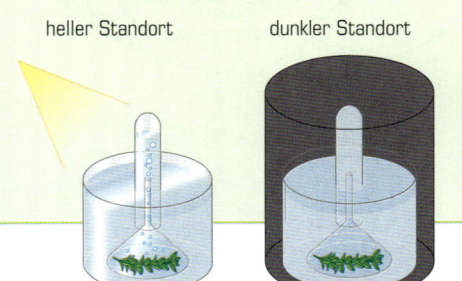

2. Eine Versuchsanordnung dem Licht aussetzen, die andere mithilfe des Kartons abdunkeln.
3. Einige Tage beobachten.
4. Beobachtungsergebnisse notieren.

Auswertung:
1. Wenn du Veränderungen beobachtet hast, versuche dazu eine Vermutung für eine Erklärung zu formulieren.
2. Überlege, welche Möglichkeit es gibt, die Vermutung experimentell zu überprüfen.
3. Falls du eine Möglichkeit gefunden hast, führe sie mit Unterstützung deines Lehrers aus.

Bildung von Stärke in belichteten Laubblättern (Iodprobe nach Julius Sachs)

Materialien:
Pflanze mit gesunden Laubblättern, Aluminiumfolie, Wasser, Alkohol, Iod-Kaliumiodidlösung, Kochtopf, Kocher

Durchführung und Beobachtung:
1. Um ein an einer Pflanze befindliches Laubblatt einen Streifen Alufolie legen und fest andrücken.
2. Nach 5 bis 6 Stunden Lichteinwirkung Blatt abnehmen, Alufolie entfernen.
3. Blatt in Gefäß mit kochendem Wasser legen.
4. Nach 5 Minuten Blatt aus dem kochenden Wasser nehmen (Pinzette) und in ein Gefäß mit heißem Alkohol legen.
5. Blatt nach kurzer Zeit aus dem Alkohol entnehmen und etwa 30 Sekunden in Iod-Kaliumiodidlösung legen.
6. Danach Blatt entnehmen und in klares Wasser legen.
7. Beobachtungsergebnisse notieren.

Auswertung:
1. Betrachte das Blatt nach Schritt 4 genau.
2. Welche Farbe hat es?
3. Was ist zu beobachten, nachdem das Blatt in Iod-Kaliumiodidlösung gelegt wurde?
4. Wie sind die Beobachtungen zu erklären?

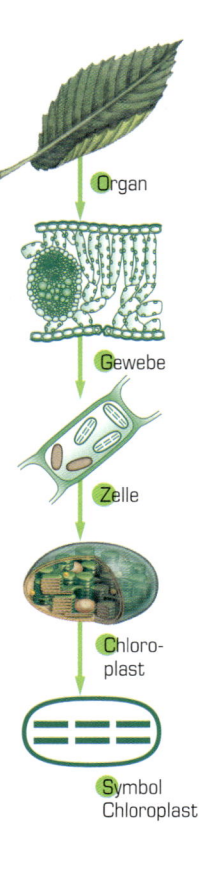

Chloroplasten als Orte der Fotosynthese

Es stellte sich schon sehr früh heraus, dass die **Chloroplasten** in Zellen von Pflanzen mit dem darin enthaltenen *Chlorophyll* die Organellen sind. In ihnen laufen die Prozesse ab, in deren Ergebnis energiearme anorganische Stoffe (Wasser, Kohlenstoffdioxid) in energiereiche organische Stoffe umgewandelt werden. Dies erfolgt unter Nutzung der Energie des Lichts mithilfe des Chlorophylls. Wie sich herausstellte, entsteht dabei als erster organischer Stoff *Glucose (Traubenzucker),* ein Einfachzucker. Bei diesem Prozess wird *Sauerstoff* frei (Fotosynthese).

Die *Chloroplasten* bei Moos-, Farn- und Samenpflanzen sind meist linsenförmige Organellen (Zellbestandteile; Abb. 1 u. 2), die sich gehäuft in den Zellen des Palisaden- und Schwammgewebes, aber z. B. auch in der Außenschicht der Stängel von Kräutern befinden.

Bei *einzelligen Algen* haben die Chloroplasten eine andere Form. So sind beispielsweise die Chloroplasten von *Chlorella* und der *Hüllengeißelalge* becherförmig und im Durchmesser 10 µm groß.

Der Durchmesser der Chloroplasten der Samenpflanzen beträgt 4 bis 6 µm. Mithilfe des Mikroskops sind sie gut zu sehen (Abb.1).

Eine Zelle kann 15 bis 20 Chloroplasten enthalten. Um den Feinbau zu erkennen, ist ein Elektronenmikroskop notwendig. Man sieht dann, dass die Chloroplasten von einer Hülle umgeben sind, die aus zwei Membranen besteht. Im Innern befindet sich eine farblose Grundsubstanz. Das Chlorophyll ist in die innere Membran, die zu Stapeln angeordnet ist, eingelagert (Abb. 2).

Chlorophyll ist ein grüner organischer Stoff, der sehr kompliziert aufgebaut ist. Er kommt nur in Algen und Pflanzen sowie in einigen Bakterien vor.

> **Chloroplasten sind Zellbestandteile, die von einer Hülle abgegrenzt sind und Chlorophyll enthalten. In ihnen erfolgt die Fotosynthese. Chlorophyll ist ein grüner, kompliziert aufgebauter organischer Stoff.**

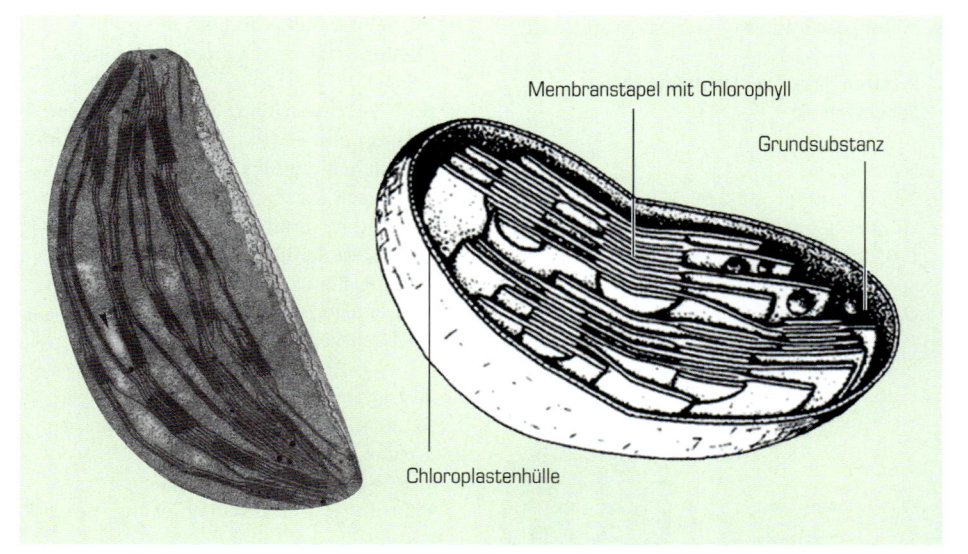

1 ▸ Elektronenmikroskopische Aufnahme eines Chloroplasten

2 ▸ Feinbau eines Chloroplasten (schematisch, aus einem alten Fachbuch)

Der Prozess der Fotosynthese in den Chloroplasten

Die **Fotosynthese** ist ein komplizierter Prozess, der schrittweise abläuft. Die einzelnen Schritte werden wie bei anderen biologischen Prozessen durch *Enzyme* vermittelt. Um das Wesentliche zu verstehen, ist es angebracht, die Ausgangsstoffe und Endprodukte zu vergleichen.

Wasser und *Kohlenstoffdioxid* als **Ausgangsstoffe** sind energiearme anorganische Stoffe, flüssig bzw. gasförmig. Das erste **Endprodukt** *Glucose* ist ein energiereicher organischer Stoff mit ganz anderen Eigenschaften. Das bedeutet, dass eine **Stoffumwandlung** erfolgt ist.

Da das Endprodukt energiereicher ist, muss offensichtlich eine **endotherme Reaktion** abgelaufen sein. Die Fotosynthese läuft nur bei Lichteinwirkung ab. Es ist daher anzunehmen, dass die notwendige Energie die Lichtenergie liefert.

Nur die **Algen** und **Pflanzen** sowie einige **Bakterien mit Chlorophyll** sind in der Lage, **Lichtenergie für ihre Lebensprozesse zu nutzen**. Mit Ausnahme weniger Bakterien mit Chlorophyll kann das keine andere Gruppe von Lebewesen. Wir können uns z. B. stundenlang in die Sonne legen; die Sonnenenergie können wir trotzdem **nicht** für die Aufrechterhaltung unserer Lebensprozesse nutzen. Die meisten *Lebewesen ohne Chlorophyll* können nur *chemische Energie* verwerten, die in energiereichen organischen Stoffen enthalten ist. Die Lichtenergie ist aber **Strahlungsenergie.** Im Verlauf der Fotosynthese müssen die Algen und Pflanzen daher in der Lage sein, Strahlungsenergie, z. B. der Sonne, in **chemische Energie** umzuwandeln. Dies ist ohne den Farbstoff **Chlorophyll** nicht möglich.

Bedingungen für den Ablauf der Fotosynthese sind also Lichtenergie und Chlorophyll.

Energieumwandlungen und **Stoffumwandlungen** sind bei der Fotosynthese eng verknüpft. Die in chemische Energie umgewandelte Strahlungsenergie wird für die Stoffumwandlung genutzt und ist letztlich in der Glucose enthalten.

Glucose ist ein lösliches Kohlenhydrat. Um es vorübergehend in den Zellen z. B. der Laubblätter zu speichern, wird es in die *unlösliche Stärke* umgewandelt.

Glucose ist das erste Endprodukt der Fotosynthese. Es ist ein organischer Stoff mit anderen Eigenschaften als die Ausgangsstoffe – u. a. fest, süßlich und weiß.

Endotherme Reaktionen verlaufen unter Energiezufuhr.

1 ▶ Stoff- und Energieumwandlungen während der Fotosynthese

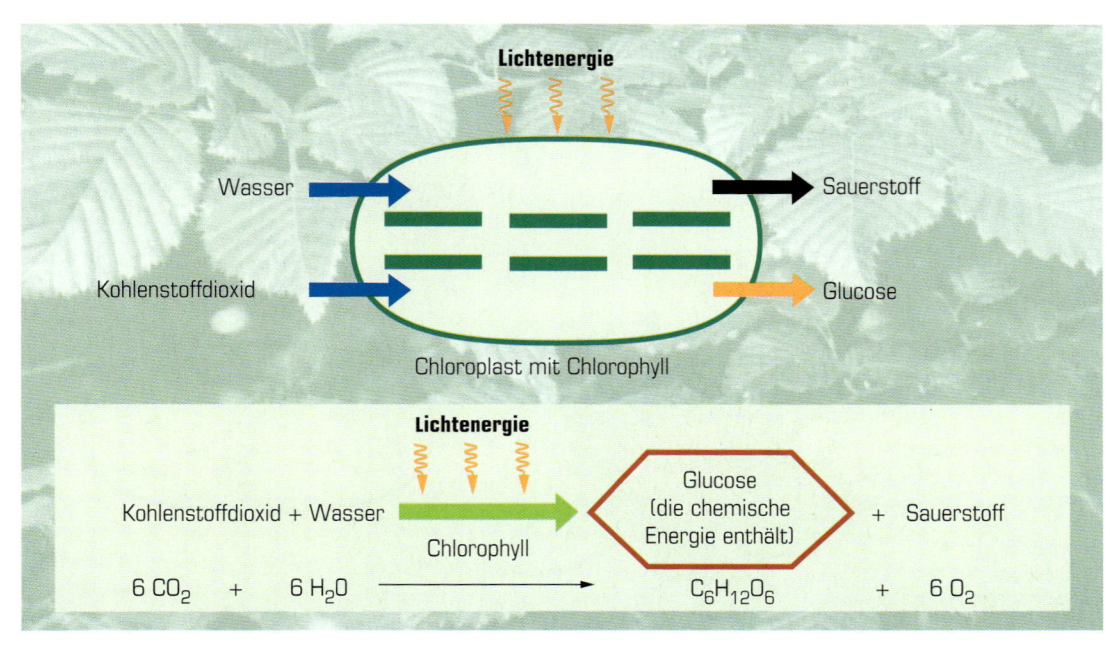

$6\,CO_2 + 6\,H_2O \longrightarrow C_6H_{12}O_6 + 6\,O_2$

Level 9 — Anatomie und Physiologie der Samenpflanzen

Derzeit sind die Laubblätter zahlreicher Waldbäume, vor allem der Buchen und Fichten, aber auch Eichen geschädigt („Waldsterben"), sodass die Fotosyntheseleistung stark verringert ist. Damit wird das Wachstum der Bäume beeinträchtigt und der Holzertrag bleibt aus.

Vor allem nachts wird Stärke wieder in die lösliche Glucose umgewandelt, die dann in den Siebröhren überall dorthin transportiert wird, wo sie gebraucht wird. Nicht sofort benötigte Glucose wird wieder in Stärke umgewandelt und in dieser Form in Speicherorganen gespeichert (z. B. Knollen, Samen, Wurzelstöcke).

Dieser komplizierte Prozess der Fotosynthese kann in vielfältiger Weise von der **Umwelt beeinflusst** werden (Abb. 1).

Steht z. B. zu wenig *Wasser* zur Verfügung, ist die Fotosyntheseleistung gering. Eine Erhöhung des *Kohlenstoffdioxidgehalts* der Luft, z. B. in Gewächshäusern, auf etwa 0,08 % fördert die Fotosynthese (S. 52). Großen Einfluss haben auch *Schadstoffe,* die in die Luft bzw. in den Boden oder in Gewässer gelangen. Sie können für die Fotosynthese wichtige Strukturen (z. B. Laubblätter, Wurzeln, Chloroplasten) zerstören. Manche Schadstoffe wirken sich direkt hemmend auf den Fotosyntheseprozess aus.

Ort der Fotosynthese sind die Chloroplasten. Bedingungen für den Ablauf sind Lichtenergie und Chlorophyll. Ausgangsstoffe sind Wasser und Kohlenstoffdioxid, Reaktionsprodukte Glucose und Sauerstoff.

1 ▸ Beeinflussung der Fotosynthese durch die Umwelt

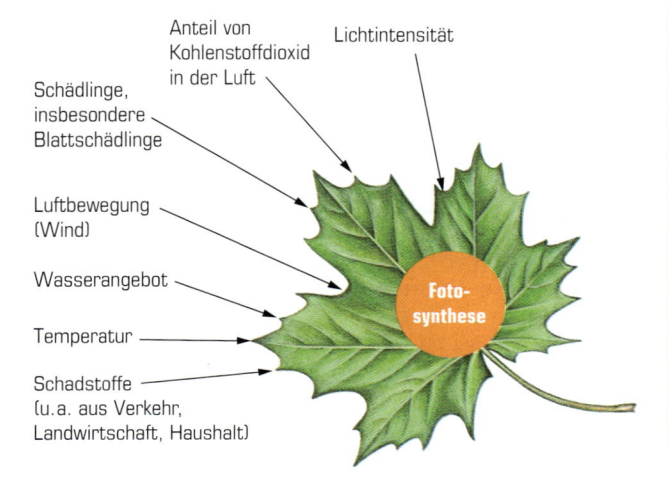

Teilreaktionen beim Ablauf der Fotosynthese

Die Fotosynthese läuft in zwei Phasen ab und wird durch Enzyme katalysiert. In der ersten Phase, der **lichtabhängigen Reaktion**, wird am Chlorophyll Lichtenergie absorbiert. Die Energie wird einerseits in chemische Energie umgewandelt und andererseits zur Erzeugung des Reduktionsmittels genutzt. Das Reduktionsmittel ist enzymatisch gebundener Wasserstoff ($NADPH_2$). Wasserstoff entsteht aus der Spaltung von Wasser, wobei Sauerstoff gebildet wird. Die chemische Energie ist in einem für Lebewesen nahezu „universellen Energieträger" enthalten, dem organischen Stoff **Adenosintriphosphat (ATP)**. Das Wesentliche der lichtabhängigen Reaktion ist die **Umwandlung der Strahlungsenergie in chemische Energie**. Die **lichtunabhängige Reaktion** als zweite Phase, dient der Bildung organischer Stoffe. Hier wird in der inneren Grundsubstanz des Chloroplasten Kohlenstoffdioxid mithilfe des enzymatisch gebundenen Wasserstoffs zu Glucose reduziert. Dabei wird der Wasserstoff vom NADP abgegeben. Das Adenosintriphosphat als „Energieträger" gibt chemische Energie ab, indem es ein Phosphat ⓟ abspaltet und zu **Adenosindiphosphat (ADP)** wird. Die „verbrauchten" Stoffe NADP, ATP, ⓟ werden in der lichtabhängigen Phase wieder regeneriert.

Energieumwandlungen und Stoffumwandlungen sind bei der Fotosynthese eng verknüpft.

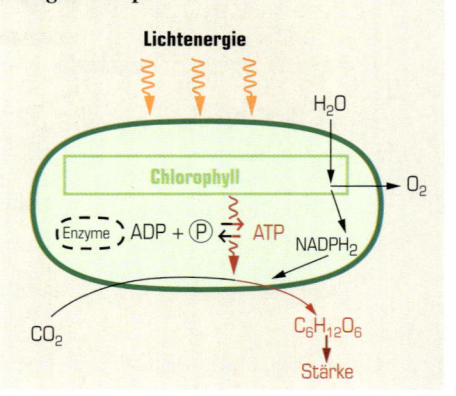

Experimente

Weise die Ausscheidung von Sauerstoff bei der Fotosynthese in Abhängigkeit von der Beleuchtungsstärke (Beispiel) nach

Wie wirkt sich eine höhere Lichtintensität auf die Fotosyntheseleistung aus?

Vermutung:
Pflanzen benötigen zur Fotosynthese Licht. Wird die Lichtintensität erhöht, wird auch die Fotosyntheseleistung gesteigert.

Experimentell überprüfbare Folgerung:
Die Menge des gebildeten Sauerstoffs müsste steigen, wenn die Lichtintensität erhöht wird. Dies deutet auf eine höhere Fotosyntheseleistung hin.

Plan und Durchführung des Experiments
Bedingungen, die variiert werden:
Lichtintensität

Materialien:
Sprosse der Wasserpest; Wasser; Reagenzgläser mit Stopfen und Biegeröhrchen, Reagenzglasständer, Zusatzleuchte (200 bzw. 500 Watt), Glasscheibe

Arbeitsschritte:
1. Fülle drei Reagenzgläser mit Wasser, beschicke sie jeweils mit einem gleich langen Sprossende der Wasserpest.
2. Verschließe die Reagenzgläser durch Stopfen mit Biegeröhrchen.
3. Setze ein Reagenzglas mit Wasserpest in Fensternähe dem direkten Sonnenlicht aus, zähle die Anzahl der aufsteigenden Bläschen je Minute (Abb. a).
4. Setze ein Reagenzglas mit Wasserpest künstlicher Beleuchtung aus (Abb. b). Zähle die Anzahl der aufsteigenden Bläschen je Minute.
5. Stelle ein Reagenzglas mit Wasserpest im Klassenraum so auf, dass es nur wenigem Licht ausgesetzt ist. Zähle die Anzahl der aufsteigenden Bläschen je Minute (Abb. c).
6. Trage die Beobachtungsergebnisse in eine Tabelle ein.
7. Wiederhole mehrere Male das Experiment und errechne den Mittelwert.

Beobachtung:

Beobachtungsergebnisse					
Lichteinwirkung	Anzahl der Sauerstoffbläschen in 1 Min.				Mittelwert
direktes Sonnenlicht	56	56	74	64	62,5
künstliche Beleuchtung (z. B. 200-W-Leuchte)	32	30	40	34	34
wenig Licht (Klassenraum)	10	9	8	10	9,25

Auswertung des Experiments
1. Vergleiche die Anzahl der aufsteigenden Bläschen in den drei Reagenzgläsern.
2. Welcher Zusammenhang besteht zwischen der Anzahl der Sauerstoffbläschen und der unterschiedlichen Belichtung? Erkläre.

Die aufgestellte Vermutung hat sich bestätigt. Es besteht ein Zusammenhang zwischen Lichtintensität, Fotosyntheseleistung und Sauerstoffmenge. Die Fotosynthese ist abhängig vom Licht. Eine steigende Lichtintensität hat eine Erhöhung der Menge des gebildeten Sauerstoffs zur Folge. Das deutet auf eine größere Fotosyntheseleistung hin.

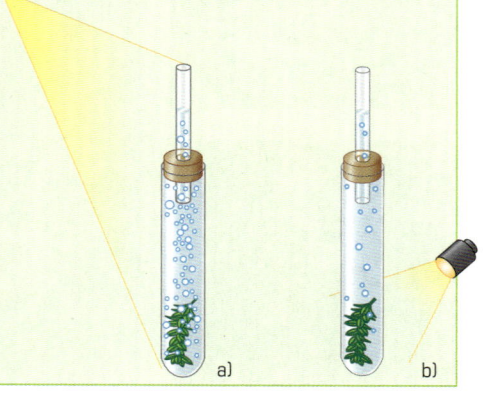

a) b) c)

Bildung weiterer organischer Stoffe

In den Pflanzen werden bekanntlich zahlreiche weitere organische Stoffe gebildet – z. B. Fette, Eiweiße, Vitamine. Grundlage dafür ist – direkt oder indirekt – Glucose, die als erster energiereicher organischer Stoff während der Fotosynthese entsteht.

Stärke und **Cellulose** sind praktisch eine Aneinanderreihung von Glucosemolekülen. Cellulose ist Voraussetzung für den Aufbau der Zellwände der Pflanze. Stärke hat als Speicherstoff große Bedeutung und kann in manchen Pflanzen bzw. Pflanzenteilen (z. B. Knollen, Wurzelstöcken) gehäuft vorkommen. Als Nahrungs- bzw. Futtermittel hat sie große wirtschaftliche Bedeutung.

Für die Bildung anderer organischer Stoffe (z. B. **Eiweiß**) reicht Glucose allein nicht aus. Glucose besteht nur aus Kohlenstoff, Wasser- und Sauerstoff. Eiweiße z. B. enthalten dagegen auch noch Stickstoff und Schwefel. Diese Stoffe werden in Form von Mineralstoffen aufgenommen. Eiweiß ist der wichtigste Bestandteil des Zellplasmas. Wird gebildetes Eiweiß in das Zellplasma eingelagert, nimmt dessen Menge zu, die Zelle wächst.

Auf Grundlage der während der Fotosynthese gebildeten Glucose werden durch die Pflanze zahlreiche andere organische Stoffe gebildet.

Arzneipflanzen und deren Nutzung		
Pflanzen	Stoff	Wirkung
Fingerhut	Digitoxin	Anwendung bei Herzerkrankungen
Tollkirsche	Atropin	krampflösend
Schlafmohn	Alkaloide (u. a. Morphin)	schmerzlindernd (wird u. a. bei Krebserkrankungen eingesetzt)
Linde	Schleimstoffe	schleimlösend

Auf der Grundlage von Glucose werden weiterhin **Fette** gebildet, die häufig in Samen in größerer Menge gespeichert sind, z. B. in Hasel- und Walnüssen, und wie die Eiweiße unentbehrliche Nährstoffe für alle heterotroph lebenden Organismen sind.

Vitamine sind wichtige Ergänzungsstoffe. Andere Stoffe finden als **Arzneimittel**, **Gewürze** oder **Genussmittel** Anwendung. Manche Pflanzen bilden gefährliche **Giftstoffe** (z. B. S*techapfel, Tollkirsche, Schierling*).

1 ▸ Blüten der Linde

2 ▸ Tollkirsche

3 ▸ Schlafmohn

4 ▸ Fingerhut

Bedeutung der Fotosynthese

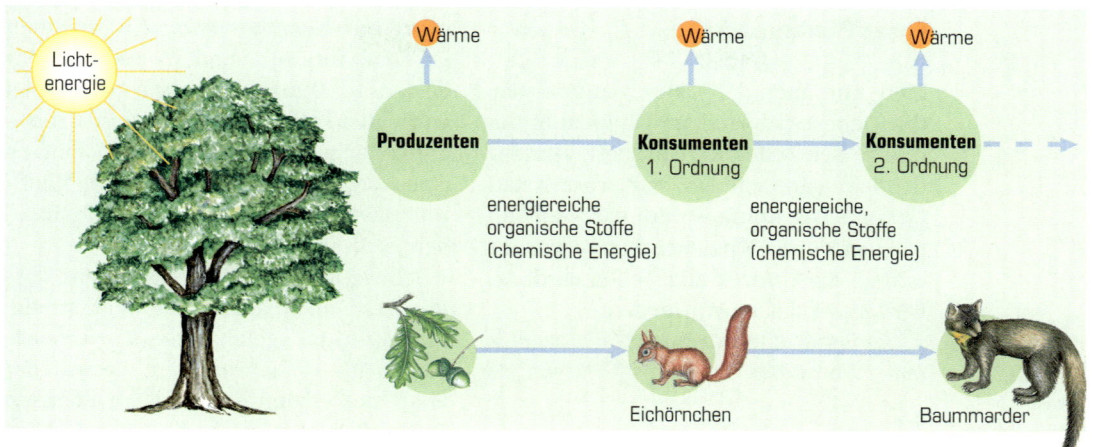

Abb. 1 ▶ Beispiel für eine Nahrungskette

Pflanzen, sowohl die Landpflanzen als auch die zahlreichen Pflanzen in Gewässern (z. B. Algen), nehmen als Gruppe unter den Lebewesen und damit auch im Ökosystem eine zentrale Stellung ein. Folgende **Tatsachen** sind dafür maßgebend:

Erstens sind alle heterotroph lebenden Organismen (heterotrophe Lebensweise) außer auf Wasser und einige andere anorganische Stoffe auf energiereiche organische Stoffe als Nahrung angewiesen. Die **organischen Stoffe** werden primär durch Pflanzen während der Fotosynthese gebildet. Ohne deren ständige Neubildung wäre der Vorrat an organischen Stoffen auf der Erde bald aufgebraucht und die Existenz heterotroph lebender Organismen (einschließlich des Menschen) nicht mehr möglich.

Ausgehend von Algen und Pflanzen, kommen Nahrungsketten bzw. Nahrungsnetze zustande. Sie durchlaufen von Pflanzen- zu Fleischfressern verschiedene Stufen (Abb. 1). Dabei werden die jeweils aufgenommenen organischen Stoffe zwar immer wieder umgewandelt, sie bleiben aber organische Stoffe. Abgesehen von der Atmung und den Ausscheidungen erfolgt erst mit dem Tod der Organismen bzw. von Teilen von ihnen deren Abbau wieder zu anorganischen Stoffen.

Zweitens bilden die Ablagerungen der riesigen Farnwälder aus der Karbonzeit noch heute eine wesentliche Grundlage für unsere Energieversorgung, nämlich **Kohle** und **Erdöl.**

Drittens konnte sich erst durch den **Sauerstoff,** der im Prozess der Fotosynthese entsteht, eine Erdatmosphäre mit einem Sauerstoffanteil von etwa 21 % herausbilden. Damit konnten sich Organismen entwickeln, die atmen und damit ständig Sauerstoff verbrauchen.

Dieser Verbrauch wird heute durch die Fotosynthese ständig ausgeglichen. Damit wird die Voraussetzung für die Atmung erhalten.

Viertens ist für die Aufrechterhaltung von Lebensprozessen **Energie** erforderlich. Lebewesen können Energie nicht „selbst schaffen", sondern nur vorhandene Energie nutzen, und zwar chemische Energie.

Sonnenenergie ist zwar reichlich vorhanden, es handelt sich aber um Strahlungsenergie, die in dieser Form von Lebewesen nicht genutzt werden kann. Sie muss erst in chemische Energie umgewandelt werden. Dazu sind **nur** Algen und Pflanzen mithilfe des Chlorophylls sowie einige Bakterien, die Chlorophyll besitzen, in der Lage.

In Sachsen spielt die Braunkohle eine wesentliche Rolle. Sie entstand aus der versunkenen Pflanzenwelt und den Mooren des Tertiärs vor etwa 12 bis 35 Millionen Jahren (Inkohlungsprozess).

Durch die Fotosynthese wird das Leben auf der Erde praktisch an eine Energiequelle „angeschlossen".

Die Atmung – ein weiterer Lebensprozess chlorophyllhaltiger Organismen

Atmen Pflanzen auch?

Tiere und auch der Mensch atmen ständig. Dabei wird Sauerstoff aufgenommen und zu den Zellen transportiert. Dort findet der eigentliche Atmungsprozess statt. Dabei wird Kohlenstoffdioxid gebildet, das aus dem Körper heraustransportiert und an die Umwelt abgegeben wird. Außerdem wird auch Wärme frei.

Die Frage ist nun, ob auch Pflanzen atmen. Wenn dies der Fall ist, müssten sie nicht nur *Kohlenstoffdioxid* aufnehmen (s. Fotosynthese), sondern auch zumindestens im Dunkeln *abgeben*. Dies erfolgt tatsächlich, was sich durch ein Experiment nachweisen lässt. Ebenso einfach ist es nachzuweisen, dass lebende Pflanzen *Wärmeenergie* an die Umwelt abgeben (s. S. 49).

Schwieriger ist es zu erkennen, dass Pflanzen auch Sauerstoff aufnehmen. J. INGENHOUSZ gelang dieser Nachweis bereits im 18. Jahrhundert. Er war der Erste, der erkannte, dass auch Pflanzen Tag und Nacht atmen. Damit gelang es ihm, die *Fotosynthese* und die *Atmung* als zwei grundlegend verschiedene Lebensprozesse zu unterscheiden (Abb. 1).

1 ▶ Aufnahme und Abgabe von Stoffen bei der Atmung der Pflanzen

> **M** Wie alle Tiere, der Mensch, die meisten Pilze und viele Bakterien atmen auch lebende Algen und Pflanzen Tag und Nacht. Dabei wird ebenfalls Sauerstoff aufgenommen und Kohlenstoffdioxid sowie Wärme abgegeben.

Wissenschaftler, die sich mit der Physiologie der Pflanzen beschäftigten

Jan Ingenhousz (1730–1799)

Niederländischer Arzt, Naturforscher und Botaniker. Vielseitig tätig u. a. auch Arbeiten zur Pockenschutzimpfung; führte das Deckglas in die Mikroskopie ein; entdeckte, dass grüne Pflanzen nur unter Lichteinwirkung Sauerstoff abgeben; grenzte Atmung und Fotosynthese als unterschiedliche Prozesse voneinander ab.
Bedeutendes Werk: Über Ernährung der Pflanzen und Fruchtbarkeit des Bodens (1796)

Julius Robert Mayer (1814–1878)

Deutscher Arzt und Naturforscher. Bekannt durch seine Untersuchungen zu Energieformen. Formulierte 1845 das Gesetz von der Erhaltung und Umwandlung der Energie und erkannte, dass dieses Gesetz auch für Lebewesen gilt. So entdeckte er als Erster, dass während der Fotosynthese Strahlungsenergie (Lichtenergie) in chemische Energie umgewandelt wird.
Bedeutendes Werk: Die organische Bewegung mit dem Stoffwechsel (1845)

Stoff- und Energiewechsel bei chlorophyllhaltigen Organismen   Biologie   49

Experimente

Pflanzen atmen und geben dabei CO$_2$ ab

Materialien:
2 Petrischalen mit Deckel, Wasser, Calciumhydroxidlösung (🔥), junge Kressepflanzen

Durchführung und Beobachtung:
1. Aufbau des Experiments entsprechend der Abbildung 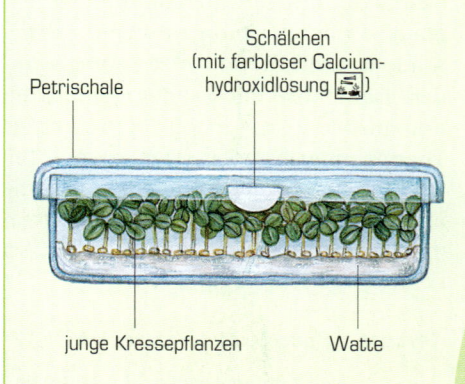
2. Beobachten von Veränderungen der Calciumhydroxidlösung
3. Notieren der Beobachtungsergebnisse

Auswertung:
1. Welche Veränderungen der ursprünglich farblosen Calciumhydroxidlösung konnten festgestellt werden? 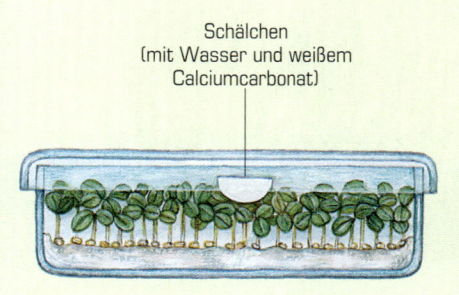
2. Worauf deuten die Veränderungen hin?

Geben lebende Pflanzen Wärme ab?

Materialien:
2 Thermosgefäße, 2 Thermometer, trockene Samen von Erbsen, Watte, Wasser

Durchführung und Beobachtung:
1. Aufbau des Experiments entsprechend der Abbildung 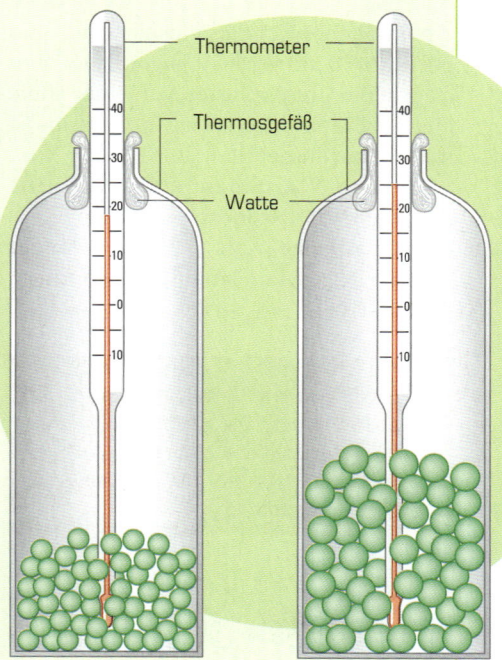
2. Beobachten der Veränderungen der Temperatur in den Thermosgefäßen mithilfe der Thermometer über 2 bis 4 Tage
3. Notieren der Beobachtungsergebnisse

Auswertung:
1. Beschreiben der festgestellten Veränderungen
2. Wie sind die festgestellten Veränderungen zu erklären?

Mitochondrien als Orte der Atmung

Die Fotosynthese erfolgt in den Chloroplasten (mit Chlorophyll) und läuft nur unter Lichteinwirkung ab. Die Atmung dagegen erfolgt ständig, Tag und Nacht, also auch im Dunkeln, und zwar in allen lebenden Zellen, also z. B. auch in den Zellen der Wurzeln. Folglich muss der Ort der Atmung in den Zellen ein anderer als der der Fotosynthese sein. Es stellte sich heraus, dass die **Mitochondrien** diese Funktion erfüllen.

Mitochondrien sind in großer Anzahl in lebenden Zellen vorhanden. Sie besitzen eine stäbchenförmige Gestalt und sind etwa 1 bis 8 µm groß. Abgegrenzt werden sie wie die Chloroplasten von einer Hülle aus zwei Membranen. Der Innenraum ist mit Plasma ausgefüllt.

Die innere Membran bildet zahlreiche Einstülpungen, wodurch eine große innere Oberfläche (Abb. 1) entsteht. An der inneren Membran laufen die Atmungsprozesse ab.

1 ▶ Symbol: Mitochondrium

> **M** Die Atmung der Zellen erfolgt in den Mitochondrien. Es sind stäbchenförmige Zellbestandteile (Organellen), die durch eine Hülle aus zwei Membranen abgegrenzt sind.

Der Prozess der Atmung

Wie bei der Fotosynthese sind auch im Prozess der Atmung Stoff- und Energieumwandlungen eng verknüpft.

Ausgangsstoffe der Atmung sind *Glucose* und *Sauerstoff*; **Endprodukte** sind *Kohlenstoffdioxid* und *Wasser*.

Die energiereichen organischen Stoffe, vor allem Glucose, aber auch Fette und Eiweiße, werden unter Beteiligung von Sauerstoff in den Mitochondrien zu den energieärmeren anorganischen Stoffen Kohlenstoffdioxid und Wasser umgewandelt. Dabei wird ein Teil der chemischen Energie der Ausgangsstoffe in thermische Energie umgewandelt. Der andere Teil wird in Energie umgewandelt, der für die Erhaltung der Lebensprozesse der Organismen zur Verfügung steht. Kurz gefasst könnte man schreiben:

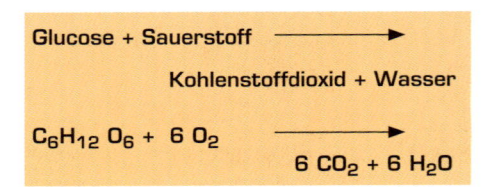

$$\text{Glucose} + \text{Sauerstoff} \longrightarrow \text{Kohlenstoffdioxid} + \text{Wasser}$$

$$C_6H_{12}O_6 + 6\,O_2 \longrightarrow 6\,CO_2 + 6\,H_2O$$

Es erfolgt also eine Umwandlung energiereicher organischer Stoffe in energieärmere anorganische Stoffe – die Ausgangsstoffe der Fotosynthese.

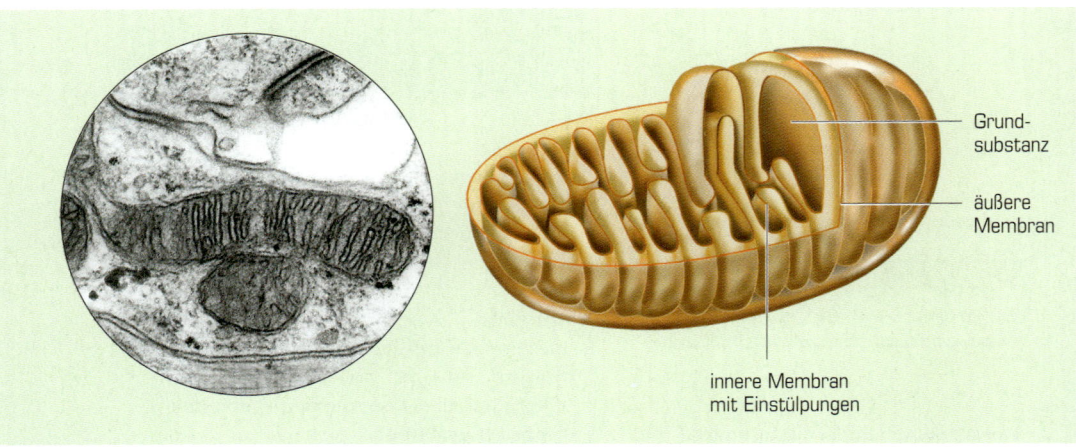

1 ▶ Mitochondrium (elektronenmikroskopische Aufnahme und schematische Darstellung)
— Grundsubstanz
— äußere Membran
— innere Membran mit Einstülpungen

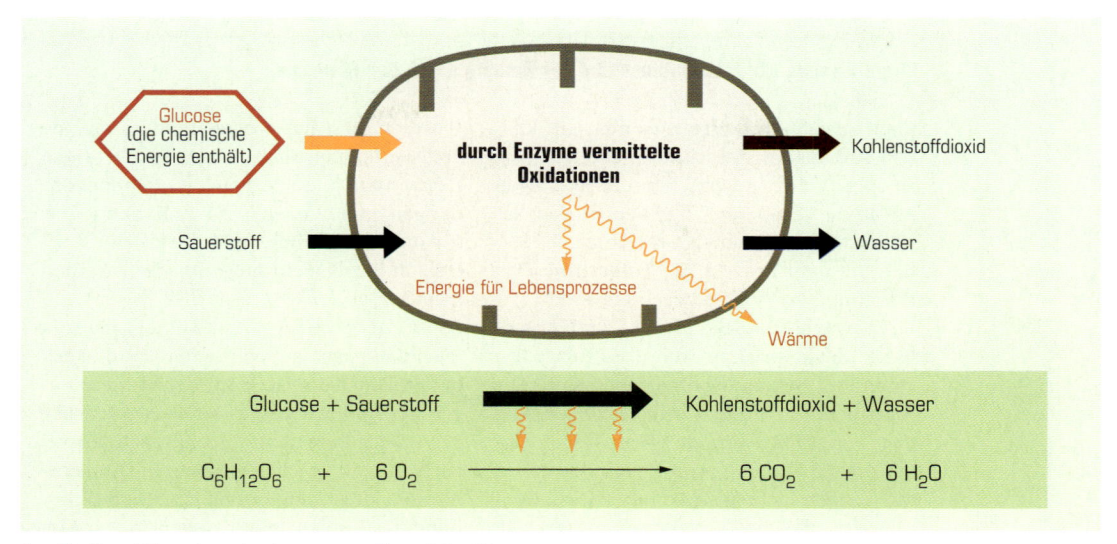

Stoff- und Energiewechsel bei chlorophyllhaltigen Organismen

Biologie

1 ▶ Stoff- und Energiewechselprozesse während der Atmung

Chemisch handelt es sich um *Oxidationen*, die durch Enzyme vermittelt schrittweise ablaufen. Dabei werden zahlreiche Zwischenprodukte gebildet, bis schließlich die anorganischen Endprodukte gebildet werden. Der *Sauerstoff* wird dabei verbraucht.

Einen Hinweis auf Energieumwandlungen während der Atmung gibt ein Vergleich des Energieinhalts (E) der Ausgangsstoffe und Endprodukte der Atmung. Dieser Vergleich zeigt, dass die Ausgangsstoffe wesentlich energiereicher sind als die Produkte der Atmung.

$E_{(Glucose\ +\ Sauerstoff)}$
$> E_{(Kohlenstoffdioxid\ +\ Wasser)}$

Das bedeutet, dass die Atmung ein Oxidationsprozess, also ein **exothermer Prozess** ist, in dessen Verlauf Energie freigesetzt (abgegeben) wird. Im Unterschied zu Oxidationen außerhalb von Lebewesen erfolgen diese Oxidationen aber durch Enzyme vermittelt schrittweise. Dabei wird ein Teil der in der Glucose gespeicherten chemischen Energie, die letztlich aus der Fotosynthese stammt, in thermische Energie (Wärme) umgewandelt und an die Umwelt abgegeben.

Der andere Teil der in der Glucose enthaltenen chemischen Energie wird in Energie umgewandelt, die für Lebensprozesse (z. B. Bildung von Zellplasma, Bewegung) genutzt werden kann.

> **Die Atmung ist ein Oxidationsprozess (exotherme Reaktionen), der schrittweise durch Enzyme vermittelt abläuft. Im Ergebnis wird die in den Ausgangsstoffen (Glucose) enthaltene Energie freigesetzt.**

Die **Bedeutung** der Atmung besteht darin, die in organischen Stoffen (insbesondere der Glucose) enthaltene (gespeicherte) Energie so umzuwandeln, dass sie für die Aufrechterhaltung der Lebensprozesse genutzt werden kann.

Dies erfolgt im Verlauf des Atmungsprozesses, indem bei der Oxidation, z. B. von Glucose, frei werdende Energie durch Anlagerung von *Phosphat* Ⓟ an *ADP* (Adenosindiphosphat) gebunden wird. Dadurch entsteht das energiereichere *ATP* (Adenosintriphosphat), das dann als „universeller Energieträger" für Lebensprozesse (z. B. Bewegung) zur Verfügung steht.

Die Umwandlung und Abgabe der Energie kann man u. a. an der Erhöhung der Temperatur in den Thermosgefäßen mit keimenden Erbsen erkennen.

Schadstoffe können die Atmung der Pflanzen erheblich beeinträchtigen. Dies hat dann Auswirkungen auf das Wachstum und die Entwicklung der Pflanzen.

Beeinflussung der Fotosynthese und der Atmung durch den Menschen

Kauft man **Zierpflanzen,** werden auf kleinen Anhängern meist Informationen u. a. zu spezifischen Ansprüchen der jeweiligen Art an die Temperatur und Feuchtigkeit sowie an die Lichtintensität vermittelt. Sie stehen mit dem **Prozess der Fotosynthese** in Beziehung und sollten beachtet werden.

Es ist zwar so, dass der Prozess der Fotosynthese ablaufen kann, wenn die Ausgangsstoffe und Bedingungen gegeben sind. Die Ansprüche an diese *Voraussetzungen sind aber von Pflanzenart zu Pflanzenart unterschiedlich*. Manche Arten vermögen z. B. mit weniger Licht auszukommen (Schattenpflanzen). Solche Zierpflanzen eignen sich daher für die Nordseite in Wohnungen bzw. schattigen Stellen im Garten. Andere wiederum sind sehr lichtbedürftig und benötigen daher sonnige Standorte (Sonnenpflanzen). Bei Lichtmangel wachsen Pflanzen meist in Richtung der Lichtquelle schneller. In der **Forstwirtschaft** wird dies bei Neuanpflanzungen ausgenutzt. Die Setzlinge (Jungpflanzen) werden sehr dicht gepflanzt, wodurch die einzelne Jungpflanze Lichtmangel hat und schneller in die Höhe wächst. Diejenigen Jungpflanzen, die zurückbleiben, werden schließlich entfernt. In **Gewächshäusern** kann durch Zusatzbelichtung eine höhere Fotosyntheseleistung erreicht werden.

Wassermangel hat großen Einfluss auf die Fotosyntheseleistung, zumal in diesem Zusammenhang gleichzeitig die Spaltöffnungen geschlossen sind und damit das für die Fotosynthese unentbehrliche Kohlenstoffdioxid nicht aufgenommen werden kann.

Es ist daher wichtig, z. B. Zimmerpflanzen regelmäßig zu gießen. Im Freiland, auch in Gewächshäusern, kann bei Wassermangel den Kulturpflanzen durch *Bewässerung* bzw. *Beregnung* (Abb. 1) zusätzlich Wasser zur Verfügung gestellt werden. In Gewächshäusern ist es zudem möglich, durch Erhöhung des Kohlenstoffdioxidgehalts der Luft auf 0,08 % die Fotosyntheseleistung zu steigern (Abb. 2).

Generell kann man beobachten, dass der Anbau von vielen Gemüsepflanzen (z. B. Tomaten, Gurken) und Zierpflanzen (z. B. Gerbera) zunehmend in Gewächshäusern erfolgt. In diesen Anlagen ist es möglich, für die Fotosynthese dieser Pflanzen optimale Bedingungen zu schaffen und dadurch wesentlich höhere Erträge als im Freiland zu erzielen.

Der Nachteil ist aber oft, dass viele chemische Stoffe zur Schädlingsbekämpfung eingesetzt werden und dadurch eine Umweltbelastung zustande kommt.

1 ▸ Durch Beregnungsanalgen wird dem Boden in einer Baumschule zusätzlich Wasser zugeführt.

2 ▸ Kohlenstoffdioxid-Tank in einem Gewächshaus

Der **Prozess der Atmung** selbst wird ebenfalls von verschiedenen Umweltfaktoren fördernd oder hemmend beeinflusst. Diese Tatsache nutzt der Mensch in vielfältiger Weise.

Bei der **Lagerung** z. B. von Saatgut, Gemüse oder Obst wird u. a. durch Erhöhung des Kohlenstoffdioxidgehalts der Luft und Senkung der Temperatur die Atmung gehemmt. Dadurch werden Masseverluste des Lagerguts wesentlich vermindert. Es werden nicht so viele organische Stoffe abgebaut, was große wirtschaftliche Bedeutung hat.

Körner von Getreidepflanzen (Karyopsen) werden meist im Juli/August geerntet und müssen in der Regel über längere Zeit gelagert werden. Dann erst werden sie vom Menschen genutzt. Körner sind aber lebende Teile der Kulturpflanzen. Folglich atmen sie. Dabei werden organische Stoffe der Körner abgebaut.
Als Folge tritt ein erheblicher Masseverlust und damit ein wirtschaftlicher Schaden ein. Diesen Schaden kann man begrenzen, wenn in den **Lagerräumen** mithilfe technischer Geräte die Temperatur abgesenkt und der Kohlenstoffdioxidgehalt der Luft erhöht wird. Dadurch wird der Atmungsprozess gehemmt. Außerdem wird auf eine niedrige Luftfeuchtigkeit geachtet, weil ein geringer Wassergehalt der Körner die Atmung ebenfalls hemmt.

Eine Hemmung der Atmung erfolgt z. B. auch bei der **Lagerung von Kartoffeln** und **Obst** (Abb. 1). Der Sauerstoffgehalt der Luft wird erheblich abgesenkt (bei der Lagerung von Äpfeln von 21 % auf 1,5 %) und der Kohlenstoffdioxidgehalt bis auf 4 % erhöht. Dadurch wird der Masseverlust wesentlich vermindert (bei Äpfeln bis zu 20 %), das Schrumpfen wird erheblich eingeschränkt.
Wird die Sauerstoffzufuhr für die Pflanzen unterbrochen, z. B. durch ein Zelt, das längere Zeit auf einer Rasenfläche steht, können die Pflanzen nicht mehr atmen und sterben ab. (Die Fotosyntheseleistung ist während dieser Zeit wegen Lichtmangel auch nicht möglich.)

In der freien Natur können auch **Schadstoffe** die Atmung erheblich beeinträchtigen. Dies hat Auswirkungen auf das Wachstum und die Entwicklung der Pflanzen. Die Folge bei Kulturpflanzen sind dann geringere Erträge.

1 ▶ In großen Obsthallen wird der Sauerstoffgehalt abgesenkt. Dadurch bleibt das Obst lange frisch. Die Äpfel halten sich auf diese Weise mehrere Monate.

Der Stoff- und Energiewechsel – ein Überblick

Der **Stoff- und Energiewechsel** ist ein wesentliches Kennzeichen aller Lebewesen, damit auch der Pflanzen.

> **M** Der Stoffwechsel umfasst die Aufnahme von Stoffen und Energie aus der Umwelt, ihre vielfältige Umwandlung in den Zellen sowie die Abgabe von Stoffen und Energie an die Umwelt.

Das Wort Assimilation stammt von assimilare (angleichen) ab.

Aus der Umwelt aufgenommen werden vorwiegend körperfremde Stoffe. Diese Stoffe müssen in den Zellen erst in körpereigene organische Stoffe umgewandelt werden. Dieser Teil des Stoff- und Energiewechsels wird **Assimilation** genannt.

> **M** Als Assimilation bezeichnet man den Aufbau körpereigener organischer Stoffe.

Wenn – wie bei den meisten Bakterien, Pilzen, Tieren und Menschen – dafür körperfremde organische Stoffe die Grundlage bilden (heterotrophe Lebensweise), spricht man von **heterotropher Assimilation**.

Werden – wie bei den Pflanzen – anorganische Stoffe genutzt (autotrophe Lebensweise), liegt a**utotrophe Assimilation** vor. Deren wichtigste Form ist die **Fotosynthese** (Abb. 1).

Bei Bakterien gibt es noch eine andere Form der autotrophen Assimilation, die **Chemosynthese** (Freisetzung von Energie durch chemische Prozesse).

Zur Aufrechterhaltung der Lebensprozesse benötigen alle Lebewesen **Energie.** Nutzen können sie nur chemische Energie, die in organischen Stoffen enthalten ist. Diese chemische Energie hat ihren Ursprung in der Strahlungsenergie, die während der Fotosynthese mithilfe des Chlorophylls umgewandelt wurde. Nach diesem Prozess liegt sie gespeichert in den gebildeten organischen Stoffen vor.

Um diese Energie für Lebensprozesse nutzbar zu machen, werden die Stoffe durch von Enzymen vermittelte Oxidationen schrittweise abgebaut. Dabei wird ein Teil der gespeicherten Energie als thermische Energie (Wärmeenergie) an die Umwelt abgegeben.

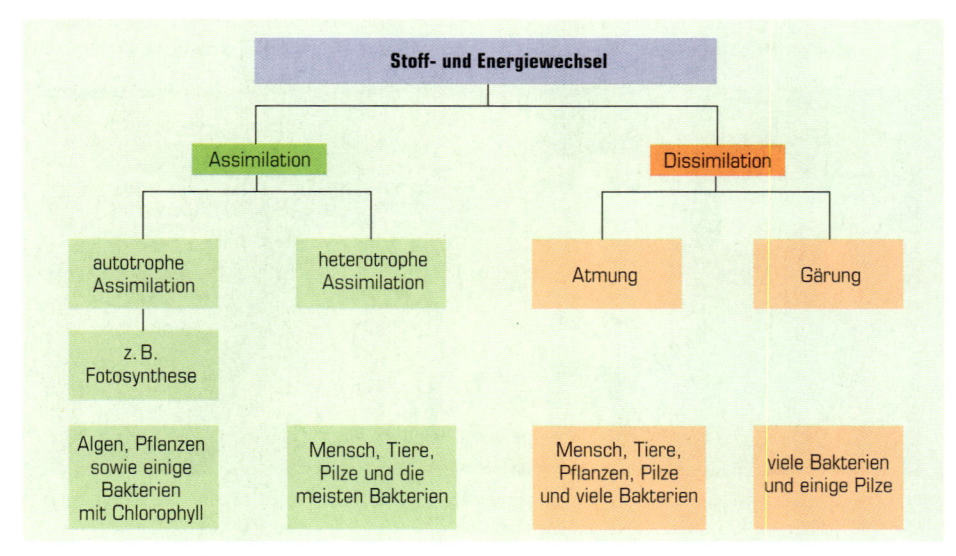

```
                    Stoff- und Energiewechsel
                   /                          \
            Assimilation                    Dissimilation
           /            \                   /            \
   autotrophe      heterotrophe         Atmung         Gärung
   Assimilation    Assimilation
       |
    z. B.
   Fotosynthese

   Algen, Pflanzen   Mensch, Tiere,    Mensch, Tiere,   viele Bakterien
   sowie einige      Pilze und die     Pflanzen, Pilze  und einige Pilze
   Bakterien         meisten Bakterien und viele Bakterien
   mit Chlorophyll
```

1 ▸ Formen des Stoff- und Energiewechsels

Stoff- und Energiewechsel bei chlorophyllhaltigen Organismen

Biologie

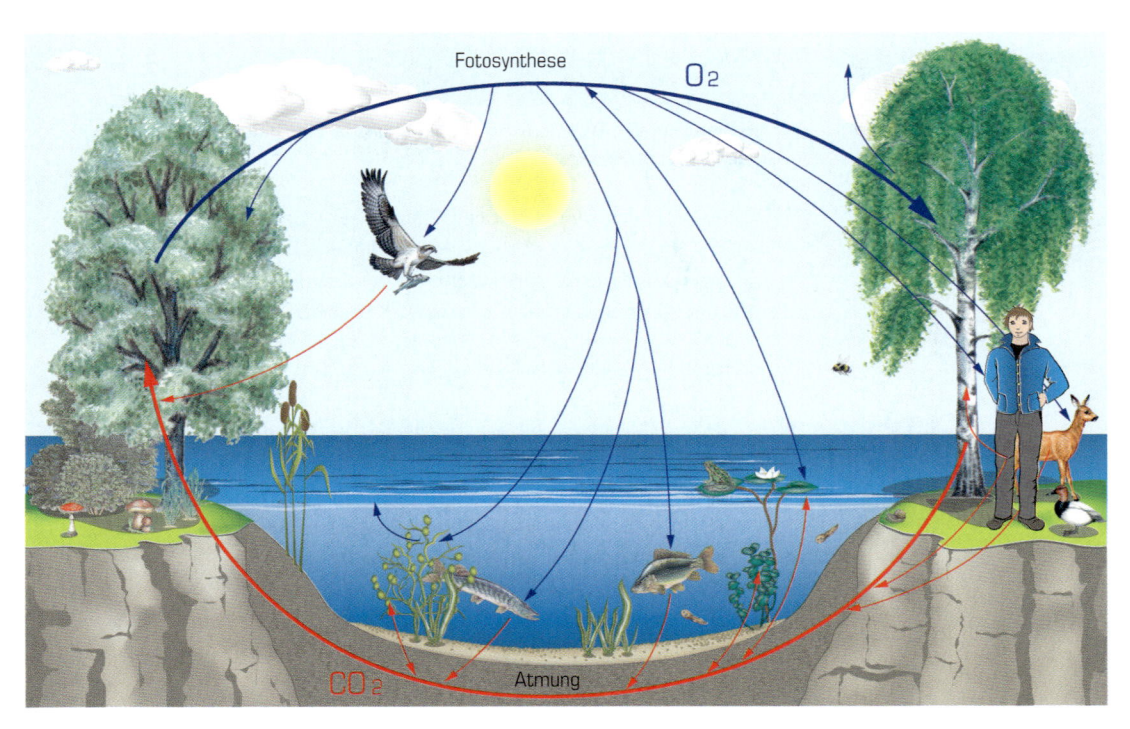

1 ▶ Zusammenhang zwischen Fotosynthese und Atmung

Der andere Teil wird so umgewandelt, dass er für die Aufrechterhaltung der Lebensprozesse genutzt werden kann.

Dieser Prozess wird **Dissimilation** genannt.

> **M** Dissimilation ist der durch Enzyme vermittelte Abbau organischer Stoffe. Dissimilation kommt in zwei Formen vor: als Atmung und als Gärung.

Zwischen Assimilation und Dissimilation, den zwei Hauptformen des Stoff- und Energiewechsels, bestehen zahlreiche Wechselbeziehungen. So bilden beispielsweise die Produkte der Atmung – Kohlenstoffdioxid und Wasser – die Ausgangsstoffe für die Fotosynthese (Abb. 1).

Während der Atmung bzw. Gärung wird ein Teil der in organischen Stoffen enthaltenen Energie so umgewandelt, dass sie für Lebensprozesse genutzt werden kann. Sie dient beispielsweise dazu, neue körpereigene Stoffe aufzubauen. Diese Beispiele zeigen, dass ein Lebewesen immer eine **Ganzheit** ist und die einzelnen Teile nur im Zusammenhang mit anderen Teilen verstanden werden können.

2 ▶ Ohne Pflanzen wäre Leben nicht möglich.

Erschließungsfeld

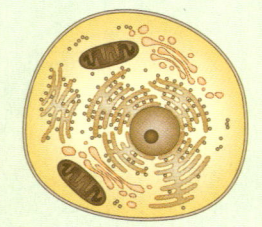

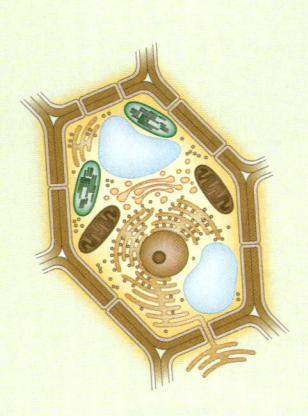

Anwendung der Erschließungsfelder Stoff und Energie sowie Wechselwirkung

Grüne, d. h. chlorophyllhaltige Pflanzen, sind die Grundlage des Lebens auf der Erde. Ohne Pflanzen wäre kein Leben auf der Erde möglich. Solche oder ähnliche Aussagen stehen in den Lehrbüchern. Welche Leistungen der Pflanzen führen aber zu diesen Aussagen?

1. Bildet in eurer Klasse vier Lerngruppen und löst die Aufgaben.
   Gruppe 1:
   Wiederholt die Erschließungsfelder Wechselwirkung, Ebene sowie Stoff und Energie.
   Gruppe 2:
   a) Vergleicht in einer Tabelle den Aufbau von Tier- und Pflanzenzellen.
   b) Zieht eine Schlussfolgerung hinsichtlich ihrer Ernährungsweisen.
   Gruppe 3:
   a) Ordnet die folgenden Begriffe in der richtigen Reihenfolge, indem ihr auf der kleinsten Stufe beginnt: Gewebe, Organismus, Organ, Zelle, Organsystem, Zellorganell.
   b) Ordnet den jeweiligen Stufen die folgenden Beispiele richtig zu: Rot-Buche, Chloroplast, Leitgewebesystem, Laubblatt, Palisadengewebe, Palisadenzelle.
   c) Ordnet den oben genannten Stufen weitere Beispiele zu.
   Gruppe 4:
   a) Vervollständigt die untere Tabelle zur Übersicht über den Stoff- und Energiewechsel hinsichtlich Ausgangsstoffe, Reaktionsprodukte und Reaktionsbedingung.
   b) Vervollständigt die unten stehende Tabelle hinsichtlich der Ebenen gemeinsam mit der Gruppe 3.

Stoffwechsel-prozess	Ausgangs-stoffe	Reaktions-produkte	Reaktions-bedingungen	Ebene			
				Zellorganell	Zelle	Gewebe	Organismus
Assimilation	körperfremde Stoffe		Energiezufuhr				
Fotosynthese		körpereigene organische Stoffe					
Dissimilation	körpereigene organische Stoffe		Sauerstoffzufuhr Energieabgabe				
Zellatmung	körpereigene organische Stoffe						

2. Präsentiert die Ergebnisse eurer Gruppenarbeit in geeigneter Form.

Erschließungsfeld

In den unteren Abbildungen sind die Querschnitte durch eine Wurzel und durch ein Laubblatt dargestellt.

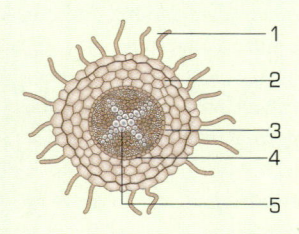

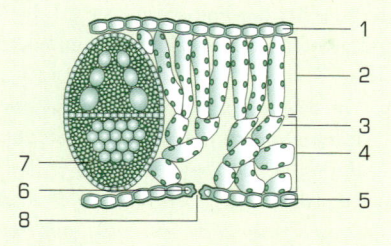

3. Benennt die gekennzeichneten Teile beider Organe und ordnet diesen die jeweilige Funktion zu.

4. Begründet die Ernährungsweise der Zellen der beiden Organe.

5. Bildet wieder vier Lerngruppen und bearbeitet die folgenden Aufgaben:

Gruppe 1:
Fertigt vom Querschnitt der Wurzel eine Übersichtszeichnung auf einer Schreibfolie an. Zeichnet anschließend mit einem Farbstift den Weg des Wassers und der Mineralstoffe durch die Wurzel ein.
Beschreibt den Weg des Wassers durch die Wurzel.

Gruppe 2:
Fertigt vom Querschnitt des Laubblatts eine Übersichtszeichnung auf einer Schreibfolie an. Zeichnet anschließend mit einem Farbstift den Weg des Wassers, des Kohlenstoffdioxids und des Sauerstoffs durch das Laubblatt mit zwei unterschiedlichen Farbstiften ein.
Beschreibt den Weg der Stoffe durch das Laubblatt.

Gruppe 3:
Erklärt die Begriffe Diffusion, Osmose, Transpiration und Transpirationssog.

Gruppe 4:
Beschreibt die Funktionsweise der Spaltöffnung. Stellt die Transpiration einer Pflanze im Tagesverlauf grafisch dar (auf Folie) und erklärt den Kurvenverlauf.

6. Präsentiert die Ergebnisse eurer Gruppenarbeit in geeigneter Form.

7. Erklärt die Aufnahme, den Transport und die Abgabe von Stoffen durch die Organe, Gewebe bzw. Zellen als eine Wechselwirkung zwischen chlorophyllhaltigen Pflanzen und der Umwelt. Beachtet dabei folgende Schwerpunkte:
  - Boden; Wasser; Wurzel; Rhizodermis; Rinde; Endodermis; Leitbündel; Osmose
  - Sprossachse; Gefäße; Transpirationssog
  - Laubblätter; Leitbündel; Palisaden- und Schwammgewebe; Chloroplasten; Osmose
  - Laubblätter; Interzellulare; Gasaustausch; Wasser; Kohlenstoffdioxid; Sauerstoff; Spaltöffnung; Diffusion; Transpirationssog

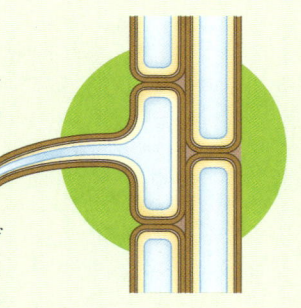

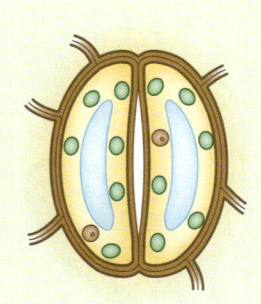

Erschließungsfeld

Alle Lebewesen brauchen neben Energie auch Stoffe, um die für den Aufbau von körpereigenen Stoffen notwendigen Bausteine beziehen zu können. Bei der Fotosynthese wird die Sonnenenergie genutzt, um aus Kohlenstoffdioxid und Wasser Kohlenhydrate aufzubauen.

8. *Vervollständigt das Fließschema zur Wechselwirkung zwischen der lichtabhängigen und der lichtunabhängigen Reaktion der Fotosynthese.*
Beachtet dabei Ausgangsstoffe, Reaktionsbedingungen, wesentliche Zwischenprodukte und Reaktionsprodukte.

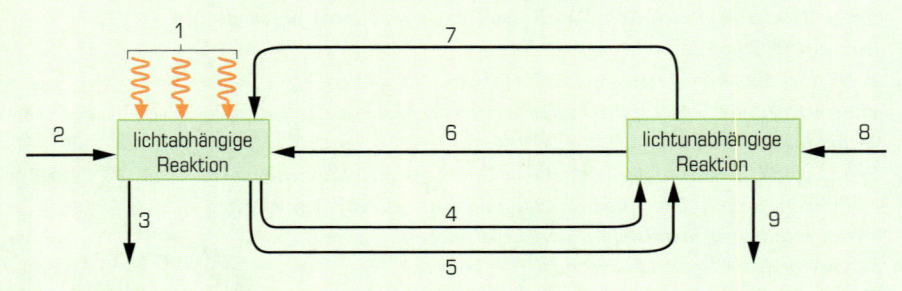

9. *Beschreibt die Energieumwandlungen während der Fotosynthese.*

Während bei der Fotosynthese unter Energieverbrauch energiereiche Verbindungen aufgebaut werden (Assimilation), kommt es bei der Zellatmung zum Abbau energiereicher Stoffe unter Energiefreisetzung (Dissimilation). Von den Pflanzen als Produzenten über die Tiere und den Menschen als Konsumenten bis zu den Bakterien als Destruenten erfolgt der Stofffluss in der Nahrungspyramide.

10. *Vervollständigt den Lückentext zu den Stoff- und Energieumwandlungen bei der Zellatmung.*

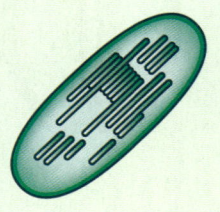

Die Zellatmung findet in ……①…… statt. Die Ausgangsstoffe sind ……②…… und ……③…… . Als Reaktionsprodukte entstehen ……④…… und ……⑤…… . Die Zellatmung gehört zur ……⑥…… . Während dieses Stoffwechselprozesses wird die chemische Energie der ……⑦…… in die chemische Energie des ……⑧…… und thermische Energie umgewandelt. Die thermische Energie wird entweder an die ……⑨…… abgegeben oder zur Aufrechterhaltung der ……⑩…… genutzt. Die im Körper gespeicherte chemische Energie wird zur Aufrechterhaltung der Lebensprozesse (z. B. ……⑪…… , ……⑫……) genutzt.

11. *Stellt in einem Fließschema (siehe Aufgabe 8) Ausgangsstoffe, Teilprozesse, wesentliche Zwischenprodukte und Reaktionsprodukte der Zellatmung dar.*

Erschließungsfeld

12. Vervollständigt die Tabelle zu den Grundlagen der Nahrungsbeziehungen im Ökosystem.

Glieder in der Nahrungsbeziehung	Ernährungsweise	Bedeutung in der Nahrungsbeziehung
Produzenten	....	Stellen aus .... Stoffen unter Verbrauch von .... organische Stoffe her, die teilweise gespeichert werden. Als Stoffwechselendprodukt entsteht ...., der an die Umwelt abgegeben wird.
.... 1. Ordnung (Pflanzenfresser)	heterotroph	Stellen aus körperfremden .... Stoffen körpereigene .... her, die teilweise im Körper gespeichert werden. Die Stoffwechselendprodukte .... und .... werden an die Umwelt abgegeben.
.... (..................)	....	
Konsumenten .... (Fleischfresser)	....	
Destruenten (Reduzenten, Zersetzer)	....	Bauen tote .... Stoffe zu .... Stoffen ab. Die Stoffwechselendprodukte .... und ...., werden in den Boden bzw. an die Luft abgegeben und stehen für die .... als Ausgangsstoffe zur Verfügung.

13. Erklärt anhand der abgebildeten Nahrungskette die Wechselwirkungen zwischen autotrophen und heterotrophen Organismen als Grundlage des globalen Stoffflusses im Ökosystem.

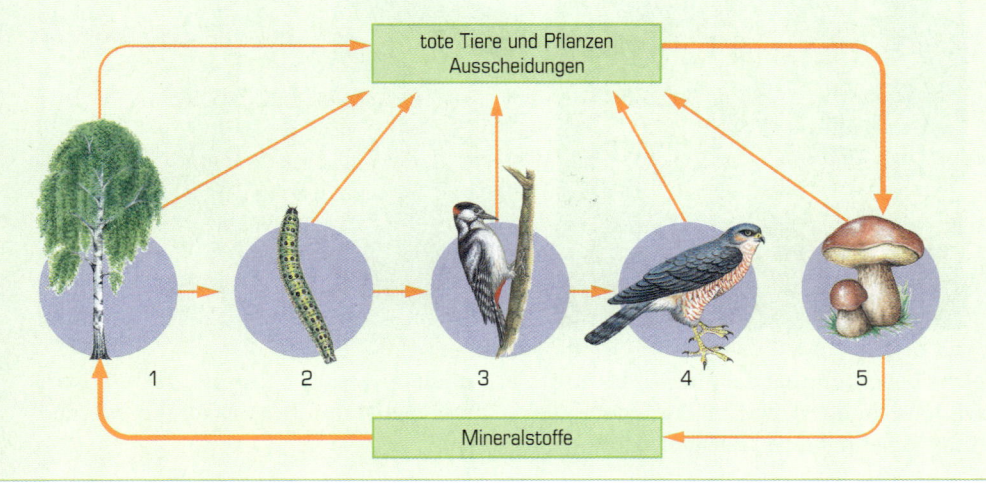

tote Tiere und Pflanzen Ausscheidungen

1   2   3   4   5

Mineralstoffe

gewusst · gekonnt

1. Führe folgende Beobachtungen an Chloroplasten durch.

   Materialien:
   Mikroskop, Objektträger, Deckgläschen, Wasser, Blättchen einer Moospflanze bzw. einer einzelligen Alge

   Durchführung und Beobachtung:
   1. Anfertigen eines Frischpräparats von einem Moosblättchen oder einer einzelligen Alge. 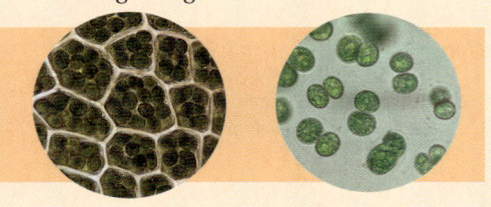
   2. Objekt mithilfe des Mikroskops betrachten.
   3. Beobachtungsergebnisse beschreiben.

   Auswertung:
   1. Anfertigen einer Übersichtsskizze des mikroskopischen Bildes.
   2. Anfertigen einer detaillierten Zeichnung des mikroskopischen Bildes.

2. Welche Bedeutung hat der Prozess der Fotosynthese für das Leben auf der Erde? Beschreibe anhand von Beispielen.

3. Die entscheidende Besonderheit der Pflanzen mit Chlorophyll ist die Fotosynthese. Nur sie und einige Bakterien mit Chlorophyll sind in der Lage, diesen Prozess durchzuführen. 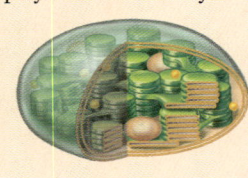
   a) In welchen Zellorganellen erfolgt die Fotosynthese?
   b) Beschreibe deren Bau. Formuliere die Summengleichung der Fotosynthese und erläutere die Begriffe „Ausgangsstoffe", „Produkte" und „Bedingungen" für die Fotosynthese.
   c) Wie verläuft der Prozess der Fotosynthese? Welches ist seine wichtigste Funktion?

4. Kenntnisse über die Fotosynthese werden von Menschen vielfältig genutzt.
   Welche Möglichkeiten gibt es in Gewächshäusern, die Fotosyntheseleistung zu fördern.
   Suche im Internet nach entsprechenden Artikeln.

5. Erläutere, wie der Prozess der Fotosynthese gehemmt bzw. gefördert werden kann.

gewusst · gekonnt

6. Alle Lebewesen benötigen zur Aufrechterhaltung ihrer Lebensprozesse Energie. Nutzen können sie nur chemische Energie, die in organischen Stoffen gespeichert ist.
  a) Wie gelangen die Algen und Pflanzen zu dieser Energie? Erkläre.
  b) Wie gelangen die meisten Bakterien, die Pilze, die Tiere und der Mensch zu dieser Energie? Erkläre.

7. Erläutere, wie der Prozess der Atmung durch Umweltfaktoren beeinflusst werden kann.

8. Für den Prozess der Nutzbarmachung von Energie, die in organischen Stoffen gespeichert ist, sind die Mitochondrien der Zellen von zentraler Bedeutung.
  a) Beschreibe ein Mitochondrium.
  b) Erläutere die Funktion dieser Zellbestandteile.

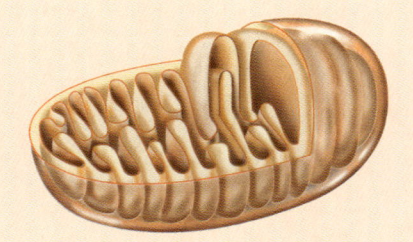

9. Zuckerrüben werden nach der Ernte möglichst schnell von den Zuckerfabriken in der sogenannten „Zuckerrübenkampagne" verarbeitet. Begründe.

10. Erläutere den engen Zusammenhang zwischen Fotosynthese und Atmung. Fertige dazu eine Fließschema an.

11. Assimilation und Dissimilation sind zwei voneinander abhängige, aber entgegengesetzte Stoff- und Energiewechselprozesse. Begründe diese Aussage.

12. Die Fotosynthese (und damit die Bildung organischer Stoffe) erfolgt nur in Zellen, die Chloroplasten mit Chlorophyll besitzen. Viele Zellen der Pflanzen haben keine Chloroplasten (z. B. Wurzelzellen). Erläutere, wie diese Zellen mit den für sie unentbehrlichen organischen Stoffen versorgt werden.

13. Samen, Früchte (z. B. Apfel), Knollen (z. B. Kartoffel) sind lebende Teile von Pflanzen.
  a) Plane ein Experiment mit Samen (z. B. Samen der Garten-Bohne) mit dem Ziel zu überprüfen, ob die obige Aussage stimmt.
  b) Führe das Experiment durch und protokolliere das Ergebnis.

14. Knollen der Kartoffeln oder Äpfel, die längere Zeit gelagert werden, verlieren an Gewicht und schrumpfen.
  a) Erkläre diese Erscheinung.
  b) Erläutere, wie man das zu Hause oder in Lagerhallen verhindern kann.

15. Neben der Atmung gibt es noch eine weitere Form der Energienutzung, die Gärung. Informiere dich, welche Lebewesen diese Form nutzen und wie der Prozess abläuft. Nutze das Internet.

Das Wichtigste auf einen Blick

Fotosynthese

Die wichtigste Besonderheit der Algen und Pflanzen sowie einiger Bakterien ist, dass sie in der Lage sind, aus energiearmen anorganischen Stoffen (Kohlenstoffdioxid, Wasser) unter Nutzung der **Energie des Lichts** mithilfe des **Chlorophylls** energiereiche organische Stoffe aufzubauen, wobei Sauerstoff entsteht.
Die Fotosynthese läuft in den **Chloroplasten** ab.

Ablauf

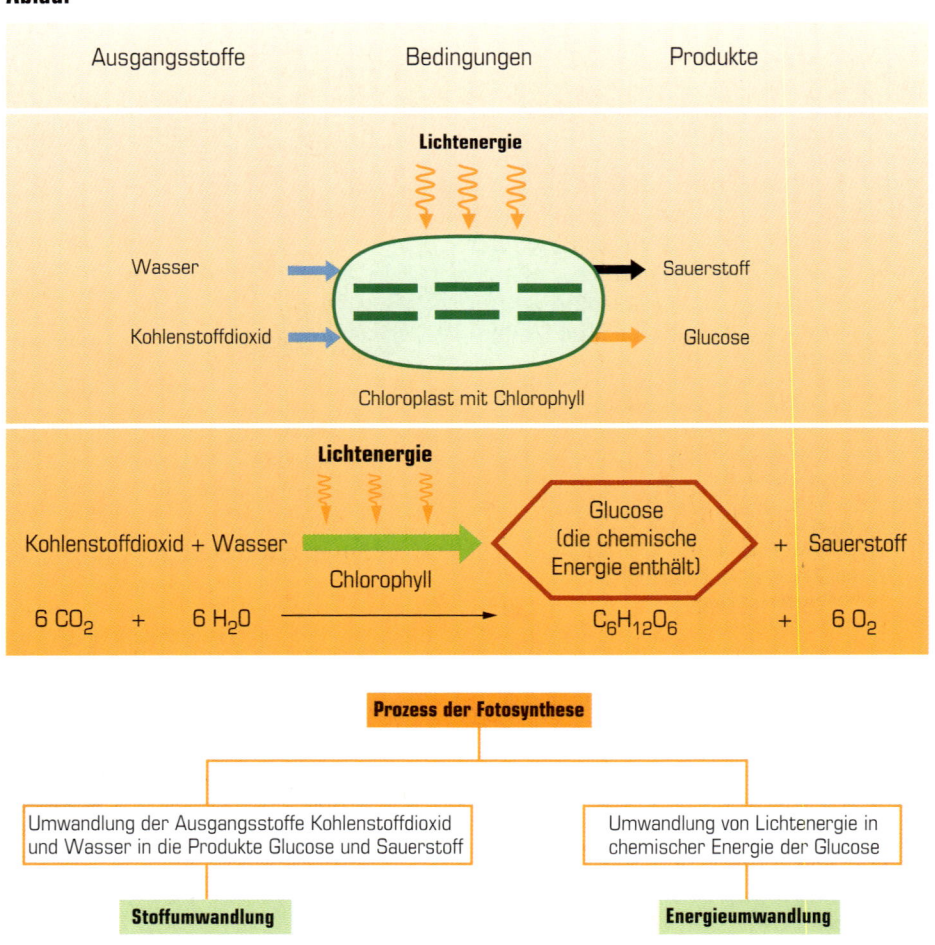

Ausgangsstoffe	Bedingungen	Produkte
Wasser, Kohlenstoffdioxid	Lichtenergie, Chloroplast mit Chlorophyll	Sauerstoff, Glucose
Kohlenstoffdioxid + Wasser	Lichtenergie, Chlorophyll	Glucose (die chemische Energie enthält) + Sauerstoff
$6\ CO_2\ +\ 6\ H_2O$		$C_6H_{12}O_6\ +\ 6\ O_2$

Prozess der Fotosynthese

- Umwandlung der Ausgangsstoffe Kohlenstoffdioxid und Wasser in die Produkte Glucose und Sauerstoff → **Stoffumwandlung**
- Umwandlung von Lichtenergie in chemischer Energie der Glucose → **Energieumwandlung**

Die **Intensität der Fotosynthese** wird von Umweltfaktoren (z. B. Lichtintensität, Kohlenstoffdioxidgehalt der Luft) beeinflusst. Dies kann insbesondere in Gewächshäusern genutzt werden. Durch Schadstoffe der Luft (z. B. Schwefeloxide, Staub) kann die Fotosynthese stark beeinträchtigt werden.

Stoff- und Energiewechsel bei chlorophyllhaltigen Organismen

Das Wichtigste auf einen Blick

Bedeutung der Fotosynthese für das Leben auf der Erde

- **Bildung organischer Stoffe**; damit Erneuerung der Grundlage für die Ernährung heterotroph lebender Organismen

- **Sauerstofffreisetzung**; damit Erneuerung des durch Atmung verbrauchten Sauerstoffanteils der Luft

- **Umwandlung von Lichtenergie in chemische Energie**; damit Schaffung der Grundlage für Energieversorgung aller Organismen

Atmung

Zur Aufrechterhaltung ihrer Lebensprozesse benötigen Pflanzen Energie. Genutzt werden kann nur chemische Energie, die in energiereichen organischen Stoffen gespeichert ist. Sie wird durch Atmung nutzbar gemacht.

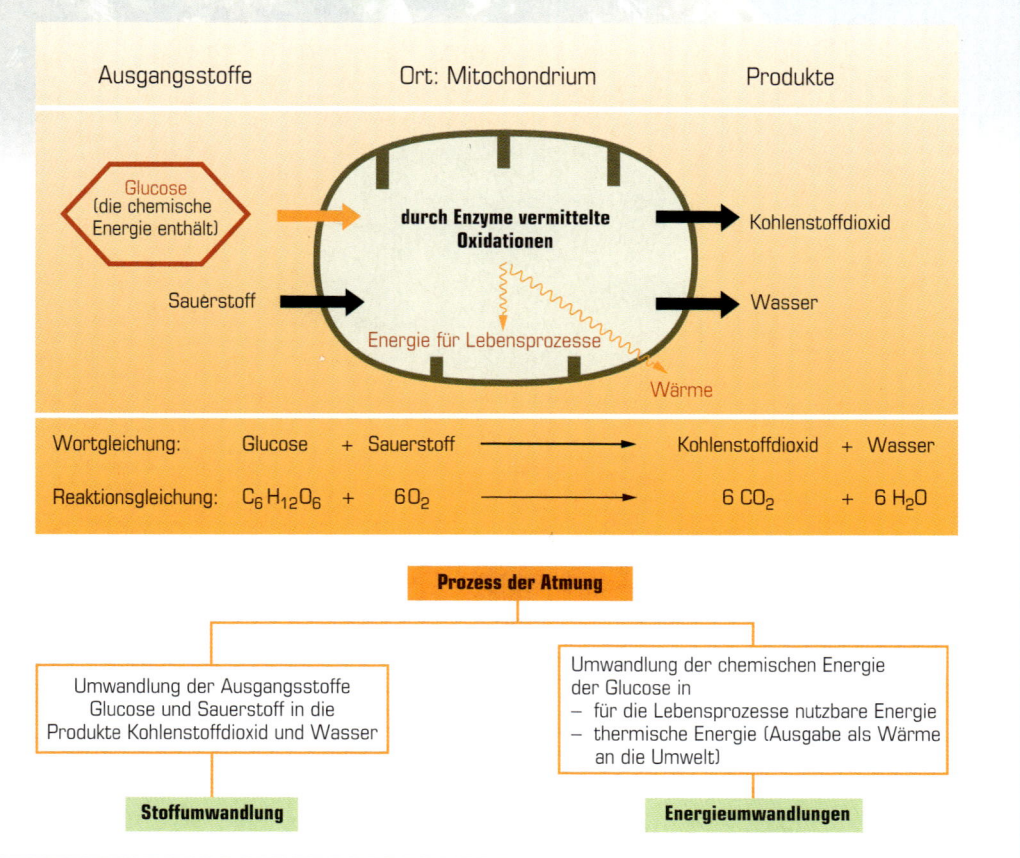

Ausgangsstoffe	Ort: Mitochondrium	Produkte
Glucose (die chemische Energie enthält) →	durch Enzyme vermittelte Oxidationen	→ Kohlenstoffdioxid
Sauerstoff →	Energie für Lebensprozesse / Wärme	→ Wasser

Wortgleichung: Glucose + Sauerstoff ⟶ Kohlenstoffdioxid + Wasser

Reaktionsgleichung: $C_6H_{12}O_6 + 6 O_2 \longrightarrow 6 CO_2 + 6 H_2O$

Prozess der Atmung

- Umwandlung der Ausgangsstoffe Glucose und Sauerstoff in die Produkte Kohlenstoffdioxid und Wasser → **Stoffumwandlung**

- Umwandlung der chemischen Energie der Glucose in
  – für die Lebensprozesse nutzbare Energie
  – thermische Energie (Ausgabe als Wärme an die Umwelt)
  → **Energieumwandlungen**

2
Zusammenhänge im Ökosystem

2.1
Der See –
ein vielgestaltiger Lebensraum

Süßwasser ist unersetzbar ▸▸ 1,38 Milliarden Kubikmeter Wasser gibt es auf der Erde. Eine riesige Menge. Aber nur 3 Prozent davon sind Süßwasser, das die meisten Lebewesen nur nutzen können.

Seen und andere Gewässer – Teil unserer Landschaft ▸▸ Gewässer, Flüsse und Seen begegnen uns überall, teilweise prägen sie unsere Landschaft und sind von vielfältiger Bedeutung für den Menschen.

Seen als Lebensraum für zahlreiche Organismen ▸▸ Wasser mit seinen Eigenschaften ist das kennzeichnende Merkmal eines Sees. Es fällt sofort auf, wenn man eine Landschaft betrachtet, die von einem See geprägt ist. Das Wasser eines Sees ist Lebensraum für zahlreiche Organismen. Viele können wir mit bloßem Auge nicht sehen.

Bedeutung und Besonderheit des Wassers

Gewässer sind mehr oder weniger große Ansammlungen von Wasser. Diese Ansammlungen können sehr unterschiedlicher Art sein. 71% der Erdoberfläche werden allein von **Meeren** bedeckt. Die Erde ist ein Planet des Wassers (Abb. 1).

Binnengewässer kommen in großer Vielfalt vor. In Sachsen prägen Flüsse, z. B. die Elbe, aber auch Seen (u. a. Kulkwitzer See, Lausitzer Seenlandschaft) das Landschaftsbild.

Wasser ist unersetzbar. Es ist nicht nur **Lebensraum** für Algen, Pflanzen, Tiere und andere Organismen, sondern auch
- Lebensmittel und Nahrungsquelle,
- Transportmittel,
- Rohstoff für die Industrie,
- Mittel zur Energiegewinnung,
- Voraussetzung für die Bewässerung von Äckern und Parks sowie
- Stätte der Erholung und Freizeitgestaltung.

Wasser gibt es genug auf der Erde, etwa 1,38 Milliarden Kubikmeter. Das entspricht einem Würfel von 1100 km (Köln bis Rom) Seitenlänge. Diese Wassermasse bleibt immer gleich. Sie befindet sich in einem ständigen Kreislauf (Abb. 2).

Von der **gesamten Wassermasse** sind 97 % Salzwasser. Für den Menschen und auch andere auf dem Land lebende Organismen ist es daher unbrauchbar. Nur 3 % sind **Süßwasser,** und davon ist noch der größte Teil in Eis festgelegt, sodass nur 0,02 % des gesamten Vorkommens für die Versorgung des Menschen zur Verfügung stehen.

Außerdem steigt der Süßwasserbedarf weltweit; nicht in allen Gebieten steht Süßwasser ausreichend zur Verfügung. Die Folge sind Dürre, die Ausbreitung von Wüsten und Wassermangel für Menschen, Tiere, Pflanzen und andere Organismen.

Süßwasser ist also ein kostbares Gut. Obwohl in Deutschland noch hinreichend Süßwasser vorhanden ist, müssen wir sparsam mit ihm umgehen und auch Niederschlagswasser in Becken (Talsperren) speichern. An **Trinkwasser** müssen besondere Anforderungen gestellt werden. Es muss keimfrei, klar, durchsichtig, farblos und auch geruchlos sein sowie keine Schadstoffe enthalten. Von Natur aus erfüllt das Wasser diese Anforderungen meistens nicht. Es muss daher in speziellen Anlagen aufbereitet werden. Das ist teuer und erfordert viel Energie.

1 ▸ Anteil des Wassers auf der Erde

Jeder braucht z. B. täglich 2,5 bis 3,5 Liter Trinkwasser.

2 ▸ Kreislauf des Wassers

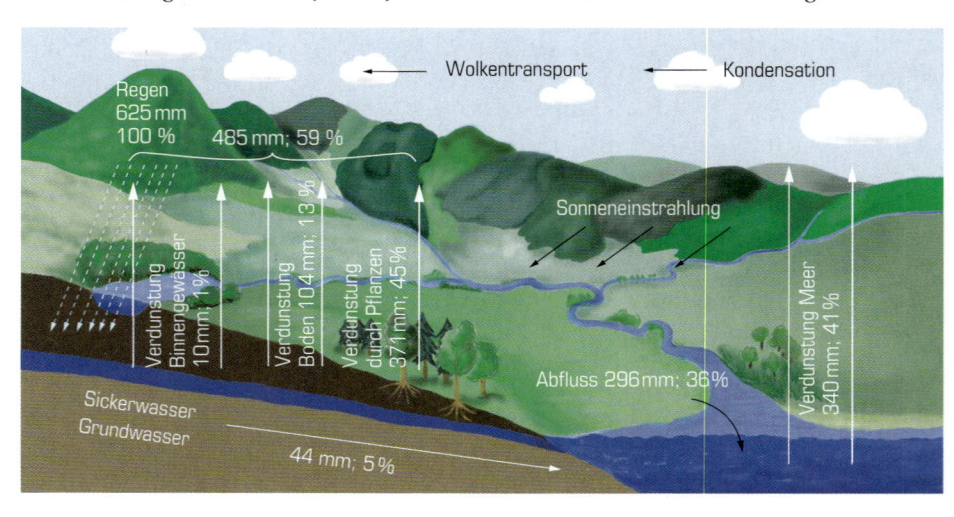

Der See – ein vielgestaltiger Lebensraum

1 ▸ Wasserzirkulation im Frühjahr

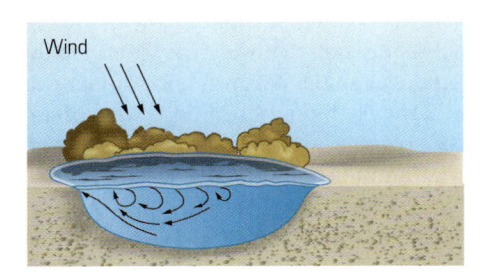

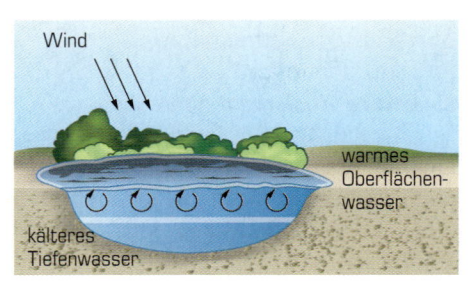

2 ▸ Wasserbewegung im Sommer (Stagnation)

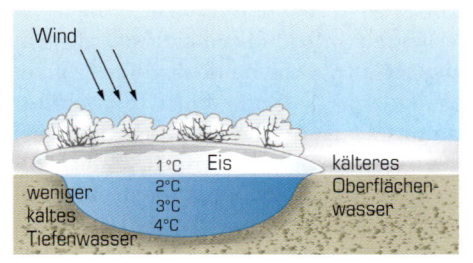

3 ▸ Wasserzirkulation im Herbst

4 ▸ Wasserbewegung im Winter (Stagnation)

Die Eigenschaften des Wassers sind die bestimmenden Lebensbedingungen für die Organismen. Große Bedeutung für Lebewesen haben die *Dichteanomalie* und die *Temperatur des Wassers*.

Die **Dichteanomalie des Wassers** äußert sich u. a. darin, dass Wasser zwar auch wie andere Flüssigkeiten bei Erwärmung leichter und bei Abkühlung schwerer wird. Wasser ist aber bereits bei +4 °C am schwersten. Unterhalb dieser Temperatur dehnt es sich aus und wird wieder leichter. 0 °C (Eisbildung) kaltes Wasser ist leichter als +4 °C kaltes Wasser. Folglich sinkt Wasser, das +4 °C erreicht hat, in die Tiefe. Daher erfolgt die Eisbildung in einem See von oben (von der Oberfläche aus). Bei tieferen Gewässern befindet sich darunter +4 °C kaltes Wasser, das in unseren Breiten Organismen im Winter das Überleben ermöglicht.

Die Dichteanomalie hat im Winter zeitweise fast eine **Stagnation** (kaum Wasserbewegung) des Wasserkörpers zur Folge. Das Wasser mit der größten Dichte (+4 °C) liegt auf dem Seeboden, das mit der geringsten Dichte befindet sich an der Oberfläche. Es erfolgen kaum Bewegungen des Wassers (Abb. 4).

Erwärmt sich das Wasser im Frühjahr an der Oberfläche, kommt es zu einer **Zirkulation** (Wasserzirkulation im Frühjahr), in deren Ergebnis eine vollständige Durchmischung des Wassers und damit auch eine Verteilung der darin gelösten Nährstoffe erfolgt (Abb. 1).

Wenn sich das Oberflächenwasser über +4 °C erwärmt hat (z. B. im späten Frühjahr), nimmt seine Dichte ab (es wird leichter). In tiefen Seen entsteht wieder eine stabile Schicht mit wärmerem, leichtem Wasser oben und schwerem, kaltem Wasser unten. Oft kommt es zur Ausbildung einer **Sprungschicht,** die das wärmere, ständig durchmischte obere von dem kälteren, „ruhigeren" unteren Wasser trennt. In dieser Schicht sinkt die Temperatur des Wassers sprunghaft ab (Abb. 2). Im Herbst erfolgt wieder eine Volldurchmischung.

Die **Temperatur** des Wassers ist in den einzelnen Jahreszeiten unterschiedlich. Sie hängt u. a. von der Intensität der Sonneneinstrahlung ab.

Eine große Rolle spielt auch die Eigenschaft des Wassers, Wärmeenergie lange zu speichern und sie nur langsam an die Umgebung abzugeben, wenn diese kälter ist.

Der See als Lebensraum

Gliederung (Zonierung) eines Sees

Ein See ist kein einheitlicher Lebensraum, er besteht meistens aus mehreren verschieden großen „Zimmern", die für Lebewesen unterschiedliche Lebensbedingungen bieten (Abb. 1). Diese Gliederung (Zonierung) ist aber in Abhängigkeit vom Seetyp ebenfalls unterschiedlich.

Bei relativ tiefen Seen lässt sich die **Bodenzone** (griech. Benthal = Tiefe), über der sich das Wasser befindet, in eine **Uferzone** und eine **Tiefenzone** gliedern. Bei der **Freiwasserzone** (griech. Pelagial = hohe See) kann man in Abhängigkeit von der Durchlichtung eine durchlichtete und eine undurchlichtete Zone unterscheiden.

Diese **Lichtdurchlässigkeit** ist besonders für Algen und Pflanzen, aber auch für Tiere von großer Bedeutung. Sie ist u. a. abhängig von den gelösten oder schwebenden Stoffen im Wasser. Bei einem sehr „reinen" See (z. B. Gebirgssee) beträgt sie bis 10 m; bei stark verschmutzten Gewässern manchmal nur wenige Zentimeter.

Aufgrund des Vorhandenseins oder Fehlens von ausreichender Lichtenergie wird der See in eine **durchlichtete Zone** („Aufbauzone"), in der im Wesentlichen die Produktion von Kohlenhydraten durch Fotosynthese erfolgt, und eine **undurchlichtete Zone** („Abbauzone"), in der der Stoffabbau dominiert, eingeteilt. Daraus kann man ableiten, dass entsprechend der lichtbedingten Umwelt die stoffaufbauenden Organismen mit Chlorophyll nur in der belichteten Zone, die stoffabbauenden Organismen aber in beiden Zonen vorkommen. Die **Kompensationsebene** (die Schicht, in der Aufbau und Abbau organischer Substanz sich im Organismus ausgleichen, also kein Biomassezuwachs erfolgt) trennt die obere durchlichtete Wasserschicht von der unteren dunklen Wasserschicht.

> Ein See besteht aus verschiedenen Zonen, die jeweils einen eigenen Lebensraum bilden.

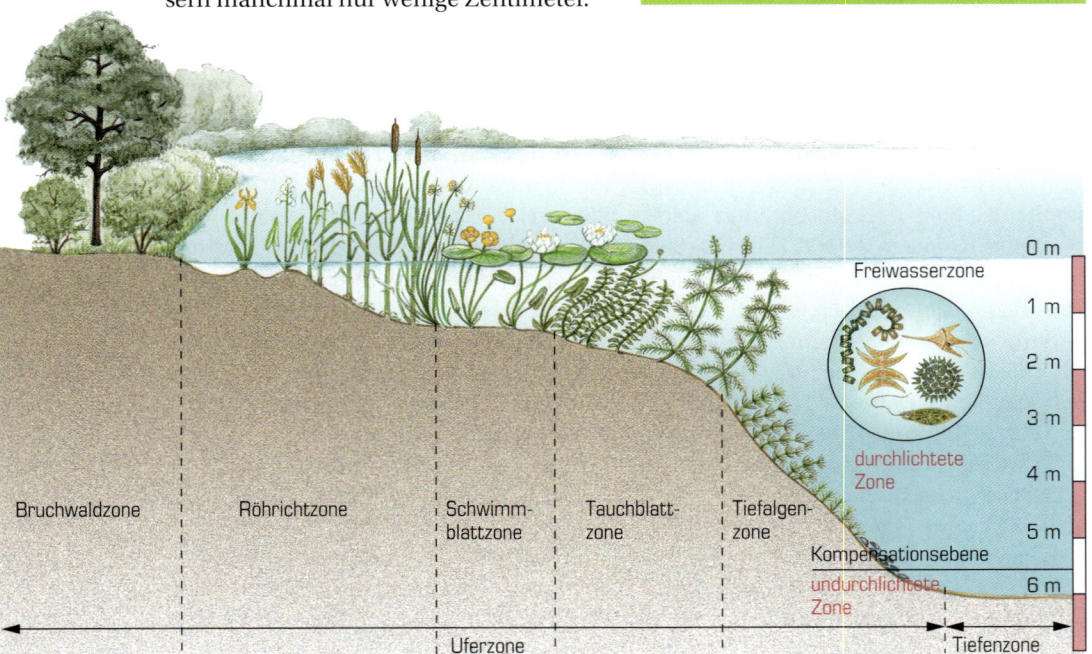

1 ▸ Zonierung eines Sees

Der See – ein vielgestaltiger Lebensraum — Biologie

Lebensbedingungen in einem See

In einem See ist das Wasser mit seinen Eigenschaften die entscheidende Lebensbedingung für Organismen, die am oder im Wasser leben. Das Wasser muss deshalb so beschaffen sein, dass Organismen darin leben können.

Die Beschaffenheit wird z. B. durch den *Sauerstoffgehalt,* die *Temperatur* und die Menge der im *Wasser gelösten Stoffe* beeinflusst. Durch Wasseranalysen mithilfe von Geräten und Chemikalien ist es möglich, den Zustand des Wassers zu ermitteln und dadurch zu erkennen, ob es belastet ist.

Von der **Temperatur eines Sees** ist das Vorkommen vieler Arten abhängig. Sie beeinflusst alle Lebensprozesse. Energiequelle ist die Sonnenstrahlung. Durch sie kommt auch die Zirkulation des Wassers in Gang. Durch die Zirkulation des Wassers wird auch der gelöste Sauerstoff verteilt. Einen Teil des Sauerstoffs haben die Algen und Wasserpflanzen produziert, ein weiterer Teil wurde an der Wasseroberfläche aus der Luft aufgenommen.

Sauerstoff ist für alle Organismen eine unersetzliche Lebensbedingung. Neben dem Licht ist daher die Besiedlung eines Gewässers vor allem vom Sauerstoffgehalt des Wassers abhängig.

Um die Temperatur und den Sauerstoffgehalt zu bestimmen, müssen Proben aus verschiedenen Tiefen entnommen werden. Dies kann z. B. mit einer *meyerschen Schöpfflasche* (Abb. unten) geschehen. Temperatur und Sauerstoffgehalt können dann mit einem Messgerät ermittelt werden.

Zwischen der Temperatur des Wassers und seinem Sauerstoffgehalt besteht ein direkter Zusammenhang.

> Bei Wasseranalysen müssen Temperatur und Sauerstoffgehalt gleichzeitig geprüft werden. Es gilt die Regel: Je kälter das Wasser, desto mehr Sauerstoff ist gelöst.

Untersuchungen • Beobachtungen

Ermittlung der Temperatur und des Sauerstoffgehalts des Wassers

Materialien:
meyersche Schöpfflasche, Temperatur- und Sauerstoffmessgerät, in die Schöpfflasche ein Thermometer einkleben; Bechergläser

Durchführung:
1. Tiefen festlegen, aus denen Wasser entnommen werden soll (z. B. Oberfläche, 50 cm, 1 m).
2. Wasser aus den festgelegten Tiefen (nacheinander) entnehmen, gegebenenfalls sofort vom eingeklebten Thermometer Temperatur ablesen.
3. Wasser möglichst vom Boden her in ein Becherglas füllen, überlaufen lassen, um Wasser, das mit der Luft in Berührung gekommen war und die Ergebnisse verfälschen könnte, zu entfernen.
4. Temperatur und Sauerstoffgehalt mit den Messgeräten messen.

Auswertung:
Werte für Temperatur und Sauerstoffgehalt ablesen, registrieren und in Beziehung setzen.

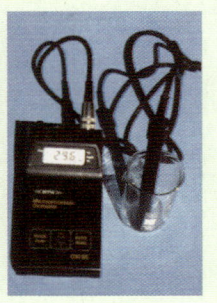

Sichttiefe des Wassers

Großen Einfluss auf die in einem Gewässer lebenden Organismen, insbesondere die Algen und Pflanzen, hat die **Lichtdurchlässigkeit** des Wassers.

Ein einfaches Maß, um die Lichtdurchlässigkeit einzuschätzen, ist die **Sichttiefe.** Sie ist leicht mit der *Secch-Scheibe*, einer flachen weißen, aus Metall oder aus einem anderen Stoff bestehenden Senkscheibe, zu bestimmen (Abb., S. 72).

> **M** Die Sichttiefe ist diejenige Tiefe, in der die Scheibe gerade noch zu erkennen ist. Je sauberer das Wasser, desto größer ist die Sichttiefe.

Geringe Sichttiefen haben unterschiedliche Ursachen, z. B. eingeschlämmte Bodenteilchen, eingeleitete verschmutzte Abwässer. Oft kommt die geringe Sichttiefe durch zahlreiche Kleinstlebewesen zustande, z. B. *Algen, Wasserflöhe*, die sich infolge eines hohen Nährstoffangebots rasch vermehrt haben.

Geringe Sichttiefe, oft verbunden mit einem unangenehmen Geruch, ist deshalb ein **Anzeichen für Belastungen des Gewässers.**

1 ▸ Untersuchung eines Gewässers

Trübung, Färbung und Geruch des Sees

Die Qualität eines Gewässers kann man auch an der **Trübung** bzw. **Färbung** erkennen. Verursacht werden Trübung und Färbung des Gewässers durch seine Belastung mit verschiedenen Stoffen, z. B. Eisen, Bodenteilchen, Faulstoffen, oder mit zahlreichen kleinen Organismen, z. B. *Grünalgen* und *Kieselalgen*, *Bakterien* und *Wasserflöhen*.

Wenn man aus verschiedenen Tiefen eines Sees Wasserproben entnimmt, ist es möglich, anhand der folgenden Tabelle die Qualität des Wassers selbst zu bestimmen.

Farben	Qualität
durchsichtig blau	unbelastet
schwach gelblich, gelblich, gelb	wahrscheinlich Abwasserbelastung, z. B. durch Eisen
gelblich braun	verstärktes Algenwachstum durch Nährstoffreichtum
gelblich grün, grün	verstärktes Algenwachstum durch Nährstoffreichtum
braun	belastet durch Eisen, Humusteilchen, evtl. durch Sickerwasser verursacht
grauschwarz	belastet durch Faulstoffe

Auch der **Geruch** des Sees gibt Aufschluss über seine Qualität. Verursacht wird er durch gelöste Stoffe, z. B. Chlor, Schwefelwasserstoff, Methan und Faulstoffe.

Je nach Art und Menge des gelösten Stoffs ist der Geruch beispielsweise mehr oder weniger stark oder schwach faulig, modrig oder aromatisch.

pH-Wert des Wassers

Eine wesentliche Lebensbedingung ist auch der **pH-Wert des Wassers**. Der pH-Wert ist ein Maß für eine neutrale, saure oder basische Reaktion einer wässrigen Lösung (Abb. 3). Die Bestimmung des pH-Wertes erfolgt mit
- mit dem Czensny-Colorimeter,
- einem pH-Messgerät (Abb. 2) oder
- mit Spezialindikatorstäbchen.

Lebewesen sind an bestimmte pH-Werte angepasst. Die Organismen entwickeln sich nur normal, wenn der entsprechende pH-Wert gegeben ist (Tab. 1). Das Artenspektrum sowie die Individuenzahl der einzelnen Arten stehen folglich eng mit dem jeweiligen pH-Wert in Zusammenhang. Seine Kontrolle gehört deshalb ebenfalls zum Standardprogramm bei Gewässeruntersuchungen. Diese Kontrolluntersuchungen werden laufend von den zuständigen Ämtern vorgenommen.

Weitere in Wasser gelöste Stoffe

Das Wasser der Seen und anderer Gewässer ist nie rein. In ihm sind zahlreiche Stoffe gelöst. Diese Stoffe und ihr Anteil sind ebenfalls eine Lebensbedingung in einem Gewässer.

Zu diesen Stoffen gehören u. a. **Stickstoffverbindungen** (z. B. Ammoniak, Nitrite, Nitrate) und **Phosphate**. Diese Verbindungen sind z. T. wichtige Pflanzennährstoffe. Im Überfluss bewirken sie aber z. B. eine Massenvermehrung von Algen. Zu viele Nitrate und Nitrite im Trinkwasser führen zu Gesundheitsschäden, insbesondere bei Kleinkindern.

Im Wasser sind auch **Schwefelwasserstoff, Chlor, Kupfer** und manchmal auch **Schwermetalle** wie Blei, Cadmium, Quecksilber und Zink gelöst. In höheren Konzentrationen sind alle Schwermetalle für Organismen giftig.

pH-Vorzugswerte für Lebewesen	
Süßwasserfische	pH 7 (6–8)
Meeresfische	pH 8,2–8,4
Tödliche Werte im alkalischen Bereich	
Forelle, Barsch, Karausche	pH 9,2
Plötze	pH 10,4
Hecht	pH 10,7
Karpfen, Schleie	pH 10,8

1 ▶ pH-Grenzwerte für einige Fischarten und andere Arten von Wassertieren

M Um die Qualität des Wassers eines Sees einzuschätzen, müssen regelmäßig Sauerstoffgehalt, Temperatur, pH-Wert sowie die im Wasser gelösten Stoffe untersucht werden. Diese Stoffe bilden die abiotischen Umweltfaktoren eines Gewässers.

2 ▶ Wasseruntersuchung mit einem pH-Messgerät

Eigenschaften der Lösung	stark sauer	schwach sauer	neutral	schwach basisch	stark basisch
pH-Wert	0 1 2	3 4 5 6	7	8 9 10	11 12 13 14

3 ▶ pH-Wert-Skala

Untersuchungen und Beobachtungen

Ermittle die Trübung (Qualität) und Farbe vom Wasser eines Sees

Materialien:
Bechergläser oder andere Glasbehälter aus Weißglas, Wasserproben

Durchführung:
1. Schöpfe mit einem Glasbehälter Wasser aus dem Gewässer.
2. Beurteile die Qualität und die Farbe des Wassers nach einer Skala (Tab., S. 70).

Auswertung:
1. Ermittle mögliche Ursachen für den Zustand des Gewässers.
2. Ermittle Beziehungen zwischen der Qualität des Gewässers und den im Gewässer lebenden Organismen.
3. Notiere die Ergebnisse.

Ermittle den Geruch des Seewassers

Materialien:
Gläser, Messzylinder, Flaschen mit Korken, Wasserproben

Durchführung:
1. Gib Gewässerproben jeweils in eine Flasche, verschließe sie. Schüttle sie kräftig.
2. Beschreibe nach Öffnung der Flasche den Geruch der Gewässerprobe.
Nutze zur Einschätzung folgende Geruchsqualitäten: aromatisch, süßlich, faulig, modrig.
Entscheide, mit welcher Intensität die jeweilige Geruchsqualität auftritt: schwach, stark, sehr stark.
3. Registriere die Ergebnisse in einer Tabelle.

Auswertung:
1. Fertige eine Tabelle an.
2. Ermittle mögliche Ursachen für den Geruch des Wassers eines Gewässers.
3. Prüfe, welche Möglichkeiten es gibt, die Ursachen für schlechte Geruchsqualitäten zu beseitigen.

Miss die Sichttiefe eines Sees

Materialien:
weiße Scheibe an Leine mit Dezimetereinteilung oder Secch-Scheibe (Abb.)

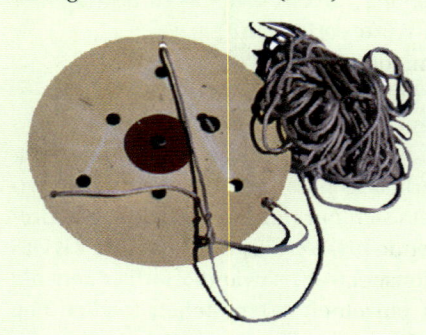

Durchführung:
1. Bestimme die Sichttiefe an verschiedenen Messstellen durch Absenken der Scheibe.
2. Lies die Sichttiefe an der gemeterten Leine ab, wenn die Scheibe gerade noch zu erkennen ist.
3. Protokolliere die Ergebnisse.

Auswertung:
Schätze die Belastung des Wassers unter Berücksichtigung der Sichttiefe ein.

Ermittle den pH-Wert von Wasserproben

Materialien:
Wasserproben, Testpapier bzw. Indikatorstäbchen, pH-Messgerät (Abb. 3, S. 71)

Durchführung:
1. Halte ein Teststäbchen bzw. ein Indikatorstäbchen 1 Sekunde in die Wasserproben und vergleiche mit der Farbskala.
2. Halte die Elektrode des pH-Messgeräts in die Wasserproben und lies den Messwert ab. Notiere die Messwerte.

Auswertung:
1. Vergleiche die pH-Werte der Wasserproben.
2. Werte die pH-Werte im Hinblick auf die Bedeutung für die Organismen.

Lebensgemeinschaften eines Sees

Verfahren zur Ermittlung der Organismen in einem See

In Abhängigkeit von den Lebensbedingungen (z. B. den Lichtverhältnissen, dem pH-Wert) kommen in den einzelnen Zonen (Bereichen) eines Sees unterschiedliche Gemeinschaften von Lebewesen vor. Um sich ein Bild von ihnen zu machen, ist es unerlässlich, die einzelnen Arten zu ermitteln. Dazu müssen in Verbindung mit regelmäßigen **Beobachtungen** verschiedene **Verfahren** angewendet werden. Dazu zählen:
- die **direkte Beobachtung** am Gewässer, um z. B. vorkommende Vogelarten zu erfassen
- die **Befragung** sachkundiger Personen (z. B. Fischer, Angler, Förster), um vor allem Tiere (u. a. Fische) zu ermitteln, die im Verborgenen leben und nur selten zu sehen sind
- das **Sammeln** von Resten abgestorbener Organismen (z. B. Gehäuse, Schalen, Federn, Knochen)

In einigen Fällen, z. B. um Lebewesen, die an Pfählen oder im Boden leben bzw. sehr klein sind, zu ermitteln, werden **spezielle Verfahren** genutzt (Abb. 1). Die gesammelten bzw. gefangenen Organismen müssen **bestimmt** werden. Dafür stehen spezielle **Bestimmungsbücher** zur Verfügung. Anschließend sind die Organismen freizulassen (Naturschutz!).

- Abstreifen der Organismen von Steinen, Blättern, Stängeln z. B. mit einem Pinsel
- Abkratzen von an Pfählen fest sitzenden Organismen mit einem Pfahlkratzer  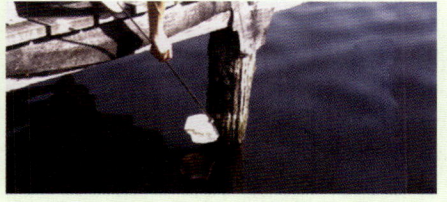
- Fangen mit Planktonnetz

  Mehrmals mit dem Netz vorsichtig durch das Wasser streifen

  Plankton aus dem Sammelbehälter in das Untersuchungsgefäß überführen 

- Sieben von Gewässerboden oder Schlamm

1 ▸ Verfahren zum Fangen von Kleinstlebewesen

Organismen der Uferzone

Die **Uferzone** eines Gewässers umfasst die Bruchwald-, Röhricht-, Schwimmblatt-, Tauchblatt- und Tiefenalgenzone. In Abhängigkeit von den Lebensbedingungen kommen in den einzelnen Zonen unterschiedliche Organismenarten vor. Sie alle sind Teil der **Lebensgemeinschaft (Biozönose) See**.

Die **Bruchwaldzone** erstreckt sich bis an die Wasserlinie. Der Boden ist meist feucht, oft moorig und wird insbesondere im Frühjahr überflutet. Diesen Bereich bevorzugen *Erlen* und *Weiden*.

An diese Bedingungen sind auch verschiedene krautige Pflanzen angepasst, u.a. die *Wasser-Schwertlilie*, die *Sumpf-Dotterblume* (Abb. 2) und der *Gemeine Blutweiderich* sowie *Seggen-Arten*.

Die Pflanzen der Bruchwaldzone besitzen ein ausgedehntes, dicht verzweigtes Wurzelsystem als Schutz gegen Ausschwemmung und zum Festhalten im weichen Boden. Die Blätter der Pflanzen sind oftmals klein und schmal, haben meistens einen Verdunstungsschutz (Wachsschicht) wegen des wechselnden Wasserstands und der zeitweiligen Trockenheit.

Vorherrschende Tiere sind z.B. *Graureiher, Mosaikjungfer* (Abb. 1 u. 3), *Reiherente, Erdkröten, Schnecken, Krähen* und *Libellen*.

In der **Röhrichtzone** dominiert das *Schilfrohr* (Abb. 4) mit seinen im Boden weit verzweigten Wurzelstöcken (Erdsprossen) und den weit über die Wasseroberfläche hinausragenden Halmen. Ein dichter Schilfbestand (ca. 90 Halme pro m^2) zeugt von geringer Belastung des Gewässers.

Typische Arten dieses Bereichs sind außerdem u.a. *Simsen*, das *Spitze Pfeilkraut*, der *Froschlöffel*, der *Rohrkolben* und die *Krebsschere*.

1 ▸ Graureiher

3 ▸ Mosaikjungfer

2 ▸ Sumpf-Dotterblumen

4 ▸ Schilfgürtel

1 ▶ Wasser-Knöterich

2 ▶ Teichhuhn

3 ▶ Wurzelstock der Seerose

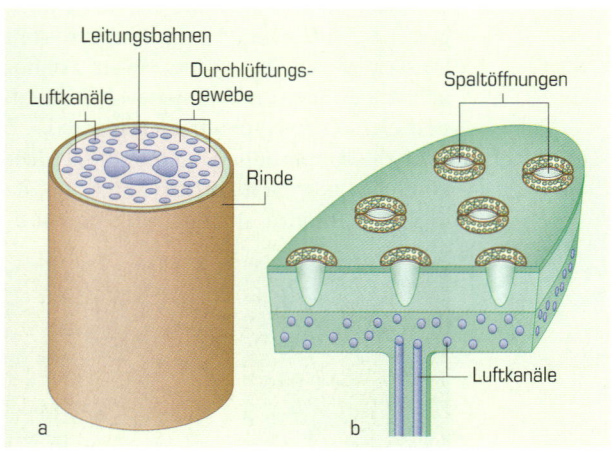

4 ▶ Schwimmblatt (b) mit Blattstiel (a; schematische Zeichnung)

Pflanzen der Röhrichtzone besitzen
- einen hohen Wuchs zum Ausgleich unterschiedlicher Wasserstände,
- hohle und elastische Sprossachsen zum Bestehen gegen Wind und Wellen,
- Lufträume in Blättern und Sprossachsen zur Sauerstoffversorgung der unter Wasser befindlichen Wurzelstöcke.

In der Röhrichtzone haben zahlreiche Tiere ihren Lebensraum, u. a. *Rohrsänger, Stockente, Teichhuhn* (Abb. 2), *Rohrdommel, Libellen, Teichmuschel* und *Schnecken*.

Diese Zone bedarf vor allem während der Vegetationszeit besonderen Schutzes (u. a. keine Ruhestörung der brütenden Vögel; Schilf nicht beschädigen).

In der Zone der **Schwimmblattpflanzen** ist das Wasser schon tiefer. An windgeschützten Stellen fällt diese Zone oft durch einen dichten Bestand an *Seerosen, Teichrosen* und *Wasser-Knöterich* auf (Abb. 1).

Diese Pflanzen wurzeln noch in dem meist schlammigen Boden, ihre Laubblätter schwimmen auf der Wasseroberfläche. Typische Anpassungen an diese Lebensweise, beispielsweise bei der *Weißen Seerose,* sind die kräftigen, im Gewässerboden liegenden Wurzelstöcke, Luftkammern in den Blättern, Spaltöffnungen an der Blattoberfläche und Luftkanäle in den Blattstielen zur Sauerstoffversorgung von Spross und Wurzel (Abb. 3 u. 4).

In der **Tauchblattzone** leben die Pflanzen völlig untergetaucht. Um das oft spärlich anfallende Licht maximal zu nutzen, bilden diese Pflanzen meist viele schmale Blätter aus.

Typische Vertreter sind u. a. *Krauses Laichkraut, Tausendblatt* (Abb. 3), *Hornblatt*, aber auch die aus Amerika eingeschleppte *Wasserpest* (Abb. 1), der *Wasserschlauch* und der *Wasser-Hahnenfuß*.

Blätter und Stängel untergetaucht lebender Pflanzen, z. B. der *Wasserpest*, haben meist nur eine dünne Epidermis, da ein Verdunstungsschutz wie bei Landpflanzen nicht notwendig ist. Festigungsgewebe fehlt oft auch, da Pflanzen vom Wasser „getragen" werden; sie sind daher auch biegsamer und können sich dadurch den Wasserbewegungen gut anpassen.

Als Besonderheiten treten luftgefüllte Hohlräume im Stängel auf, durch die die Teile der Pflanze, die sich im sauerstoffarmen Schlamm befinden, mit sauerstoffreicher Luft versorgt werden.

Beide Zonen, die Schwimmblatt- und Tauchblattzone, bieten zahlreichen Tieren Lebensraum und Nahrung. Hier gibt es u. a. *Egel*, S*trudelwürmer, Schnecken, Krebse* (Abb. 2 u. 4), *Wasserläufer* (Abb. 2, S. 110), *Libellen* und *Larven* von Insekten.

In der **Tiefenalgenzone,** wo nur noch wenig Licht hingelangt, wachsen *Armleuchteralgen*, die in sauberen Gewässern oft dichte Rasen bilden.

In noch tieferen Schichten gibt es keine Pflanzen mehr.

> Die Uferzone (Bruchwald-, Röhricht-, Schwimmblatt-, Tauchblattzone) bietet zahlreichen Lebewesen Lebensraum und Nahrung.

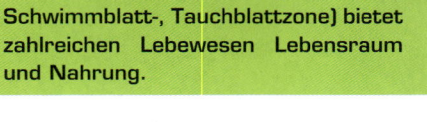

1 ▶ Tausendblatt

2 ▶ Wasserpest

3 ▶ Egelschnecke

4 ▶ Flusskrebs

Organismen der Freiwasserzone

Die **Freiwasserzone** weist ebenfalls eine große Vielfalt an Lebewesen auf. Auf der Wasseroberfläche können verschiedene Vogelarten beobachtet werden, u. a. *Haubentaucher, Enten* und *Höckerschwäne*.

Im Freiwasser leben außer Arten, die sich aktiv (selbst) bewegen können, u. a. verschiedene Fischarten, auch zahlreiche *Kleinstlebewesen*, die nur wenig schwerer als Wasser sind und meist nur durch die Wasserströmung in Bewegung gehalten werden. Diese Lebewesen werden als **Plankton** (griech. = das Umhergetriebene) bezeichnet.

Besonders wichtig ist das **pflanzliche Plankton** (Abb. 1 bis 3). Am Tage produziert es organische Stoffe und Sauerstoff. Es erhöht den Sauerstoffgehalt des Wassers und ist Nahrungsquelle für Kleinkrebse und einige Jungfische.

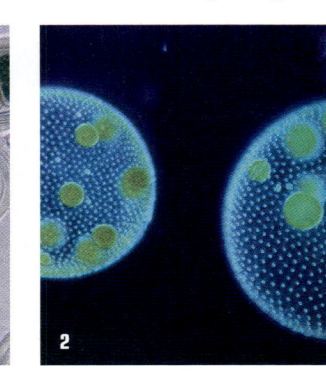

1 ▶ Schwellkapsel-Grünalge

2 ▶ Volvox

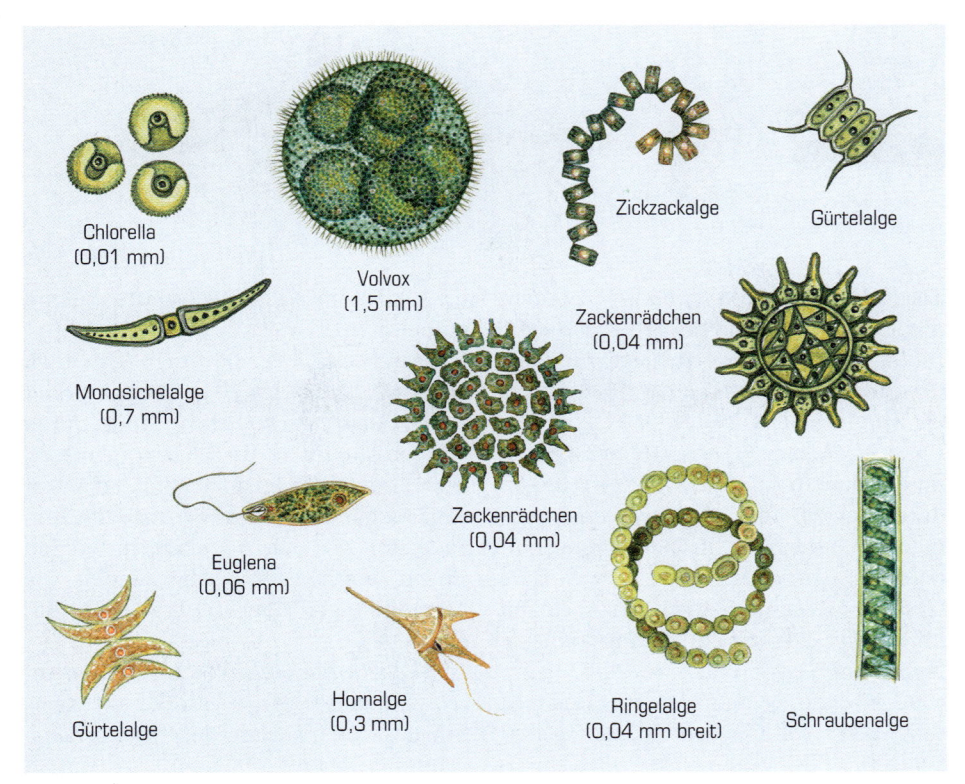

3 ▶ Beispiele für im Wasser lebende Algen (pflanzliches Plankton)

Chlorella (0,01 mm)

Volvox (1,5 mm)

Zickzackalge

Gürtelalge

Mondsichelalge (0,7 mm)

Zackenrädchen (0,04 mm)

Euglena (0,06 mm)

Zackenrädchen (0,04 mm)

Gürtelalge

Hornalge (0,3 mm)

Ringelalge (0,04 mm breit)

Schraubenalge

1 ▸ Wirbellose Tiere eines Gewässers mit besonderen Atemmechanismen

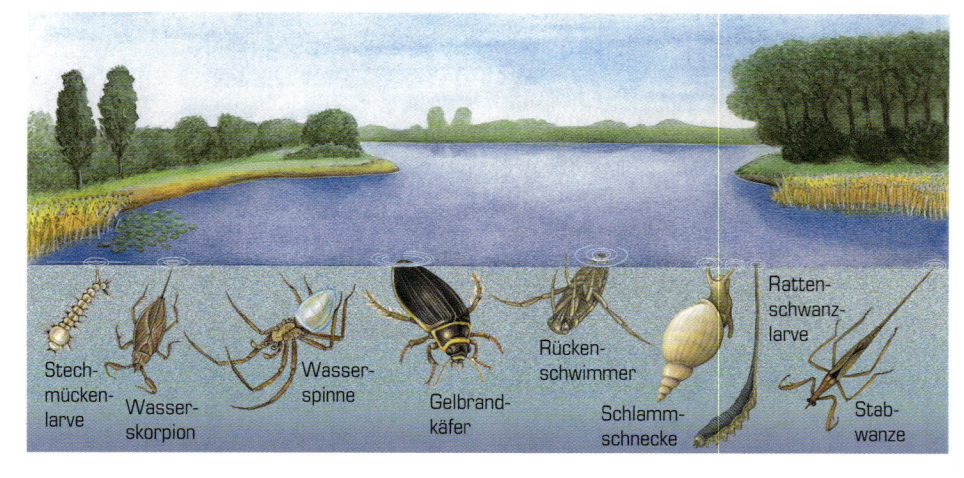

Stechmückenlarve — Wasserskorpion — Wasserspinne — Gelbrandkäfer — Rückenschwimmer — Schlammschnecke — Rattenschwanzlarve — Stabwanze

2 ▸ Beispiele für im Wasser lebende wirbellose Tiere unterschiedlicher Gruppen (tierisches Plankton)

Flohkrebs (bis 20 mm) — Gelbrandkäferlarve — Eintagsfliegenlarve (12 mm) — Hüpferling (bis 3,5 mm) — Stechmückenlarve — Süßwasserpolyp (bis 10 mm) — Köcherfliegenlarve (5–30 mm) — Wasserfloh (bis 2,5 mm) — Kleinlibellenlarve — Wassermilbe (0,8 mm) — Großlibellenlarve

Tierisches Plankton (Abb. 2), zu dem u. a. *Wasserflöhe* und andere *Kleinkrebse* zählen, ist wiederum Nahrungsgrundlage für andere Wassertiere (z. B. Fische, Larven von Insekten).

Bei im Wasser schwebenden Organismen (Plankton) ist die Oberfläche oft durch Zacken oder Fortsätze vergrößert, manche bilden in Gallerte eingebettete Kolonien, oder sie besitzen winzige Gasblasen. Dadurch wird das Absinken im Wasser wesentlich verlangsamt, sie „schweben".

Bei Fischen, Teichmuscheln, Flohkrebsen, Larven von Libellen und Eintagsfliegen z. B. sind **Kiemen** ausgebildet, durch die sie den im Wasser gelösten Sauerstoff aufnehmen.

Wassertiere aber, die durch **Tracheen** (z. B. *Gelbrandkäfer, Wasserspinne* oder *Larven von Stechmücken*) oder durch **Lungen** atmen (z. B. *Schlammschnecke*, Abb. 1), sind auf den Sauerstoff der atmosphärischen Luft angewiesen. Um zum Sauerstoff der Luft zu gelangen, müssen sie in bestimmten Zeitabständen die Atemöffnungen über die Wasseroberfläche heben.

Bei *Stechmückenlarven* und *Stabwanzen* wird dieser Vorgang durch ein Atemrohr als Verlängerung des Tracheenausgangs begünstigt (Abb. 1).

Der See – ein vielgestaltiger Lebensraum

Nahrungsbeziehungen zwischen den Lebewesen eines Sees

Zwischen den Lebewesen (den verschiedenen Arten) in einem See gibt es vielfältige Beziehungen. Von besonderer Bedeutung sind die Beziehungen aufgrund der Nahrung.

Die Organismen eines Sees ernähren sich unterschiedlich. Es gibt **Pflanzenfresser** (z. B. *Kaulquappen*) und **Fleischfresser** (z. B. *Hecht*). Dadurch entstehen **Nahrungsbeziehungen.** Fragt man „Wer frisst wen?", lassen sich diese Beziehungen leicht erkennen.

Einfache Beziehungen dieser Art lassen sich als **Nahrungskette** darstellen. Meist sind aber die Nahrungsbeziehungen sehr viel komplexer, es bilden sich vielfach verflochtene **Nahrungsnetze** heraus (Abb. 1).

Infolge dieser Nahrungsbeziehungen bestehen zwischen den Organismen in einem See vielfältige Abhängigkeiten, durch die ein gewisses **biologisches Gleichgewicht** entsteht. Durch Einsatz von zu vielen Fischen in einen See kann dieses empfindlich gestört werden.

Untersucht man die Nahrungsbeziehungen in einem See näher, zeigt sich, dass ihnen die Beziehungen zwischen **Produzenten, Konsumenten** und **Destruenten** zugrunde liegen (Abb. 2).

Die **Produzenten** bauen organische Stoffe, z. B. Traubenzucker, aus anorganischen Stoffen, z. B. Kohlenstoffdioxid und Wasser, auf. Die **Konsumenten** sind auf diese organischen Stoffe als Nahrung angewiesen. Die **Destruenten** bauen die organischen Stoffe wieder zu anorganischen Stoffen ab. Diese anorganischen Stoffe sind wiederum Ernährungsgrundlage für die Produzenten.

So entsteht auch im See ein **Stoffkreislauf** (Abb. 2).

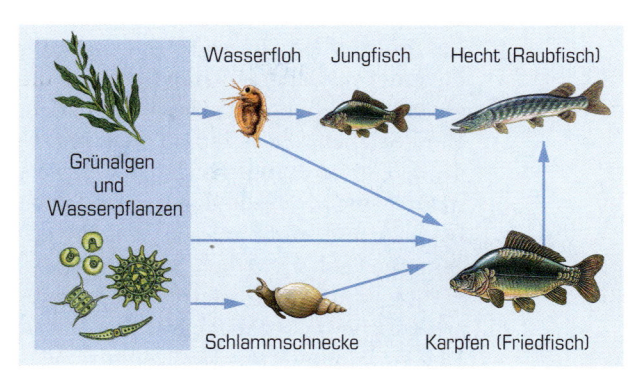

1 ▸ Nahrungsbeziehungen in einem Gewässer

Pflanzen sind auch die entscheidende Voraussetzung für das Leben in einem See oder in anderen Gewässern.

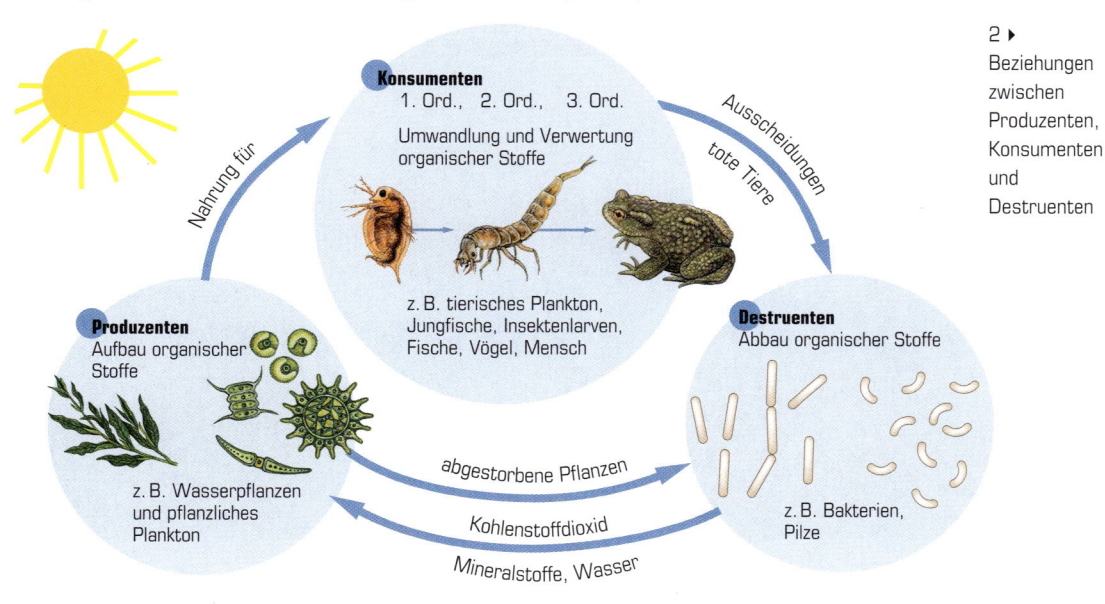

2 ▸ Beziehungen zwischen Produzenten, Konsumenten und Destruenten

Ökologische Einnischung

Ein See wird oft von verschiedenen miteinander verwandten Arten bewohnt, die zudem eine ähnliche Lebensweise haben. Dennoch behindern sie sich nicht gegenseitig oder verdrängen sich gar. Beispiele dafür sind verschiedene Entenarten (Abb. 1) und einheimische Wasserwanzenarten (Abb. 2).

Dies ist möglich, weil ein See unterschiedliche Lebensbedingungen bietet. Die einzelnen Arten besitzen das Vermögen, bestimmte dieser Lebensbedingungen zu nutzen, z. B. aufgrund unterschiedlicher Nahrung, verschiedener Aufenthaltsorte, unterschiedlicher Gestaltung von Organen für Beutefang und Nahrungsaufnahme, verschiedener Fangmethoden, verschiedener Aktivitätszeiten oder verschiedener Bruträume.

> **Ökologische Einnischung ist der Bereich abiotischer und biotischer Faktoren, der die Existenz einer Art in einem Ökosystem ermöglicht und der von dieser Art genutzt wird.**

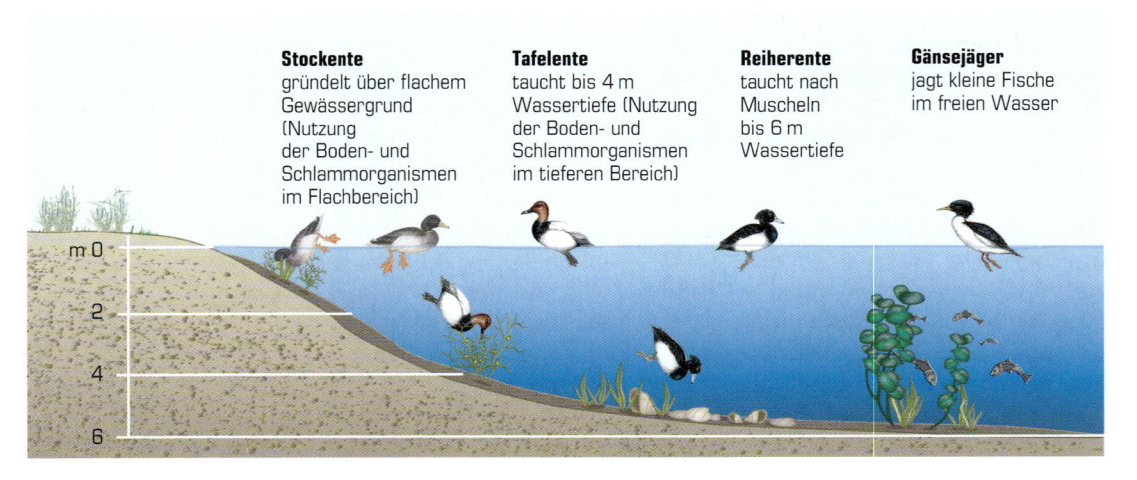

Stockente
gründelt über flachem Gewässergrund (Nutzung der Boden- und Schlammorganismen im Flachbereich)

Tafelente
taucht bis 4 m Wassertiefe (Nutzung der Boden- und Schlammorganismen im tieferen Bereich)

Reiherente
taucht nach Muscheln bis 6 m Wassertiefe

Gänsejäger
jagt kleine Fische im freien Wasser

1 ▸ Ökologische Nischen verschiedener Entenarten

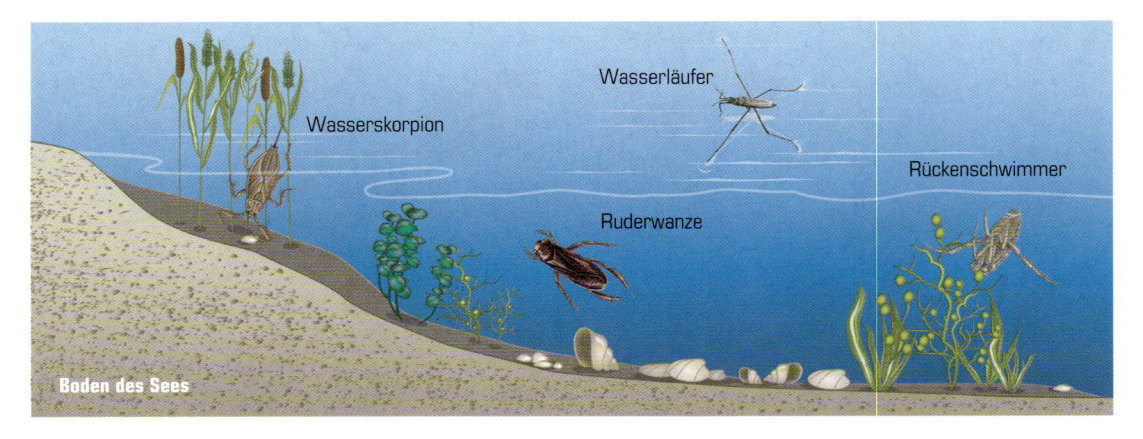

2 ▸ Einnischung einheimischer Wasserwanzen

Der See als Ökosystem

Ein See bildet einen Lebensraum, der durch verschiedene Faktoren bestimmt ist. Dieser Lebensraum wird auch **Biotop** genannt.

In Abhängigkeit von den herrschenden Bedingungen (den abiotischen Faktoren) wird das Biotop von verschiedenen Arten mit jeweils zahlreichen Individuen besiedelt. In ihrer Gesamtheit bilden diese Arten eine Lebensgemeinschaft, auch **Biozönose** genannt. Zwischen Biotop und Biozönose gibt es untrennbare Beziehungen. Beide bilden eine Einheit, die **Ökosystem** heißt (Abb. 1).

Durch die vielfältigen Beziehungen zwischen Biotop und Biozönose ist das Ökosystem sehr empfindlich gegenüber Störungen.

Lebensraum (Biotop)
Lebensstätte der Organismen, ihr Lebensraum
abiotische Faktoren: z. B. Licht, Temperatur, Wind, Boden, Wasser, Schadstoffe

Lebensgemeinschaft (Biozönose)
bestehend aus Algen, Pflanzen, Tieren, Pilzen, Bakterien.
biotische Faktoren: alle Lebewesen und die Beziehungen zwischen ihnen

Ökosystem
Einheit von Biotop und Biozönose und alle Beziehungen zwischen ihnen

1 ▸ Struktur eines Ökosystems

Erschließungsfeld

Erschließungsfeld Zeit

Allen Lebensprozessen liegen lineare (z.B. Abbau der Laubstreu im Laubmischwald) und zyklische Zeitmuster (z.B. jahreszeitliche Aspekte im Laubmischwald) zugrunde. Dabei reicht der Maßstab für biologische Prozesse von Nanosekunden bis zu Jahrmilliarden.

Die Rotation der Erde bedingt einen Tag-und-Nachtzyklus (24 Std.) mit wechselnden Licht- und Temperaturverhältnissen. Die Drehung der Erde um die Sonne ist Ursache für den Jahreszeitenwechsel und den Jahreszyklus (365,25 Tage). Und der Mond nimmt Einfluss auf den Gezeitenzyklus (12,5 Std.) mit Ebbe und Flut.

Durch diese globalen Einflüsse ändern sich auf der Erde viele physikalische Faktoren (z.B. Lichtintensität, Temperatur, Feuchtigkeit, Luftdruck), die wiederum auch biologische Faktoren bedingen (z.B. Fortpflanzungszeit, Vegetationszeit, Nahrungsaufnahme, Tierwanderung).

Auch **Ökosysteme** durchlaufen eine allmähliche Entwicklung. Dieser **Sukzession** liegt ein lineares Zeitmuster – beginnend mit einem Anfangsstadium über verschiedene Folgestadien bis zu einem stabilen Endstadium – zugrunde. Die Aufeinanderfolge der unterschiedlichen Entwicklungsstadien sind das Ergebnis von Wechselwirkungen zwischen sich ändernden Umweltfaktoren und der Zusammensetzung ihrer Lebensgemeinschaften.

Auch ein See verändert sich. Man bezeichnet eine solche meist sehr langsam verlaufende Entwicklung als **Verlandung.**

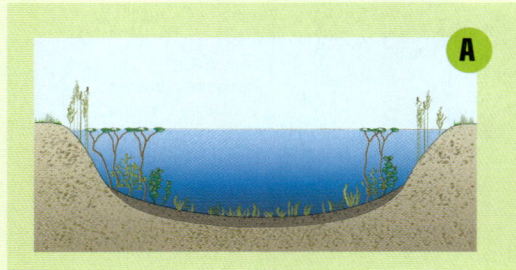

A Der See weist noch die charakteristische Zonierung auf. Lediglich die Tiefenzone existiert nicht mehr, Tiefenalgen bedecken den gesamten Seegrund. Dort hat sich bereits eine Schicht organischer und anorganischer Sedimente aus abgestorbenen Lebewesen und eingeschwemmten Materialien gebildet. Der See zeigt als erste Stufe der Verlandung eine **Verflachung**.

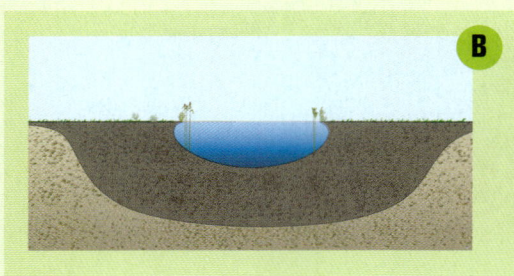

B Vor allem durch weitere Ablagerung von organischer Substanz wächst der See weiter zu. Eine **Verkleinerung** der Wasserfläche ist deutlich feststellbar. Die Pflanzen der Schwimmblattzone, der Röhrichtzone und der Bruchwaldzone dringen zur Gewässermitte vor. Für einige Pflanzenarten bestehen keine Lebensbedingungen mehr, sie sterben ab.

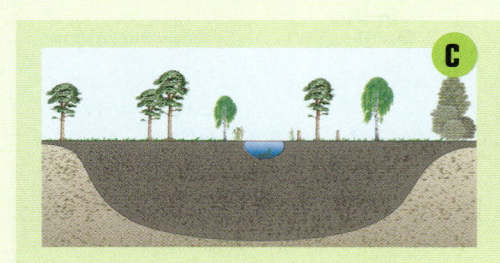

Der See – ein vielgestaltiger Lebensraum | Biologie | 83

Erschließungsfeld

C Vom See ist fast nichts mehr übrig geblieben. Der Bruchwald, bestehend aus Schwarz-Erlen, Birken und Weiden und durchsetzt mit Gräsern, Farnen und Moosen, herrscht vor. Wenn sich Bäume nicht durchsetzen können, entsteht ein **Flachmoor**, aus dem sich bei nährstoffarmem Wasser auch ein **Hochmoor** bilden kann.

1. Stelle ein typisches Nahrungsnetz für einen See/Teich schematisch dar.
2. Charakterisiere mithilfe der unteren Tabelle einen stark verlandeten See.

Umweltfaktoren	Allgemeine Charakteristik
Sauerstoffgehalt in der Nährschicht	
Sauerstoffgehalt in der Zehrschicht	
Kohlenstoffdioxidgehalt in der Nährschicht	
Kohlenstoffdioxidgehalt in der Zehrschicht	
Sediment am Gewässerboden	

3. Nenne und begründe Maßnahmen, die der Verlandung entgegenwirken.

Auch in **Waldökosystemen** kann man Veränderungen beobachten. Nach einem ausgedehnten Waldbrand oder einem Kahlschlag beginnt mit der allmählichen Wiederbesiedlung des Waldbodens eine Sukzession (Abb.1).

1 ▸ Entwicklungsstadien nach einem Kahlschlag im Wald

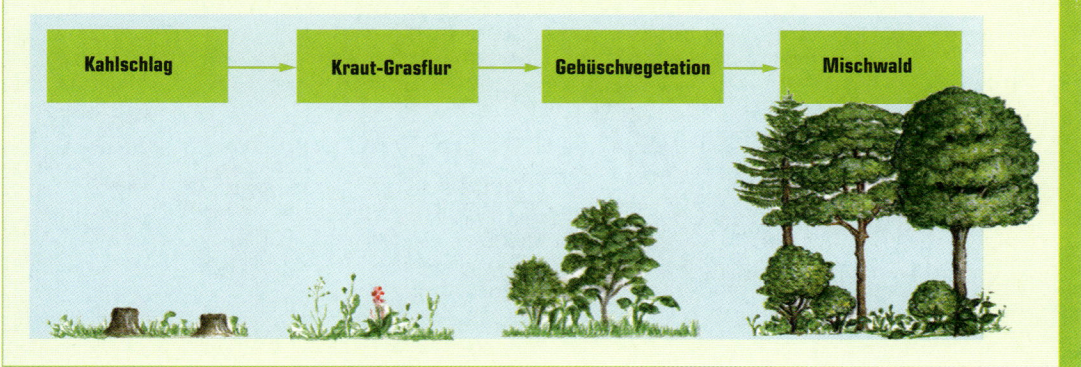

Kahlschlag → Kraut-Grasflur → Gebüschvegetation → Mischwald

Erschließungsfeld

Untersuchung von Umweltfaktoren in der Kraut-Grasflur und der Gebüschvegetation

Umweltfaktoren	Kraut-Grasflur	Gebüschvegetation
Ausgebildete Schichten	Krautschicht (K)	Kraut (K)- und Strauchschicht (S)
Pflanzenarten	K = 21	K = 22; S = 9
Bodenbedeckung	40 %	70 %
Tierarten	123	169
Lichtintensität am Boden in relativen Einheiten	7,3	6,8
Temperatur am Boden in relativen Einheiten	5,5	5,9
Luftfeuchtigkeit am Boden in relativen Einheiten	3,3	3,7

4. Ziehe aus den Untersuchungsergebnissen Schlussfolgerungen zu allgemeinen Entwicklungstendenzen bei der Sukzession von Landökosystemen und erkläre die Veränderungen.

Die Abfolge zyklischer (z. B. jahreszeitlich wiederkehrender) Veränderungen von Ökosystemen stellen keine Sukzession dar.

5. Erkläre anhand der Abbildungen den Abbau der Streuschicht im Laubmischwald als linearen zeitlichen Prozess. Nenne Faktoren, die die Intensität und den zeitlichen Verlauf der Laubstreuzersetzung bestimmen.
6. Begründe, dass der Abbau einen wesentlichen Teilprozess im zyklischen Gesamtprozess des globalen Stoffkreislaufs darstellt.

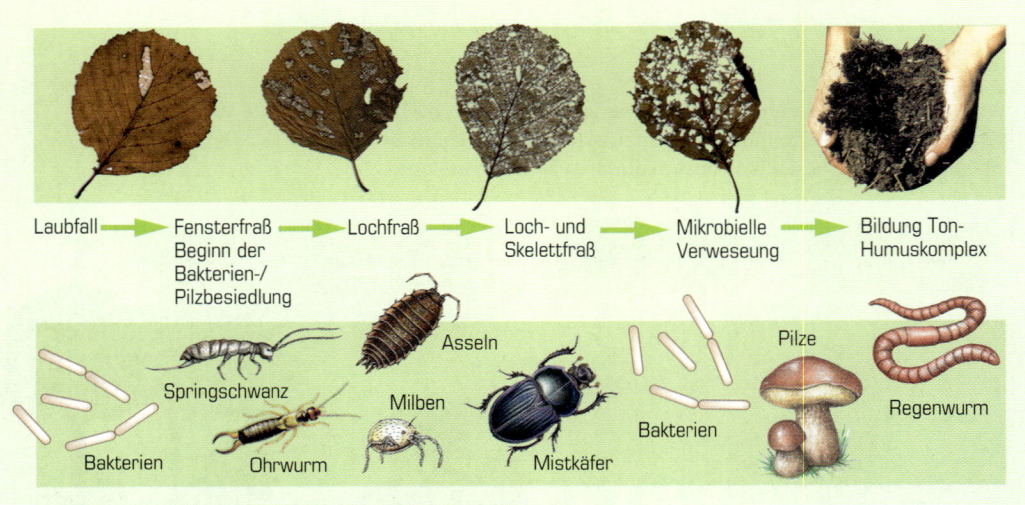

Laubfall → Fensterfraß Beginn der Bakterien-/Pilzbesiedlung → Lochfraß → Loch- und Skelettfraß → Mikrobielle Verwesung → Bildung Ton-Humuskomplex

Springschwanz, Bakterien, Ohrwurm, Asseln, Milben, Mistkäfer, Bakterien, Pilze, Regenwurm

Tiere, die an der Zersetzung des Laubes im Wald beteiligt sind.

Erschließungsfeld

1 ▶ Laubschicht eines Waldes, die im Laufe der Zeit von den Bodenorganismen zersetzt wird.

In unseren Breiten ist die **Hauptvegetationszeit** in den Monaten Mai bis September. Eine Ausnahme dabei sind die Pflanzen der Krautschicht (Frühblüher) eines Laubmischwalds.

7. Stelle mithilfe der Zahlenwerte aus der Tabelle den jahreszeitlichen Verlauf der Lichtintensität am Boden und der Lufttemperatur am Boden in Abhängigkeit von der Zeit grafisch dar.
8. Interpretiere die Kurvenverläufe und ziehe eine Schlussfolgerung in Bezug auf die Vegetationszeit in der Krautschicht eines Laubmischwalds.

	Monat											
	1	2	3	4	5	6	7	8	9	10	11	12
Durchschnittliche Lichtintensität in %	54	53	54	33	8	6	9	6	7	14	32	50
Durchschnittliche Lufttemperatur in °C	−3	−4	+2	+9	+11	+12	+13	+16	+12	+5	+3	−2

9. Erstelle mithilfe geeigneter Bestimmungsliteratur Steckbriefe zu einheimischen Frühblühern. Beachte dabei vor allem die Schwerpunkte Überwinterungsform, Wuchshöhe, Fruchtform und Verbreitung der Samen sowie Standort.

Zusammenfassung:
Alle Lebensprozesse, Lebewesen und Lebensräume unterliegen zeitlichen Veränderungen. Die zugrunde liegenden Zeitmuster können linearen oder zyklischen Charakter haben und vollziehen sich im Bereich von Nanosekunden bis zu Jahrmilliarden.

Das Erschließungsfeld Zeit beschreibt das Phänomen, dass alle Lebensprozesse in zeitlichen Dimensionen ablaufen und zeitlichen Veränderungen unterliegen.

Projekt

Erkundung eines Sees

Seen sind Lebensraum für viele Organismen. Dieser Lebensraum weist z. B. gegenüber einem Wald viele Besonderheiten auf. Sie zu erkunden ist sehr wichtig.

Für die Beurteilung eines Sees ist dessen **Umfeld** von großer Bedeutung, weil vom Umfeld viele Einflüsse auf einen See ausgehen (z. B. Eintrag von Schadstoffen). Viele Gewässer sind umgeben von landwirtschaftlichen Nutzflächen, von Wäldern oder liegen als Dorfteich inmitten eines Dorfes.

1 ▸ Miesmuschel

2 ▸ Plötze

3 ▸ Hecht

1. *Erkundet das Umfeld eines ausgewählten Sees und tragt die Ergebnisse in eine Skizze ein.*
   Beachtet dabei folgende Gesichtspunkte:
   - *Gibt es Zu- oder Abflüsse?*
   - *Ist der See von landwirtschaftlichen Nutzflächen (z. B. Feldern, Grünland) oder Wald umgeben?*
   - *Liegen Siedlungen, Betriebe in der Nähe des Sees?*
   - *Sind Gefahren für den See erkennbar?*

Seen und Teiche weisen meist eine gut erkennbare Zonierung (Gliederung) auf (Abb. 1, S. 68). Sie kann in Abhängigkeit vom Seetyp unterschiedlich sein. Die einzelnen Zonen bieten für Organismen jeweils unterschiedliche Lebensbedingungen.

2. *Versucht von einer geeigneten Stelle am Ufer aus einige der Zonen zu erkennen. Fertigt eine eigene Skizze an und beschriftet sie.*

Die Lebensbedingungen in einem See werden durch die vorhandenen abiotischen Umweltfaktoren (Licht, Temperatur, Sauerstoffgehalt, pH-Wert des Wassers, Belastung mit Schadstoffen) weitgehend mitbestimmt. Über den **Grad der Verschmutzung** des Wassers von Gewässern geben einfache Untersuchungen einen gewissen Aufschluss.

Tipp:
Nutzt für die Untersuchungen die Anleitungen auf Seite 72.

3. *Ermittelt folgende Faktoren eines Sees:*
   - *Trübung (Qualität), Farbe und Geruch von Wasser*
   - *pH-Wert von Wasserproben und Sichttiefe des Sees*

4. *Schätzt die Qualität des Wassers des ausgewählten Sees ein.*
   Unterbreitet Vorschläge, welche Maßnahmen zur Qualitätsverbesserung geeignet wären.
   Sprecht darüber u. a. auch mit den verantwortlichen Mitarbeitern aus dem Amt für Umweltschutz eures Ortes.

gewusst · gekonnt

1. Wasser ist charakteristisch für unsere Erde. Erläutere, welche Bedeutung das Wasser für die Existenz von Lebewesen (und für das Leben der Menschen) hat.

2. Süßwasser ist ein kostbares Gut. Begründe diese Aussage.

3. Das abgebildete Gewässer ist in den Kreislauf des Wassers „eingebunden". Übernimm die Zeichnung und vervollständige sie so, dass der Kreislauf des Wassers erkennbar wird. Erläutere den Wasserkreislauf.

4. Richte zu Hause oder im Biologieraum ein Aquarium ein. Warum nennt man es „See im Glas"?

5. Wähle ein stehendes Gewässer in deiner Umgebung aus. Erkunde es. Ermittle u. a.
   - Besonderheiten der Zonierung,
   - Zu- und Abflüsse,
   - Bebauung und
   - wirtschaftliche Nutzung des Umfelds.

   Fertige eine Skizze dazu an und trage alle Beobachtungen ein.
   Stelle erste Vermutungen über mögliche durch den Menschen bedingte Belastungen des Gewässers an, das du erkundet hast.

6. Fertige eine Übersicht über Lebensbedingungen an, die für Lebewesen, die im Wasser leben, besonders wichtig sind.

7. Entnimm die pH-Werte von unbelastetem und belastetem Regenwasser aus der Abbildung. Bewerte beide Regenarten hinsichtlich ihrer Schadenswirkung.

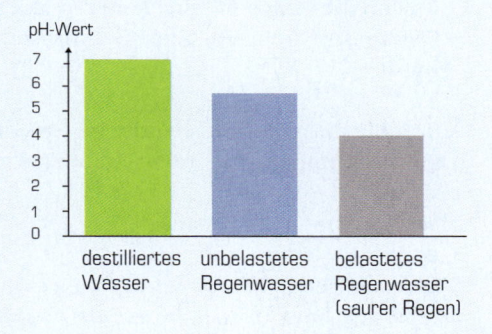

8. In Laborversuchen an *Wasserlinsen* ist es möglich, sich ein Bild von der Wirkung der Schadstoffe auf Organismen zu machen. Prüfe durch ein Experiment die Wirkung von Geschirrspülmitteln auf die Vermehrung von Wasserlinsen.

9. Werden in Oberflächengewässer oder in das Grundwasser unkontrolliert Stoffe eingeschwemmt, so wird das Gewässer als Lebensraum für Organismen gefährdet. Fertige dazu eine Tabelle mit Herkunft und Auswirkungen von Schadstoffen an.

10. Ermittle chemische Stoffe, die im Haushalt und im Garten eingesetzt werden. Prüfe, welche Gefahren von diesen Stoffen ausgehen können. Fertige eine Übersicht an.

11. Wie in allen anderen Bundesländern gibt es auch im Freistaat Sachsen ein flächendeckendes gewässerkundliches Messnetz, das die chemisch-physikalische und biologische Gewässerüberwachung sichert. Setze dich mit dem Leiter einer Messstelle in Verbindung, ermittle die Aufgabenstellung und wesentliche Ergebnisse der Messtätigkeit.

gewusst · gekonnt

12. Ein See ist Lebensstätte für zahlreiche Organismen.
Welche Möglichkeiten gibt es, um die vorkommenden Arten zu ermitteln?
Beschreibe einige Möglichkeiten und erläutere, mit welchem Ziel sie eingesetzt werden.

13. Ermittle die Arten, die an oder im Gewässer vorkommen und unter Naturschutz stehen.
Fertige eine Übersicht an.

14. Ordne folgende Pflanzen den Zonen eines Sees zu: *Froschbiss, Wasserlinse, Schilf, Wasserpest, Wasser-Knöterich, Laichkraut, Seerose, Armleuchteralgen, Segge, Erle, Tausendblatt, Binse, Plankton.*

15. Schabe von Stängelteilen des Schilfs und einer Binse die Beläge ab und gib sie gesondert in Schälchen.
Bestimme die Organismen mithilfe von Lupe und Mikroskop sowie anhand von Abbildungen.

16. Pflanzen der Schwimmblattzone sind in spezifischer Weise an die hier herrschenden Lebensbedingungen angepasst.
Begründe dies am Beispiel der Weißen Seerose und des Schilfs.

17. Vom Wortstamm Aqua sind Begriffe wie Aqua destillata, Aquädukt und Aquaplaning abgeleitet. Man spricht auch vom See als aquatischem Lebensraum.
a) Bestimme die Begriffsinhalte.
b) Fertige eine tabellarische Übersicht über aquatische Lebensräume an.
Schreibe in den Tabellenkopf:
Name des Lebensraums, Beispiele, Art des Wassers, Besonderheiten, typische Organismen.

18. In einem See bestehen vielfältige Nahrungsbeziehungen.
Stelle mit dir bekannten Organismen einige Nahrungsketten und -netze auf.
Wer frisst wen? Begründe deine aufgestellte Nahrungskette.
Kennzeichne die Nahrungsbeziehungen durch Pfeile.

19. Du hast eine Reihe von Arten kennengelernt, die im Freiwasser leben.
Entwickle unter Berücksichtigung dieser Arten Beispiele für Nahrungsketten bzw. Nahrungsnetze.
Welche Arten sind als Endkonsumenten anzusehen?

20. Wähle einen See aus deinem Umfeld aus und beobachte ihn genau.
a) Notiere alle Anzeichen, die auf Verlandung hindeuten. Erkläre, wie der Prozess der Verlandung zustande kommt.
b) Gäbe es Möglichkeiten, diesen Prozess aufzuhalten bzw. zu verlangsamen?

21. Erläutere den Begriff „ökologische Einnischung" an einem Beispiel.

22. Warum können verschiedene Vogelarten die Uferzone eines Sees zum Brüten nutzen? Werte dazu die Abbildung aus.

23. Erkläre die Begriffe Produzenten, Konsumenten, Destruenten. Nenne Beispiele.

24. Einen See fassen wir als Ökosystem auf. Definiere den Begriff „Ökosystem".

Der See – ein vielgestaltiger Lebensraum **Biologie** 89

Das Wichtigste auf einen Blick

Besonderheiten des Wassers

Wasser mit seinen Eigenschaften (z. B. Dichteanomalie) ist kennzeichnendes Merkmal eines Sees. Es ist in den **Kreislauf des Wassers** eingebunden.

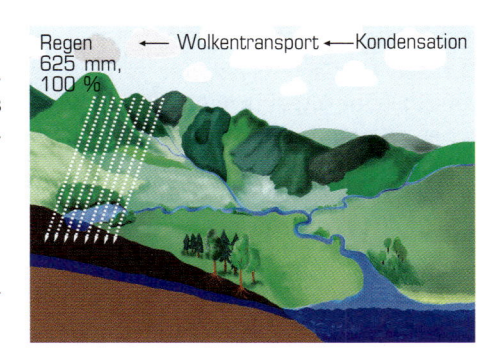

Zonierung eines Sees

Ein See umfasst meist mehrere verschiedene Lebensräume (Zonierung).

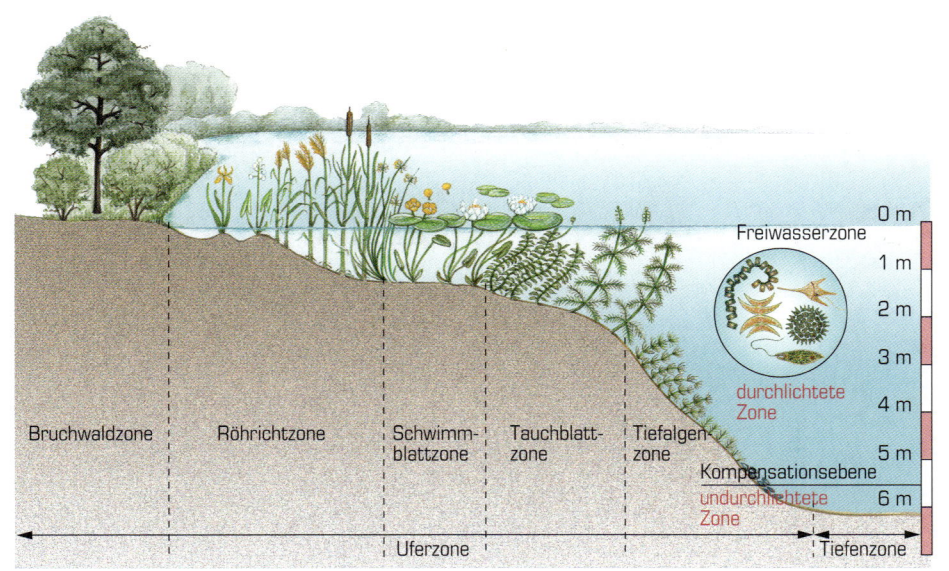

Regen 625 mm, 100 % ← Wolkentransport ← Kondensation

Zonen (von Ufer zur Tiefe):
- Bruchwaldzone
- Röhrichtzone
- Schwimmblattzone
- Tauchblattzone
- Tiefalgenzone

Uferzone | Tiefenzone

Freiwasserzone (0 m – 6 m)
- durchlichtete Zone
- Kompensationsebene
- undurchlichtete Zone

Lebensbedingungen im See

Die **Lebensbedingungen** in einem See werden durch verschiedene abiotische (nicht lebende) Faktoren bestimmt.

Diese Faktoren müssen ständig untersucht werden, um den Zustand eine Sees einschätzen zu können.

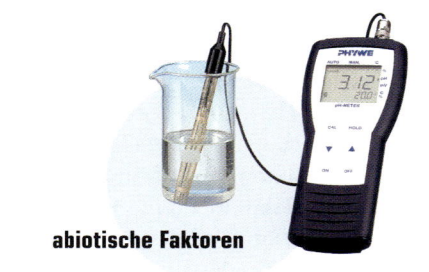

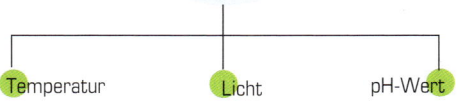

abiotische Faktoren
- Temperatur
- Licht
- pH-Wert

Das Wichtigste auf einen Blick

Biozönosen des Sees

Ein See ist Lebensstätte für zahlreiche verschiedene Organismen (Arten, Biozönosen). Sie sind an die hier herrschenden Lebensbedingungen angepasst (u. a. Kiemenatmung, Luftkanäle in den Stängeln z. B. der Weißen Seerose).

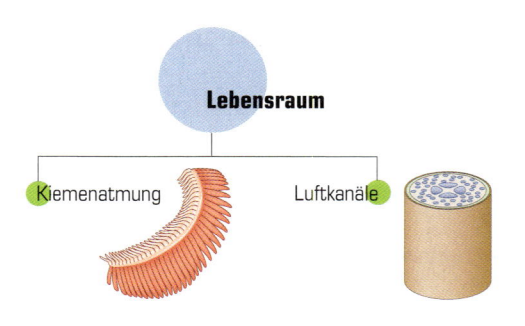

Lebensraum

Kiemenatmung — Luftkanäle

Nahrungsbeziehungen

Die Lebewesen sind u. a. aufgrund ihrer Nahrung verbunden. Sie sind Ausdruck der Beziehung zwischen Produzenten, Konsumenten und Destruenten.

Ökologische Einnischung

Das ist der Bereich aller abiotischen und biotischen Faktoren, der die Existenz einer Organismenart in einem Ökosystem ermöglicht und der von ihr genutzt wird.

Algen → Wasserfloh → Jungfisch → Hecht (Raubfisch)

See als Ökosystem

Die Lebensbedingungen, das **Biotop** und die dieses Biotop besiedelnden Arten, die **Biozönosen,** bilden eine Einheit, die **Ökosystem** genannt wird.
Ökosysteme verändern sich über mehr oder weniger lange Zeiträume auf natürliche Weise – **Sukzession.** Ein See z. B. **verlandet.**

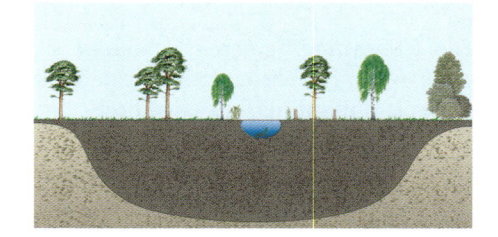

2.2 Wechselwirkungen zwischen den verschiedenen Faktoren in einem See

Wesentliche Faktoren in einem See ▸▸ Dazu zählen nicht nur abiotische Faktoren wie z. B. Temperatur, Sauerstoffgehalt des Wassers, sondern auch die zahlreichen im See lebenden Organismen, die biotischen Faktoren. Zudem gelangen ständig Stoffe und Energie von außen in einen See, es werden aber auch fortwährend Stoffe und Energie an die Umwelt abgegeben. Ein See ist also ein offenes System.

Die Faktoren existieren nicht unabhängig voneinander ▸▸ Jeder hat schon beobachtet, dass sich das Wasser bei starker Sonneneinstrahlung rasch erwärmt. Zum Winter hin nimmt die Wassertemperatur infolge geringerer Sonneneinstrahlung wieder ab. Das Wasser gefriert sogar (Abb.). Es bestehen also auch zwischen den anderen Faktoren in einem See vielfältige Abhängigkeiten und Wechselwirkungen.

Wechselwirkungen zwischen abiotischen Faktoren

Die Wechselwirkungen zwischen den verschiedenen **abiotischen Faktoren** sind vielfältig und teilweise sehr komplex (Abb. 1).

Ein eindrucksvolles Beispiel ist die Wechselwirkung zwischen der *Temperatur* des Wassers und dessen *Sauerstoffgehalt*. Beide Faktoren sind für die meisten Organismen, auch für im Wasser lebende, wesentliche Existenzbedingung.

Untersuchungen ergaben (s. S. 69), dass die Menge des im Wasser gelösten Sauerstoffs direkt von der Temperatur des Wassers abhängt.

Je kälter das Wasser ist, desto mehr Sauerstoff ist darin gelöst. Umgekehrt ist der Sauerstoffgehalt gering, wenn das Wasser sehr warm ist. Wenn der Sauerstoffgehalt des Wassers in einem See ohnehin schon gering ist, kann es an heißen Tagen bei weiterer Erwärmung des Wassers (Sonneneinstrahlung) und damit weiterem Absinken des Sauerstoffgehalts zu einem Fischsterben kommen.

Weiteren Einfluss auf die Temperatur des Wassers hat auch die *Luftbewegung* und damit der Grad der Durchmischung des Wassers.

> Zwischen den abiotischen Faktoren (z. B. zwischen der Temperatur des Wassers und des Sauerstoffgehalts) gibt es direkte Wechselwirkungen.

Die abiotischen Faktoren eines Sees werden auch *durch die darin lebenden Organismen beeinflusst*.

So kommt es z. B. bei intensivem Abbau organischer Stoffe durch Bakterien (u. a. abgestorbener Lebewesen, der Einleitung ungereinigter Abwässer, die viel organische Stoffe enthalten) zu hohem Sauerstoffverbrauch und sogar zu Sauerstoffmangel. Dies kann die Atmung der Fische behindern. Infolge der vielfältigen Wechselwirkungen zwischen den abiotischen Faktoren sind die Lebensbedingungen in einem See ständiger Veränderung unterworfen (vgl. Eutrophierung).

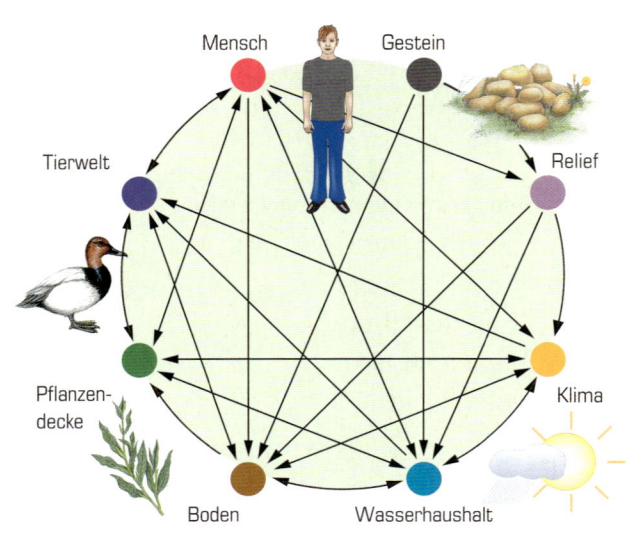

1 ▶ Beziehungsgefüge zwischen Faktoren in einem Ökosystem

Artenreichtum — viel Sauerstoff — wenig Bakterien — Kies, Sand
1 ▶ Klarwassersee – nährstoffarm

Blaualgen in Massen — Sauerstoffübersättigung an der Oberfläche — viel Bakterien — Sauerstoffmangel in der Tiefe — Artenarmut — Faulschwamm
2 ▶ Verschmutzter See – nährstoffreich

Eutrophierung eines Sees

Darunter wird der Übergang von einem nährstoffarmen Gewässer zu einem Gewässer, das vor allem reich an Stickstoffverbindungen und Phosphaten ist, verstanden.

Stickstoffverbindungen und Phosphate sind wichtige Nährstoffe für Pflanzen und für Algen. Diese Stoffe werden durch Destruenten (u. a. Bakterien, Pilze, Einzeller) aus abgestorbenen organischen Stoffen (Bakterien, Algen, Pflanzen, Tieren) unter Sauerstoffverbrauch freigesetzt und stehen dann den Algen und Pflanzen als Nahrung zur Verfügung.

Werden mehr Phosphate bzw. Stickstoffverbindungen aus organischen Stoffen freigesetzt bzw. zusätzlich eingeleitet (z. B. durch Auswaschung von Düngemitteln) als verbraucht werden, kommt es zu einer Anreicherung dieser Stoffe (Eutrophierung).

Das Überangebot an Stickstoffverbindungen und Phosphaten führt zu einer außerordentlich raschen Vermehrung von Grünalgen („Algenblüte", Abb. 2, S. 94) und Pflanzen. Dichte Algenmassen führen zu einer Verschlechterung der Lichtverhältnisse (Sichttiefe oft unter 0,50 m, bei Klarwasserseen bis zu 10 m).

Sterben die Algen ab, bilden die organischen Stoffe der abgestorbenen Algen ideale Lebensbedingungen für Bakterien und andere Destruenten, die sich rasch vermehren. Sie bauen die organischen Stoffe ab, wobei große Mengen an Stickstoffverbindungen und Phosphaten freigesetzt werden und viel Sauerstoff verbraucht wird. Es tritt oft Sauerstoffmangel ein, der zum Fischsterben führt. Die freigesetzten Stickstoff- und Phosphatverbindungen fördern wiederum die Algenentwicklung.

Es entsteht so ein schwer zu durchbrechender **Teufelskreis: erhöhtes Nährstoffangebot – Algenentwicklung – Absterben der Algen, Abbau unter hohem Sauerstoffverbrauch und Nährstofffreisetzung – erneute Algenentwicklung.**

Sinkt der Sauerstoffgehalt unter ein bestimmtes Maß, hört der Abbau organischer Stoffe durch Bakterien auf, die Sauerstoff benötigen. Das bedeutet, dass das natürliche Vermögen eines Gewässers zur Selbstreinigung nicht mehr gegeben ist. Die Stabilität dieses Gewässers ist damit gefährdet.

Es entwickeln sich andere Bakterien, die ohne Sauerstoff leben können. Sie bewirken Fäulnis. Schließlich kommt es zur Bildung von Ammoniak, Schwefelwasserstoff und Methan. Diese Giftstoffe bewirken belästigende Gerüche und führen zum Tod der meisten Organismen. Ein See „kippt" um (Abb. 2).

3 ▶ Grünalgen (Auswahl)

Wechselwirkungen zwischen abiotischen und biotischen Faktoren

Alle Lebewesen können nur dort existieren, wo die abiotischen Faktoren ihren Ansprüchen entsprechen. Auch die in einem See lebenden Organismen sind von den jeweiligen abiotischen Faktoren abhängig.

Allerdings ist das oft in einem See nicht so gut zu beobachten wie bei Organismen, die auf dem Land leben.

Einfluss des Lichts auf Organismen

Licht ist für alle Algen und Pflanzen sowie einige Bakterien Voraussetzung (Bedingung) für die *Fotosynthese* und damit die Energiequelle für nahezu alle anderen Lebewesen. Aber auch Tiere werden vom Licht beeinflusst.

In einem See sterben insbesondere Unterwasserpflanzen (z. B. *Algen, Laichkräuter,* Abb. 1 u. 2) rasch ab, wenn Licht nicht bis zu ihnen durchdringt.

Das ist z. B. bei stark verschmutzten Seen der Fall. In solchen Seen ist die Lichtdurchlässigkeit des Wassers und somit die **Sichttiefe** gering. Als Faustregel gilt, je geringer die Sichttiefe, desto verschmutzter der See.

Eine Ursache für die geringe Sichttiefe liegt u. a. in der massenhaften Vermehrung von pflanzlichem Plankton (Abb. 3) als Folge des Eintrags von anorganischen Schwebstoffen.

Es ist deshalb wichtig, jede Verschmutzung von Seen durch menschliche Tätigkeit zu vermeiden.

1 ▶ Krauses Laichkraut

2 ▶ Algenblüte

3 ▶ Durch massenhafte Vermehrung der Algen, u. a. durch hohe Temperaturen, ist die Sichttiefe des Wasser stark eingeschränkt.

Einfluss des Lichts auf Landpflanzen

Bei Landpflanzen ist der Einfluss des Lichts offensichtlicher. Bei Pflanzen kann man z. B. Sonnen- und Schattenpflanzen unterscheiden.
Sonnenpflanzen (z. B. *Königskerze, Thymian*) gedeihen bei hoher Lichtintensität am besten. **Schattenpflanzen** (z. B. *Kleines Springkraut*) kommen mit weniger Licht aus und können sogar absterben, wenn sie längere Zeit intensiver Lichteinwirkung ausgesetzt sind. Bei beiden sind auch die Laubblätter als wichtige Organe der Bildung organischer körpereigener Stoffe unterschiedlich ausgebildet (Abb. 1 bis 4). Sonnenblätter sind meist klein, relativ dick und derb. Das Palisadengewebe ist meist mehrschichtig. Schattenblätter sind meist größer, dünn und zart. Das Palisadengewebe ist meist einschichtig.

Bei den meisten ortsfesten Pflanzen ist Licht auch der Reiz für die Auslösung von Wachstumsbewegungen (z. B. Hinwenden der Pflanzen zum Licht). Das Blühen von Pflanzen ist ebenfalls vom Licht abhängig.
Licht steht an sich genügend zur Verfügung. In einem Buchenwald z. B. weist die Lichtintensität in Bodennähe im Jahresverlauf jedoch erhebliche Unterschiede auf. Sie ist im März und April am höchsten (keine Beschattung durch das Laubdach).
Dadurch sind für die Frühblüher (z. B. *Busch-Windröschen*) günstige Bedingungen gegeben. Sie treiben rasch aus, blühen und bilden Reservestoffe, die z. B. in Zwiebeln oder Erdsprossen (Rhizomen) eingelagert werden und im nächsten Frühjahr wieder für das Wachstum und die Entwicklung zur Verfügung stehen. So sind diese Arten an wechselnde Lichtintensität angepasst (vgl. Erschließungsfeld Zeit, S. 82).
Für Pflanzen ist der Lichtfaktor lebensnotwendig. Pflanzen sind als Sonnen- und Schattenpflanzen bzw. mit Sonnen- und Schattenblättern an die Lichtverhältnisse angepasst.

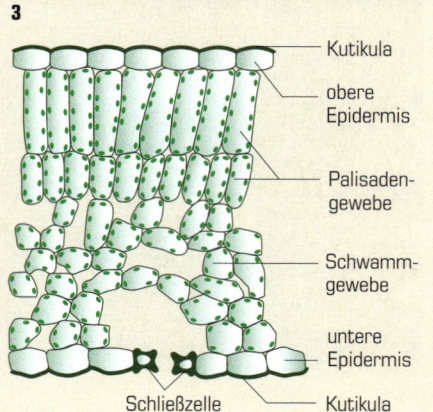

1 ▸ Blatt der Königskerze

2 ▸ Blatt des Kleinen Springkrauts

3 ▸ Sonnenblatt

4 ▸ Schattenblatt

Einfluss des Lichts auf Landtiere

Der Wechsel von Licht und Dunkelheit, von Tag und Nacht bewirkt bei Tieren gut beobachtbare Aktivitäten im Verhalten.

In der Dämmerung ist beispielsweise das Schwärmen von Mücken auffällig. *Fledermäuse* (Abb. 3) fliegen zwischen den Baumwipfeln.

In der Nacht jagen *Eulen* (Abb. 2), Igel und Dachse ihre Beute. *Waldmäuse* suchen in den Nachtstunden ihre Nahrung. *Regenwürmer* kriechen auf der Erdoberfläche.

Tagsüber sind die Sing- und Greifvögel (Abb. 1) aktiv. *Eidechsen* huschen zwischen Gesteinen, und in der Luft schwirren *Käfer*, *Libellen* (Abb. 2) und *Fliegen*.

Entsprechend ihren Aktivitäten lassen sich tagaktive, nachtaktive und dämmerungsaktive Tiere unterscheiden.

Vom Licht beeinflusst wird auch der morgendliche Sangesbeginn der Vögel. Jede Art hat eine bestimmte Helligkeitsstufe, bei der sie munter wird und zu singen beginnt.

„Frühaufsteher" bei den Singvögeln sind der *Gartenrotschwanz*, das *Rotkehlchen* und die *Amsel*. „Langschläfer" sind *Haussperling* und *Star*.

Der abiotische Faktor Licht beeinflusst die Tag- und Nachtaktivität sowie das Verhalten der Tiere.

1 ▸ Eisvogel – tagaktives Tier

3 ▸ Fledermaus – dämmerungsaktives Tier

2 ▸ Großer Blaupfeil (Libelle) – tagaktives Tier

4 ▸ Eule – nachtaktives Tier

Wechselwirkungen zwischen den verschiedenen Faktoren in einem See

Biologie 97

1 ▸ Wasserlinsen sind nur im Sommer in großer Anzahl auf den Gewässern zu finden.

2 ▸ Im Winter sterben die oberirdischen Teile des Schilfs ab.

Einfluss der Temperatur auf Organismen

Die Temperatur beeinflusst nahezu alle Lebensprozesse, z. B. die Keimung, das Wachstum und die Entwicklung.

Alle Lebewesen sind aus vielen verschiedenen Stoffen (z. B. Eiweißen) aufgebaut. Eiweiß z. B. gerinnt ab einer bestimmten Temperatur. Dadurch werden die Lebensprozesse gestört bzw. können nicht mehr ablaufen. Das Lebewesen stirbt.

Der Temperaturbereich, in dem Leben möglich ist, liegt im Allgemeinen zwischen einigen Minusgraden und etwa +45 °C. Besondere Anpassungen an den Temperaturfaktor ermöglichen Leben weit über diesen Temperaturbereich hinaus. Beispielsweise kommen Bakterien in +80 °C heißen Quellen vor, und Nadelbäume können im nördlichen Nadelwald bei Temperaturen bis etwa –70 °C überleben, sie sind frostresistent.

In einem See ist die Wassertemperatur entscheidend für die dort lebenden Organismen.

Bei sinkender Wassertemperatur zum Gefrierpunkt hin sterben z. B. die über der Wasseroberfläche befindlichen Teile der Pflanzen ab, z. B. Blätter der *Seerosen* und *Schilf*. Letztgenannte Pflanzen haben Rhizome (Wurzelstöcke), die sich im Schlamm befinden und das Überwintern sichern (s. S. 75). Andere Wasserpflanzen überdauern niedrige Temperaturen durch Samen, z. B. Wasserlinsen (Abb. 1 u. 3).

Viele Wassertiere finden Schutz vor der Kälte im Schlamm.

> **Die Temperatur beeinflusst nahezu alle Lebensprozesse sowohl der im Wasser als auch der auf dem Land lebenden Organismen. So sterben z. B. Teile von Wasserpflanzen ab, wenn die Temperatur auf nahe 0 °C fällt.**

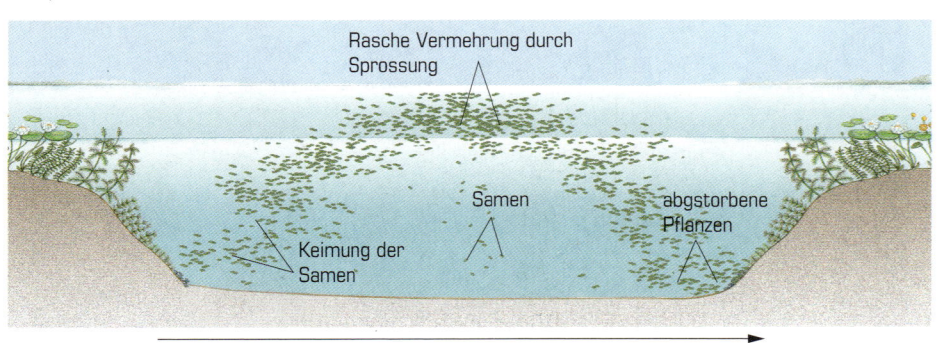

3 ▸ Jahreszyklus von Wasserlinsen

Rasche Vermehrung durch Sprossung — Samen — abgestorbene Pflanzen — Keimung der Samen

Winter — Frühjahr — Sommer — Herbst — Winter

Einfluss der Temperatur auf Landpflanzen und Landtiere

Bei **Landpflanzen** und **-tieren** ist die Abhängigkeit von der Temperatur gut zu beobachten.

Augenfällig ist der Einfluss der Temperatur auf die **Keimung von Samen** zahlreicher Samenpflanzen. Viele keimen nur, wenn eine bestimmte Temperatur gegeben ist (Tab.).

Frühblüher, z.B. das *Busch-Windröschen,* überwintern nur mithilfe im Erdboden liegender Erneuerungsknospen wie Knollen, Zwiebeln und Wurzelstöcke (Abb.). Bei einer bestimmten Temperatur beginnen diese auszutreiben und zu blühen.

Optimale Keimtemperaturen der Samen einiger Samenpflanzen	
Blumenkohl, Löwenzahn, Hanf, Tabak, Tomate, Petersilie, Spargel	+20 bis 30 °C
Hafer, Kornblume, Roggen, Weizen	+15 °C
Rettich, Lupine, Erbse, Karotte, Zwiebel	+20 °C
Mais	+25 °C
Bohne (Pferdebohne)	+20 bis 30 °C

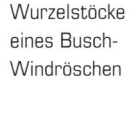

1 ▸ Wurzelstöcke eines Busch-Windröschen

2 ▸ Busch-Windröschen

1 ▶ Ist es kühl, steht der Maikäfer regungslos auf dem Blatt.

2 ▶ Siebenschläfer im Winterschlaf

Die Temperatur beeinflusst das Verhalten vieler **Tiere**. Bei Sonnenschein sonnen sich Schmetterlinge auf Laubblättern. Ist es kühl, kann man z. B. bei *Maikäfern* langsamere Bewegungsabläufe und unkoordinierte Bewegungen beobachten (Abb. 1).
Auch bei anderen **wechselwarmen Tieren** ist die Körpertemperatur weitgehend von der Umgebungstemperatur abhängig. Viele müssen deshalb die kalte Jahreszeit in frostfreien Verstecken in **Winterstarre** (Kältestarre) überdauern. Dabei ist ihr Stoffwechsel stark herabgesetzt und die Körpertemperatur niedrig. In diesem Zustand sind wechselwarme Tiere bewegungsunfähig. Mit steigender Umgebungstemperatur steigt auch die Körpertemperatur wieder.

Bei Säugetieren und Vögeln wird die Körpertemperatur reguliert und relativ konstant gehalten. Die Körperbedeckung (z. B. Fell, Federn) schützt diese **gleichwarmen Tiere** vor Wärmeabgabe. Manche einheimische Säuger passen sich der kalten Jahreszeit durch das Abhalten einer **Winterruhe** bzw. eines **Winterschlafs** an. Eine Rolle spielt dabei u. a. das schlechte Nahrungsangebot.

Die **Winterruhe** stellt einen Schlaf von besonderer Länge und Tiefe dar. Die Körpertemperatur dieser gleichwarmen Tiere (z. B. *Eichhörnchen, Dachs*) bleibt dabei konstant. Sie wachen zwar häufig auf, ihre Aktivitäten sind aber eingeschränkt.

Der **Winterschlaf** dagegen ist durch eine deutliche Änderung im Stoff- und Energiewechsel des Körpers und einer damit verbundenen Aktivitätseinschränkung gekennzeichnet.
Während die Körpertemperatur dieser gleichwarmen Tiere (z. B. *Igel, Siebenschläfer*, Abb. 2) im Aktivzustand je nach Tierart zwischen 36 °C und 40 °C liegt, wird sie im Winterschlaf auf Werte um 5 °C gesenkt. Gleichzeitig sind Herzschlag und Atmung enorm gedrosselt. Bevor die Tiere in den Winterschlaf fallen, nehmen sie mehr Nahrung auf und legen sich so Reservestoffe im Körper an.
Sinkt die Umgebungstemperatur unter einen bestimmten Wert (für jedes Tier ist diese Temperatur verschieden; z. B. *Hamster* +9 bis 10 °C), schläft das Tier ein. Während des Winterschlafzustands ist das Sinken der Körpertemperatur durch die Minimaltemperatur begrenzt. Sie liegt bei 0 °C bzw. wenige Grade darüber. Auch wenn es im Winterquartier der Schläfer noch kälter werden sollte, diese Minimaltemperatur des Körpers wird nicht unterschritten. Die Tiere wachen dann auf.
Wird es wärmer, erwachen die Winterschläfer durch das Ineinandergreifen von inneren und äußeren Bedingungen. Der Stoff- und Energiewechsel wird aktiviert und die Körpertemperatur erreicht ihren normalen Wert. Erst dann setzt die Bewegungsaktivität der Tiere ein.

Einfluss des Wassers auf Lebewesen

Für Wachstum und Entwicklung vieler Arten ist auch der pH-Wert des Biotops von großer Bedeutung. Sie können nur gedeihen, wenn der pH-Wert ihren Ansprüchen entspricht. Fische sind dafür ein gutes Beispiel. Süßwasserfische bevorzugen einen pH-Wert von 6 bis 8; Meeresfische dagegen von 8,2 bis 8,4.

In einem See ist das **Wasser** mit den darin gelösten Stoffen (z. B. Sauerstoff, Stickstoff, Phosphat, Schadstoffe) der **entscheidende Faktor** für die Existenz von Lebewesen. Daran sind die Lebewesen auf vielfältige Weise angepasst.

- Ein typisches Beispiel sind die *Seerosen* mit Spaltöffnungen an der Oberseite der Schwimmblätter und luftgefüllten Hohlräumen in Stängeln und Blättern (vgl. S. 101).
- Untergetaucht lebende Pflanzen haben wenig Festigungsgewebe, da sie vom Wasser „getragen" werden. Diese Gruppen werden auch **Wasserpflanzen** (**Hydrophyten**) genannt.
- Bei pflanzlichem Plankton fallen Fortsätze auf, die das Schweben im Wasser erleichtern (Abb. 2).
- Für Wasserbewohner wie Fische, Delfine, Wale ist z. B. die Spindelform ihrer Körper typisch. Dadurch wird der Widerstand des Wassers beim Schwimmen leichter überwunden.

Auf dem Land sind die Wasserverhältnisse sehr unterschiedlich. In Ufernähe, in Senken und anderen das ganze Jahr über feuchten Standorten findet man **Feuchtpflanzen** (**Hygrophyten**), z. B. *Hexenkraut, Sumpf-Dotterblume* (Abb. 2, S. 74). Sie haben meist dünne, weiche und großflächige Blätter, die Spaltöffnungen sind herausgehoben, die Epidermis ist dünnwandig und oft ohne Kutikula. Dadurch wird die Verdunstung gefördert.

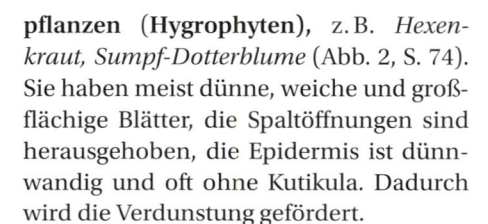

Auf **extrem trockenen Standorten** dagegen ist es wichtig, die Verdunstung möglichst gering zu halten. Für die hier wachsenden Pflanzen, die **Trockenpflanzen** (**Xerophyten**), sind daher meist kleine, derbe bzw. ledrige Laubblätter typisch, deren Epidermis oft mehrschichtig ist und eine Kutikula besitzt. Beispiele sind die *Königskerze* und das *Heidekraut* (Abb. 1).

Pflanzen, die **wechselfeuchte Standorte** besiedeln – das sind die meisten der bei uns vorkommenden Arten –, nennt man **wandlungsfähige Pflanzen** (**Mesophyten** oder **Tropophyten**).

> Wasser mit seinen Eigenschaften ist für einen See der prägende abiotische Faktor. Wasser beeinflusst aber auch das Leben der auf dem Land lebenden Organismen. Viele Organismen sind in spezifischer Weise an den Faktor Wasser angepasst.

1 ▸ Heidekraut

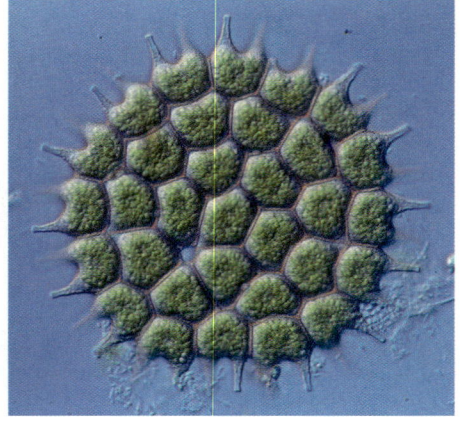

2 ▸ Zackenrädchen

Wechselwirkungen zwischen den verschiedenen Faktoren in einem See — Biologie 101

1 ▸ Schwimmblätter der Seerose

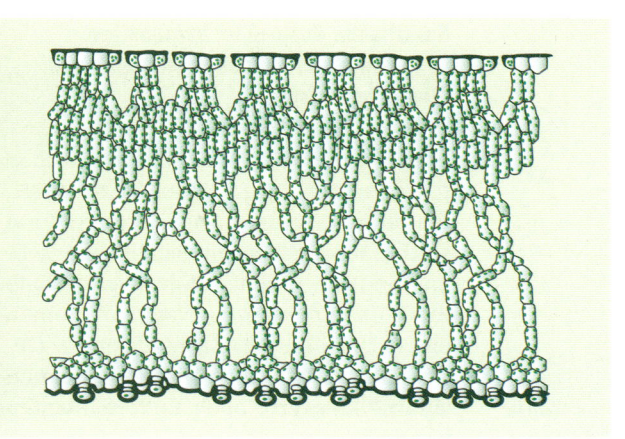

2 ▸ Schwimmblatt (quer) einer Wasserpflanze

3 ▸ Große, dünne Blätter beim Springkraut

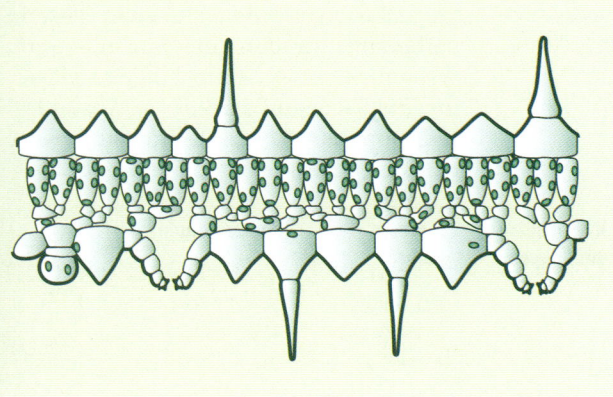

4 ▸ Blatt (quer) einer Feuchtpflanze

5 ▸ Kleine, lederartige Blätter beim Oleander

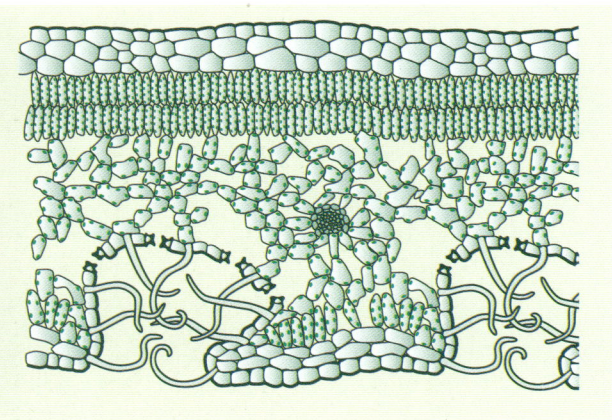

6 ▸ Blatt (quer) einer Trockenpflanze

Spezifische Ansprüche bestimmter Organismen an die Lebensbedingungen (Zeigerorganismen)

Alle Organismen sind von abiotischen Faktoren abhängig. Manche Arten stellen aber besondere Anforderungen und sind z. B. auch gegen Schadstoffe sehr empfindlich. In einem **See** zeigt deshalb ihr Vorkommen bzw. Nichtvorkommen einen bestimmten Zustand eines Gewässers an. Sie sind **Zeigerorganismen** (**Bioindikatoren**), auch **Leitorganismen** genannt.

Um den Zustand eines Gewässers einzuschätzen, erfolgt deshalb meist eine Analyse der Kleinstlebewesen. Die gefangenen Organismen können in Gläsern aufbewahrt werden, die nur mit 5 cm Wasser gefüllt sein dürfen, damit sich genügend Sauerstoff der Luft im Wasser lösen kann. Mithilfe eines Mikroskops werden die Organismen dann bestimmt.

Um Kleinstlebewesen zu fangen, wurden verschiedene Verfahren entwickelt (s. S. 73).

Wenn man sich einen Überblick über Vorkommen und Anzahl der Organismen verschafft hat, kann der **Grad der Belastung eines Gewässers** eingeschätzt werden. Die hier lebenden Organismen sind an bestimmte Lebensbedingungen angepasst. Sie sind dann für die vorhandene **Wassergüte** die Leitorganismen (Tab. unten). Sie kommen also nur dann vor, wenn diese Anforderungen, z. B. Nahrung und Sauerstoffgehalt, gegeben sind.

Die *Bachforelle* und die Larven vieler *Köcherfliegen* benötigen z. B. Wasser mit hohem Sauerstoffgehalt, *Karpfen* und *Schlammegel* kommen dagegen mit sauerstoffarmem Wasser relativ gut zurecht.

> Zeigerorganismen stellen sehr spezifische Anforderungen an die Lebensbedingungen. Durch ihr Vorkommen bzw. Nichtvorkommen zeigen sie bestimmte Eigenschaften eines Gewässers an.

Gewässergüteklasse	Wasserqualität	Kennzeichnung	Algenarten (Auswahl)
I	unbelastet bis sehr gering belastet	Wasser klar, nährstoffarm, sauerstoffreich	Moorkieselalge, Sternalge
II	mäßig belastet	mäßige Verunreinigungen mit organischen Stoffen, Abnahme des Sauerstoffgehalts	Kammalge, Zickzackalge, Schraubenalge, Gürtelalge, Zackenrädchen
III	stark verschmutzt	Wasser trüb durch Abwasser, Ablagerung von Faulschlamm beginnt, Sauerstoffmangel	Navicula, Pinnularia, Mondsichelalge, Hüllengeißelalge, Gonium
IV	sehr stark verschmutzt	sehr großer Sauerstoffmangel, hoher Gehalt an organischen Stoffen, Boden schwarz durch Faulschwamm, Bildung von Schwefelwasserstoff (Geruch)	Ocillatoria, Anabaena, Euglena

Landpflanzen als Zeigerpflanzen

Es gibt auch Landpflanzen, die sehr stark abhängig von einem abiotischen Umweltfaktor sind (z. B. von Licht, Feuchtigkeit oder Salzgehalt). Sie kommen nur dort vor, wo dieser Faktor gegeben ist. Diese Pflanzenarten kann man ebenfalls als **Zeigerarten** (Indikatorpflanzen) für diesen abiotischen Umweltfaktor nutzen.

Der Gärtner kann z. B. am gehäuften Vorkommen der *Großen Brennnessel* an einem Standort sofort auf die Bodenverhältnisse (stickstoffhaltiger Boden) schließen. Die *Große Brennnessel* ist ein Stickstoffanzeiger.

Es gibt für eine Reihe von abiotischen Faktoren Zeigerpflanzen (Abb. 1 bis 3).
Treten *Preiselbeere* oder *Heidelbeere* gehäuft auf, ist das ein Zeichen für einen sauren Boden. Bei *Hufflattich, Leberblümchen, Schlüsselblume* oder *Ringelblume* weiß der Fachmann sofort, dass der Boden kalkhaltig ist. Wachsen viele *Sumpf-Dotterblumen, Wiesen-Schaumkraut* oder *Gelbe Schwertlilien* ist das ein Hinweis auf einen sehr feuchten Standort. Das gehäufte Auftreten von *Heidekraut* ist ein Hinweis auf trockene Standorte.

1 ▸ Wasser-Schwertlilie (Nässeanzeiger)

2 ▸ Leberblümchen (Kalkanzeiger)

3 ▸ Heidelbeere (Säureanzeiger)

Toleranz von Organismen gegenüber der Ausprägung abiotischer Faktoren

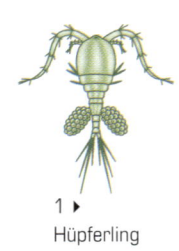

Die abiotischen Faktoren sind z. B. im Verlauf des Jahres oft starken Schwankungen unterworfen.

In einem See z. B. verändern sich die Sauerstoffverhältnisse ständig, der pH-Wert kann schwanken und die Temperatur verändert sich oft rasch. Die hier lebenden Organismen sind zwar von diesen Faktoren direkt abhängig, sie haben aber die Fähigkeit, Schwankungen bis zu einem bestimmten Grad zu ertragen.

Die *Forelle* gedeiht am besten in Gewässern mit hohem Sauerstoffgehalt. In Fließgewässern findet man sie deshalb vor allem im oberen Teil des Wasserlaufs. Hier ist das Flussbett meist eng. Am Boden befinden sich viele Steine und wenig Wasserpflanzen. Die Temperatur des Wassers ist niedrig und der Sauerstoffgehalt entsprechend hoch. Für *Forellen* sind das ideale Lebensbedingungen. Sie überleben aber auch noch in Flussabschnitten (u. a. in unteren Flussabschnitten), wenn der Sauerstoffgehalt etwas geringer ist (Toleranz).

Steinfliegenlarven sind ebenfalls auf Wasser mit hohem Sauerstoffgehalt angewiesen. Gegenüber Verschmutzungen des Wassers sind sie sehr empfindlich. Sie sind daher vorwiegend in unverschmutzten Gewässern zu Hause. Wie Kieselalgen findet man sie auch noch (zwar in geringerer Anzahl) in Gewässern, die leicht verschmutzt sind.

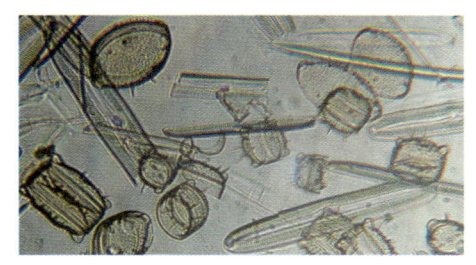

1 ▶ Hüpferling

2 ▶ Stechmückenlarve

3 ▶ Zackenrädchen

4 ▶ Kieselalgen

5 ▶ Steinfliegenlarve

6 ▶ Forellen leben in klaren Gewässern mit hohem Sauerstoffgehalt.

Auch **Landpflanzen** können Schwankungen der abiotischen Faktoren ertragen.

Manche Pflanzenarten brauchen zu ihrem Gedeihen ganz bestimmte **Bodenverhältnisse.** Die *Heidelbeere* (Abb. 1, S. 103) gedeiht z. B. nur auf **sauren Böden.** Nur auf **feuchten Böden** kommen *Schwarz-Erle* und *Trollblume* vor. Auf stickstoffreichen Böden findet man die *Große Brennnessel*, auf **trockenen Böden** die *Wohlriechende Weißwurz* und den *Besenginster* (Abb. 2), auf salzreichen Böden den *Meerkohl* und den *Strandflieder*. Auf **kalkreichem Boden** wächst das *Leberblümchen* (Abb. 2, S. 103).

Am besten wachsen und entwickeln sich Pflanzen, wenn für sie wichtige abiotische Faktoren optimal vorhanden sind, sich im Optimum befinden.

Sie entwickeln und wachsen aber auch dann noch, wenn die Bedingungen nicht optimal sind. Wenn der Boden z. B. nicht viel Wasser oder mehr Wasser enthält, als eine auf dem Land wachsende Pflanze benötigt, bleibt die Pflanze am Leben. Sie kann sich dann aber nicht mehr fortpflanzen. Pflanzen können also bei einem Mangel oder einem Überschuss an dem für sie wichtigen abiotischen Faktor (z. B. Wasser) überleben.

Werden diese **Grenzpunkte** (man nennt sie in der Biologie Minimum und Maximum) aber überschritten (z. B. lange Zeit viel zu viel oder zu wenig Wasser), kann die Pflanze nicht mehr überleben, sie stirbt.

Die Fähigkeit, Schwankungen der Wirkung von abiotischen Faktoren sowohl in Richtung auf das Maximum als auch in Richtung auf das Minimum in bestimmten Grenzen zu ertragen, wird **Toleranz** genannt (Tab.).

> Die einzelnen Arten stellen bestimmte Ansprüche an die abiotischen Faktoren eines Biotops.
> Sie haben aber die Fähigkeit, Schwankungen zu ertragen.

Optimum ist der Wirkungsbereich (die Größe eines abiotischen Faktors), in dem die Art am besten gedeiht und sich fortpflanzt.

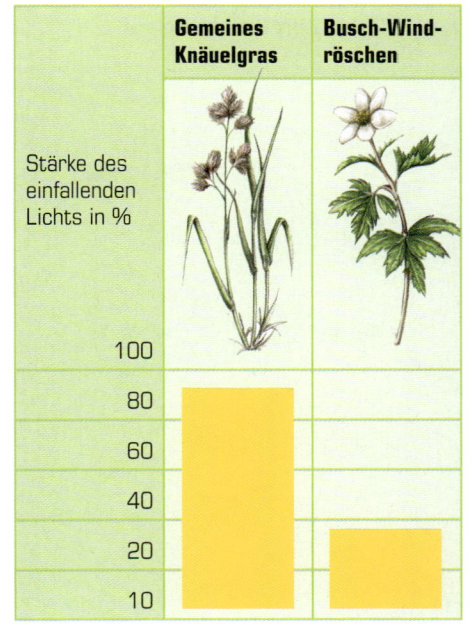

1 ▸ Toleranz von Pflanzenarten gegenüber dem Lichtfaktor, bezogen auf den Standort

2 ▸ Besenginster gedeiht am besten auf trockenen Böden (Trockenheitsanzeiger)

Beziehungen zwischen den Organismen in einem See

Die einzelnen Arten in einem See leben nicht unabhängig voneinander. Zwischen ihnen bestehen ebenfalls vielfältige Abhängigkeiten und Beziehungen. Man unterscheidet **innerartliche** („**intraspezifische**") und **zwischenartliche** („**interspezifische**") **Beziehungen.**

Innerartliche Beziehungen

Die Individuen **einer Art,** z. B. alle *Stockenten* (Abb. 1) oder alle *Karpfen,* stellen weitgehend gleiche Ansprüche an ihre Lebensbedingungen. Dadurch kommt es zu **innerartlicher Konkurrenz** zwischen den Individuen, z. B. um Nahrung, Lebensraum und Fortpflanzungspartner.

So kann man gelegentlich beobachten, dass sich *Stockenten* bei der Nahrungssuche bedrängen. Werden *Möwen* (Abb. 2) von einem Schiff aus gefüttert, stürzen sich oft gleich mehrere Tiere auf einen Nahrungsbrocken. Ähnlich ist es auf einem Futterplatz, wenn eine Schar *Sperlinge* gleichzeitig nach Futter sucht.

Oft kommt es auch zur Abgrenzung des Reviers, z. B. zur Brutzeit beim *Höckerschwan*. Eindringenden Paaren schwimmt das Männchen dann „hoch imponierend" entgegen, um sie zu verjagen. Es kann sogar zu einem Kampf kommen.

Eine weitere Form innerartlicher Beziehungen sind die **Partnerbeziehungen** bei Tieren, die mit der Fortpflanzung im Zusammenhang stehen. Sie schließen die **Paarung** ein.

In dieser Zeit sind bei einigen Arten körperliche Veränderungen insbesondere bei den Männchen zu beobachten. Bei wirbellosen Tieren sind Partnerbeziehungen kaum ausgeprägt. Eine wichtige Rolle spielen sie aber bei Wirbeltieren.

Beim *Dreistachligen Stichling* beispielsweise kann man im Frühjahr ein typisches **Fortpflanzungs-** und **Revierverhalten** beobachten (Abb. 1, S. 107). In der Zeit der Fortpflanzung weist das Männchen eine kräftige Körperfärbung auf.

1 ▶ Stockente

2 ▶ Möwen

Wechselwirkungen zwischen den verschiedenen Faktoren in einem See   Biologie   107

a) Männchen baut das Nest
b) Männchen wirbt um das Weibchen (Zickzacktanz)
c) Männchen löst durch Berührung Eiablage beim Weibchen aus
d) Männchen gibt Samen über Eier ab
e) Männchen bewacht das Nest
f) Männchen bewacht die Fischlarven

1 ▶ Fortpflanzungsverhalten und Brutpflege des Dreistachligen Stichlings

Das Männchen (Abb. 2) hält sich in einem bestimmten Gebiet auf, aus dem es andere Männchen vertreibt. Es ist sein Revier, das es sich zum Zweck der **Paarung** und **Brutpflege** gesucht hat. Aus Pflanzenteilen wird ein röhrenförmiges Nest in eine kleine Sandgrube gebaut.

Kommt ein Weibchen, so versucht das Männchen es dazu zu bringen, in die Neströhre zu schwimmen, um dort abzulaichen. Danach schwimmt das Männchen in das Nest und gibt Samenzellen über die Eier. Die Eier werden befruchtet.

Während das Weibchen nun das Revier verlässt, bleibt das Männchen bei den Eiern. Es bewacht sie und fächelt ihnen mit den Flossen frisches Wasser zu. Aus den befruchteten Eiern schlüpfen Fischlarven. Sie wachsen und entwickeln sich zu jungen Stichlingen.

Die jungen Stichlinge werden etwa zwei Wochen vom Männchen bewacht.

Brutpflege beinhaltet alle Verhaltensweisen der weiblichen und männlichen Elterntiere, die der Aufzucht, der Pflege und dem Schutz der Nachkommen dienen (u.a. Bewachung und Versorgung der Eier bzw. der Brut, Herbeischaffen der Nahrung).

2 ▶ Dreichstachliger Stichling

Haubentaucher richten sich im Wasser richtig auf und bieten dem Partner Wasserpflanzen als Niststoff an, die sie zuvor vom Wasserboden geholt haben.

Partnerbeziehungen sind auch bei Wasservögeln gut zu beobachten. Während der Paarungszeit ist z. B. beim *Blesshuhn* die weiße Kopfplatte vergrößert. Paarungsrituale werden oft „versteckt" vollzogen, z. B. beim *Haubentaucher* im Nestbereich (Abb. 3).

Bei der *Graugans* dagegen erfolgt eine auffällige Balz auf dem Wasser (u. a. Halseintauchen, Triumpfpose, Abb. 2). Bei einigen Arten, z. B. *Höcker-Schwan* und *Gänsen*, ist eine „Dauerehe" üblich.

Brutfürsorge wird von allen Wasservögeln betrieben. Oft beteiligen sich beide Partner am Nestbau und dem Brutvorgang sowie der Brutpflege (z. B. *Stockenten*, Abb. 1). Bei einigen Arten brütet nur einer der Partner.

> Das Fortpflanzungsverhalten umfasst einen umfangreichen Verhaltenskatalog: Partnersuche, Kontaktaufnahme und die Auswahl geeigneter Fortpflanzungspartner, Konkurrenz um die Partner und Elternaufwand für die Nachkommenschaft (Brutpflege und Brutfürsorge).

1 ▸ Die Stockente umsorgt ihre Küken.

2 ▸ Graugänse bei Paarung

3 ▸ Mit etwas Glück kann man die Übergabe von Niststoffen bei Haubentauchern beobachten.

Wechselwirkungen zwischen den verschiedenen Faktoren in einem See

Biologie 109

1 ▶ Makrelen bilden riesige Schwärme.

Die **Vergesellschaftung** ist eine weitere Form innerartlicher Beziehungen. Hierzu gehört die Bildung von *Schwärmen* und *Herden*.

Viele Fischarten bewegen sich im **Schwarm** fort. Bekannt sind die oft riesigen Heringsschwärme oder die Schwärme von farbenfrohen Fischen in Aquarien. Das Auffällige an einem Schwarm ist, dass sich alle Fische mehr oder minder in gleicher Richtung und in gleichem Abstand zueinander bewegen.

Für die im Schwarm lebenden Tiere bringt das Leben in dieser Gemeinschaft *Vor-* und *Nachteile* mit sich. Ein Nachteil besteht im vorhandenen Nahrungsangebot, das mit allen Mitgliedern geteilt werden muss. Von Vorteil ist dagegen, dass der Schwarm den einzelnen Tieren größeren Schutz vor Räubern bietet. Das ist deshalb möglich, weil der Räuber den Schwarm als Ganzes wahrnimmt. Nur einzelne aus dem Schwarm abweichende Fische werden als Einzellebewesen erkannt und angegriffen. Außerdem ist die Chance größer, einen geeigneten Fortpflanzungspartner zu finden.

Diese Form des Zusammenlebens von Tieren in riesigen Schwärmen bezeichnet man als **offenen anonymen Verband.** Anonym deshalb, weil die Tiere sich untereinander nicht an speziellen Merkmalen erkennen. Jederzeit können sich Tiere der Gruppe anschließen oder sie wieder verlassen.

Vergesellschaftungen gibt es auch bei Affen. *Gorillas* und *Schimpansen* leben in Verbänden, in denen bereits eine Rangordnung herrscht. Im Ergebnis von Auseinandersetzungen gewinnt ein Tier die „Oberhand" und beherrscht dann das Verhalten der anderen Mitglieder der Gruppe. Das bringt der Gruppe Vorteile im „Überlebenskampf".

Da die Tiere sich in dieser Gemeinschaft alle an **individuellen Merkmalen** erkennen, bezeichnet man diese Form als **individualisierten Verband.**

In individualisierten Verbänden leben sowohl Wölfe als auch Hühner.

Neben dem offenen anonymen Verband gibt es auch den geschlossenen anonymen Verband. Die Tiere erkennen sich an gemeinsamen Merkmalen, z. B. Nestduft. Gruppenfremde Tiere werden daher erkannt und ausgestoßen. In dieser Form leben u. a. Ameisen und Bienen.

1 ▶ Amsel verzehrt Vogelbeere.

Zwischenartliche Beziehungen

Dazu gehört der **Kommensalismus.** In diesem Fall sind verschiedene Arten locker miteinander verbunden. Meist zieht nur ein Partner aus dieser Vergesellschaftung Nutzen, ohne ihn jedoch zu schädigen. Es handelt sich um eine Art „zeitweilige" **Tischgenossenschaft** (lat. *commensalis* = Tischgenosse).

Als ein Beispiel können die auf der Wasseroberfläche liegenden Laubblätter von See- bzw. Teichrosen dienen. Sie werden z. B. gern vom *Wasserläufer* (Abb. 2) und anderen Tieren (z. B. auch Fröschen) zum Ruhen aufgesucht, ohne das Laubblatt zu schädigen. Im Schilfgürtel bauen nahezu alle Wasservögel ihre Nester. Das Schilf wird dadurch nicht beeinträchtigt. An Unterwasserpflanzen legen u. a. Schnecken ihre Eier ab.

Einige Fische, sogenannte Schiffshalter, nutzen größere Fische und Wale vorübergehend als Transportmittel. Anstelle einer Rückenflosse besitzen sie eine Scheibe, mit der sie sich festsaugen können. Sie können dadurch ihre Lebensräume erweitern.

Auch bei **auf dem Land** lebenden Organismen ist Kommensalismus verbreitet. Beispielsweise werden große Landraubtiere bei ihren Beutefängen von *Aasgeiern* begleitet. Letztere ziehen einen Nutzen aus den Beuteresten, die nach dem Abzug z. B. von *Löwen* zurückbleiben.

Auch viele Pflanzen nutzen Tiere für die Erweiterung ihres Lebensraums aus. Beeren und saftige Früchte werden von Vögeln verzehrt, z. B. die *Vogelbeere* von der *Amsel*, die *Mistelbeere* von der *Misteldrossel*. Die Samen sind unverdaulich und werden oftmals weit entfernt von den Mutterpflanzen von den Vögeln ausgeschieden. Finden sie günstige Bedingungen, keimen die Samen. Die *Klette* besitzt Früchte mit hakenförmigen Haaren als Haftvorrichtungen. Sie bleiben am Fell vorbeistreifender Tiere haften und werden verbreitet.

Eine Form des Kommensalismus ist auch die zeitlich später liegende Nutzung von verlassenen Wohnstätten anderer Organismen. So werden Spechthöhlen von anderen höhlenbrütenden Vogelarten, z. B. durch *Stare*, oder Kleinsäugerarten wie den *Siebenschläfer*, belegt.

> **Kommensalismus ist eine Wechselbeziehung zwischen artverschiedenen Organismen, bei der ein Partner im Vorteil ist und Nutzen aus der Vergesellschaftung zieht, der andere Partner aber nicht geschädigt wird.**

2 ▶ Wasserläufer

1 ▸ Rohrkolben

2 ▸ Wasserhyazinthe

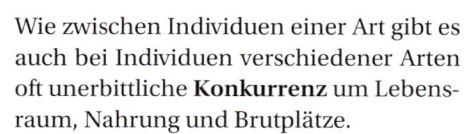

Wie zwischen Individuen einer Art gibt es auch bei Individuen verschiedener Arten oft unerbittliche **Konkurrenz** um Lebensraum, Nahrung und Brutplätze.

Schilf ist z. B. eine konkurrenzkräftige Röhrichtart, die andere Arten, z. B. den *Rohrkolben* (Abb. 1) oder die *Teichsimse*, verdrängt. Wird aber *Schilf* durch Ufernutzung beeinträchtigt, können sich die unterlegenen Arten ausbreiten. Auch Tauchblattpflanzen (z. B. *Laichkräuter*) können sich ausbreiten.

Umgekehrt können dichte „Schwimmblattrasen" z. B. der *Weißen Seerose* Unterwasserpflanzen (z. B. *Laichkräuter*, Abb. 3) völlig verdrängen, da diese kein Licht bekommen.

Auch zwischen verschiedenen Arten, die **auf dem Land** leben, ist Konkurrenz zu beobachten. So sind z. B. Unkräuter Konkurrenten um Wasser, Nährstoffe und Licht für Kulturpflanzen (z. B. *Weizen*).

Deshalb werden sie mit geeigneten mechanischen und auch chemischen Mitteln bekämpft.

Harte Konkurrenten für einheimische Arten sind u. a. auch sogenannte „Eindringlinge".

In den Sumpfgebieten der Südstaaten Amerikas wurde z. B. eine Wasserpflanze (die *Wasserhyazinthe*, Abb. 2) eingeschleppt, die dort nicht beheimatet war. Die Pflanzen verbreiteten sich so stark, dass sie den einheimischen Wasserpflanzen und -tieren Lebensraum und Nahrung wegnehmen.

So ist z. B. *der Marderhund* aus Asien bei uns eingewandert und macht u. a. dem *Fuchs* Lebensraum und Nahrung streitig. Eingewandert ist auch der *Japanische Staudenknöterich*. Wo er sich ausbreitet, verdrängt er einheimische Arten, die infolge der dichten Bestände des Staudenknöterichs unter Lichtmangel leiden und schließlich aussterben.

3 ▸ Auch das Laichkraut kann sich stark ausbreiten.

Symbiosen

Symbiosen sind eine weitere Form zwischenartlicher Beziehungen. Die artverschiedenen Organismen sind in diesem Fall voneinander abhängig, wobei beide Partner Nutzen aus der Vergesellschaftung ziehen.

An Gewässern ist die *Schwarz-Erle* ein Beispiel dafür. Ihre Versorgung mit Stickstoff erfolgt hauptsächlich durch Symbiose mit Bakterien. Diese befinden sich in Knöllchen, die sich in den oberen Bereichen der Wurzeln der *Schwarz-Erlen* bilden. Deswegen werden sie auch Knöllchenbakterien genannt. Die Bakterien sind in der Lage, den Luftstickstoff zu binden, der dann den *Schwarz-Erlen* zur Verfügung steht. Die Bakterien wiederum werden durch die *Schwarz-Erlen* mit anderen Nährstoffen und Wasser versorgt.

Symbiontische Wechselbeziehungen zeigen auch die auf der ganzen Erde verbreiteten *Flechten*.

Flechten bestehen aus einem *Pilzgeflecht* und aus *einzelligen Grünalgen* oder *Cyanobakterien* („Blaualgen"). Da diese Organismen Fotosynthese betreiben, ernähren sich Flechten autotroph. Ein Teil der fotosynthetisch gebildeten Stoffe, z. B. Glucose, wird an die Pilze abgegeben.

Die Pilze bilden ein dichtes Geflecht und können große Wassermengen aufnehmen. Sie schützen ihre Symbiosepartner vor dem Austrocknen und leiten ihnen Wasser und Mineralstoffe zu.

Flechten sind sehr anspruchslos. Sie besiedeln Lebensräume, die anderen Organismen keine Lebensgrundlagen bieten. Sie kommen am Nordrand der Tundren, in der Antarktis, im Hochgebirge (bis knapp unter 5000 m Höhe), in Wüsten und Halbwüsten, in den Tropen sowie in unserer gemäßigten Klimazone vor (Abb. 2).

Flechten können in diesen extrem Lebensräumen nur deshalb existieren und überleben, weil die an der Flechtenbildung beteiligten Pilze und Partner (z. B. einzellige Algen) symbiontisch zusammenleben und sich gegenseitig förderlich sind. Sie stellen eine Einheit dar, die organismusähnlich ist. Deshalb werden Flechten innerhalb des Pflanzenreichs als eigene Gruppe betrachtet. Wenn man den Querschnitt einer Flechte mithilfe des Mikroskops beobachtet, kann man beide Partner gut erkennen (Abb. 1).

Flechten sind gegenüber Luftverunreinigungen extrem empfindlich. Selbst geringe Mengen an Schwefeldioxid hemmen das Wachstum. Sie dienen deshalb auch als Mittel, um Umweltbelastungen zu beurteilen.

Wenn Flechten in Städten verschwinden, ist das ein sicheres Zeichen für ansteigende Schwefeldioxidkonzentration in der Atmosphäre. Daher werden sie als Bioindikatoren („lebende Anzeiger") zur Kontrolle der Schwefeldioxidbelastung der Luft eingesetzt.

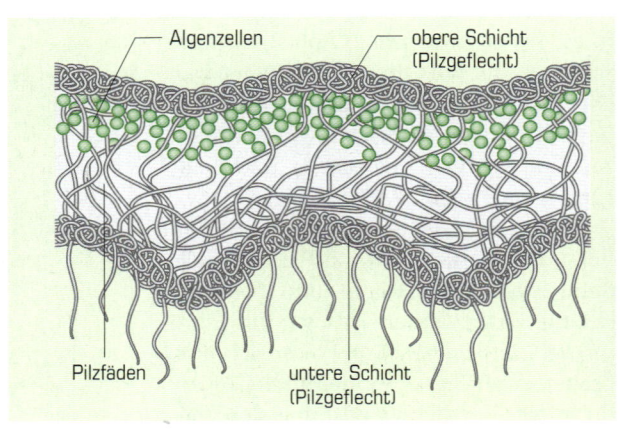

1 ▸ Im Querschnitt ist der Aufbau einer Flechte aus einzelligen Algen und Pilzfäden zu erkennen.

2 ▸ Krustenflechten liegen wie eine Kruste dicht auf der Unterlage an.

Wechselwirkungen zwischen den verschiedenen Faktoren in einem See

Biologie 113

1 ▸ Einsiedlerkrebs im Schneckenhaus

2 ▸ Putzerfisch

Auch im **Tierreich** gibt es Symbiosen. Der *Einsiedlerkrebs* z. B. verbirgt seinen weichen Hinterleib in einem Schneckengehäuse (Abb. 1). Dieses führt er immer mit sich und wechselt es, wenn er wächst.

Auf dem Gehäuse siedeln sich *Seerosen* (Korallen) an. Durch ihre Nesselkapseln in den Fangarmen ist der Krebs geschützt. Dieser wiederum trägt die Seerosen bei seinen Wanderungen in neue Nahrungsräume.

Im weiteren Sinne kann man auch die wechselseitige Anpassung von Blütenformen und Insekten als Symbiose, **Bestäubungssymbiose** (Abb. 3), ansehen.

So sind die *Blüten der Lippenblütengewächse* (z. B. *Wiesen-Salbei*) so gebaut, dass Insekten (z. B. *Hummeln*) einen Hebelmechanismus in Gang setzen. Dieser drückt die Staubblätter auf ihren Rücken, die Staubblätter geben dann den Pollen frei, der auf dem Rücken der *Hummel* haften bleibt. Beim Besuch der nächsten Blüten berührt die *Hummel* dann auch die Narbe, an der Pollen von der vorhergehenden Blüte kleben bleibt. So wird also eine **Insektenbestäubung** gesichert, bei der beide Partner Vorteile haben.

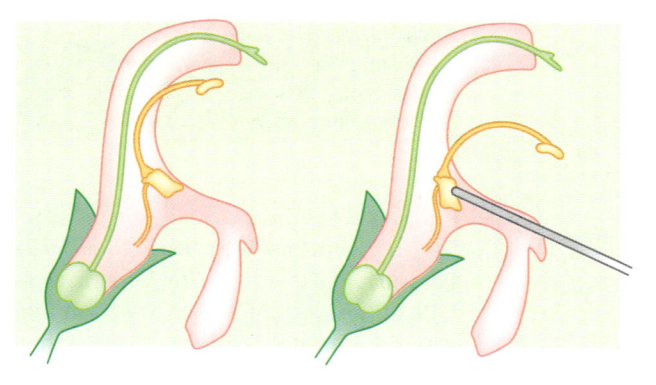

Schließlich gibt es unter Tieren auch noch **Putzsymbiosen.**

Bei Fischen ist das bekannt (Abb. 2). Kleinere Fische leben mit größeren zusammen. Die kleineren entfernen u. a. Außenparasiten bei den größeren; die kleineren gelangen rascher in nährstoffreiche Bereiche (Gebiete).

3 ▸ „Schlagbaum"-Mechanismus beim Wiesen-Salbei

> Die Symbiose ist eine Wechselbeziehung zwischen artverschiedenen Organismen mit gegenseitiger Abhängigkeit, bei der beide Partner im Vorteil sind und Nutzen aus der Vergesellschaftung ziehen. Der eine Partner wird als Wirt, der andere als Symbiont bezeichnet.

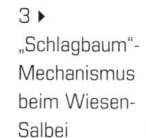

Parasitismus

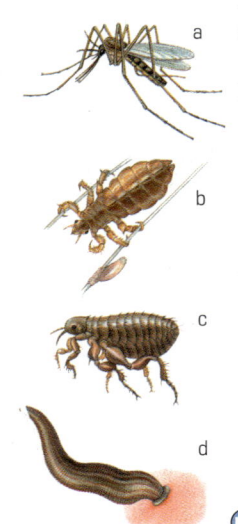

Eine weit verbreitete Form von Wechselbeziehungen zwischen *Organismen verschiedener Arten* ist der **Parasitismus**. In dieser Beziehung lebt ein Organismus, der Parasit, auf Kosten eines anderen Organismus, des Wirtes. Diese Form der Beziehungen ist im Pflanzenreich wie im Tierreich weit verbreitet.

Parasiten sind Organismen, die sowohl als *Außenparasiten* (Ektoparasiten, Abb. 2) außen an anderen Lebewesen als auch als *Innenparasiten* (Endoparasiten, Abb. 1) in anderen Organismen leben, sich dort fortpflanzen und sich von diesen anderen Lebewesen direkt oder indirekt ernähren.

> **M** Parasiten sind Lebewesen, die in oder an anderen Organismen leben, sich von ihnen ernähren, sie dadurch schädigen, ohne sie immer zu töten.

Ein Lebewesen, das einen Parasiten beherbergt, wird als **Wirt** bezeichnet. Viele Parasiten schmarotzen im Verlauf ihres Lebens an verschiedenen, aber immer ganz bestimmten Wirten, sie vollziehen einen **Wirtswechsel.**

Den Wirt des erwachsenen Parasiten nennt man *Endwirt*, den des Parasiten im Jugendstadium *Zwischenwirt*. Der Endwirt beherbergt den geschlechtsreifen Parasiten, der Zwischenwirt die Larve.

Oft wird der Wirt in seinen Lebensfunktionen kaum gestört. Manche Parasiten sind aber sehr gefährlich und können ihrem Wirt gesundheitliche Schäden zufügen oder ihn auch töten. Viele Parasiten ernähren sich vom Blut, andere von Körperteilen ihres Opfers, z. B. Muskeln, Haaren oder Haut, sowie von dem nährstoffreichen Darminhalt des Wirtes.

Die Übertragung auf die Wirte erfolgt beispielsweise durch unsaubere Nahrung, durch mit Parasiteneiern verschmutzte Luft, infolge mangelnder Körperpflege oder durch die aktive Fortbewegung der Schmarotzer selber.

Zu den Parasiten, die auf der Oberfläche ihrer Wirte leben, gehören z. B. *Stechmücken* (a), *Läuse* (b), *Flöhe* (c), *Blutegel* (d) und *Zecken*. Sie ernähren sich von Körpersubstanzen, die sie stechend saugend abzapfen.

Andere Parasiten schmarotzen im Körperinnern der Wirte. Sie leben in Geweben, Körperhöhlen und im Darm. An diese parasitische Lebensweise sind Schmarotzer wie Bandwürmer (Abb. 1) durch gesteigerte Vermehrungsfähigkeit, Zwittertum, Rückbildung von Bewegungs- und Sinnesorganen, Vereinfachung des Verdauungssystems oder Ausbildung von Haftorganen sehr gut angepasst.

> **M** Parasitismus ist ein Zusammenleben von Organismen verschiedener Arten mit einseitigem Nutzen für eine Art, den Parasiten.

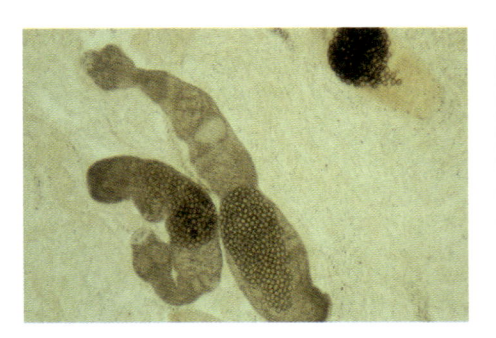

1 ▸ Fuchsbandwurm

2 ▸ Zecke

Räuber-Beute-Beziehung

Zu den vielfältigen Nahrungsbeziehungen, die *Organismen verschiedener Arten* in einer Lebensgemeinschaft eingehen, gehört der **Raub**. Als **Räuber** (Fressfeinde) werden sowohl Pflanzenfresser, z. B. *Feldhase*, als auch Fleischfresser, z. B. *Mäusebussard, Fuchs* und *Specht,* bezeichnet. Die **Beute** sind sowohl Pflanzen, Teile von Pflanzen als auch Tiere.

Ein typisches Beispiel für eine **Räuber-Beute-Beziehung** in einem See ist die Beziehung zwischen *Karpfen* (Beute) und *Hechten* (Räuber). Erfolgt eine rasche Vermehrung der Individuen der Beute, hat dies – zeitlich meist etwas versetzt – eine Zunahme der Individuen der räuberisch lebenden Art bei gleichzeitiger Verringerung der Beutetiere zur Folge. Verringert sich das Beuteangebot, verringert sich infolge weniger Nahrung wiederum die Anzahl der Räuber. Dadurch ergibt sich ein charakteristisches Bild der Schwankungen von Räuber- und Beutetieren (Abb. 1 bis 4).

Dieses „Idealbild" kann aber durch ungünstige Lebensbedingungen (z. B. sehr kalter Winter, Eintrag von Schadstoffen, Düngemitteln und Gülle), Erkrankungen, Epidemien und Eingriffe des Menschen (z. B. Fischfang) stark verändert sein.

In einer relativ stabilen Lebensgemeinschaft sind die Beziehungen zwischen Räuber- und Beuteorganismen so eingependelt, dass die negativen Wirkungen auf das Wachstum und das Überleben einer der beteiligten Organismenarten gering sind. Sie wirken sich günstig auf das **Gleichgewicht** in der Lebensgemeinschaft aus. Das biologische Gleichgewicht ist also ein Zustand, der sich in einer Lebensgemeinschaft eingestellt hat.

Raub führt in der Regel nicht zur Vernichtung aller Beuteorganismen, weil Räuber und Beute sich gegenseitig in einem langen Entwicklungsprozess angepasst haben. Die Räuber haben zum Erwerb der Beute bestimmte Strategien entwickelt, z. B. die Jagdstrategien von Greifvögeln.

Demgegenüber haben Beuteorganismen Strategien entwickelt, sich dem Zugriff der Räuber zu entziehen. Solche Entzugsstrategien sind z. B. Flucht *(Wasserfrosch),* Wehrhaftigkeit *(Igel, Wespe)* oder Verstecken *(Zauneidechse).*

Am Beispiel von Buntspecht (Räuber) und Borkenkäfer (Beutetier) kann man die Wechselbeziehungen in der Lebensgemeinschaft Wald verdeutlichen.

Raub beinhaltet Wechselwirkungen zwischen Organismen verschiedener Arten. Es bildet sich oft ein ausgeglichenes stabiles Zahlenverhältnis zwischen Räubern und Beutetieren aus.

1. Je mehr Karpfen, desto mehr Hechte

2. Je mehr Hechte, desto weniger Karpfen

3. Je weniger Karpfen, desto weniger Hechte

4. Je weniger Hechte, desto mehr Karpfen

1 ▶ Wechselbeziehungen zwischen Karpfen (Beutetier) und Hecht (Räuber)

Kreisläufe in einem Ökosystem – am Beispiel eines Sees

Stoffkreisläufe in einem See

Untersucht man die Beziehungen zwischen Produzenten, Konsumenten und Destruenten in einem *aquatischen Ökosystem* genau, kann man – wie im Ökosystem Wald – **Stoffkreisläufe** erkennen.

Die *Produzenten* sind in der Lage, aus anorganischen Stoffen (u. a. Wasser und Kohlenstoffdioxid) mithilfe des Chlorophylls und der Nutzung des Lichts als Energiequelle organische Stoffe aufzubauen, die den *Konsumenten* als Nahrung dienen und damit „weitergetragen" werden.

Die *Destruenten* bauen die organischen Stoffe abgestorbener Tiere, Pflanzen oder Pflanzenteile zu anorganischen Stoffen ab. Diese Abbauprodukte sind Nahrung für autotroph lebende Organismen, die Produzenten (Abb. 1).

Ohne die zersetzende Tätigkeit der Destruenten würde unsere Erde mit „Organismenleichen" völlig bedeckt sein, sodass kein Leben mehr auf der Erde möglich wäre.

Durch die Tätigkeit von Destruenten, wie Bakterien und Pilzen, sowie Kleintieren und Regenwürmern werden z.B. aus der Laubstreu **Humusstoffe** gebildet. Durch den Humus wird die Bodenfruchtbarkeit erhöht.

Derartige Zersetzungsprozesse nutzt der Mensch bei der *Kompostierung*. Dabei werden im Garten anfallende Pflanzenreste, aber auch Küchenabfälle durch verschiedene Kleinstlebewesen – u. a. Bakterien und Pilze – teilweise zersetzt.

Diese zersetzende Tätigkeit macht sich der Mensch auch bei der **Reinigung von Abwässern** zunutze.

Im Ergebnis des Abbaus organischer Stoffe durch Destruenten werden wieder anorganische Stoffe gebildet, die wiederum den Produzenten als Nahrung zur Verfügung stehen. Es erfolgt also ein **Stoffkreislauf**.

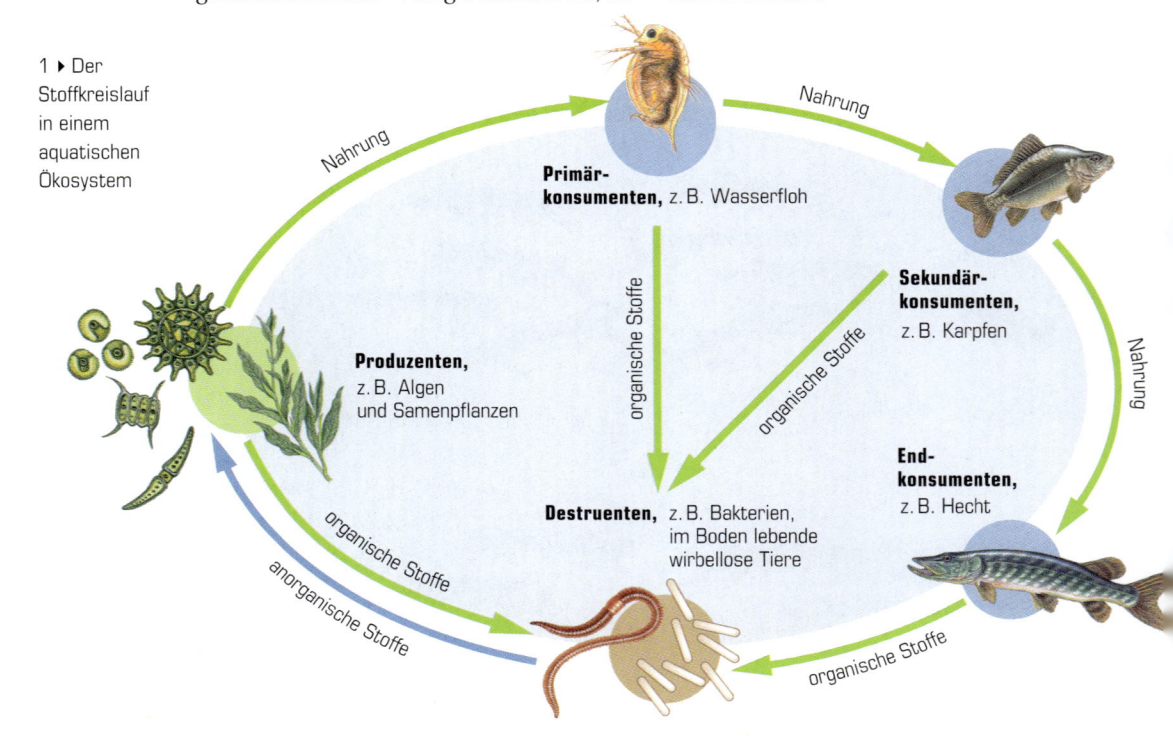

1 ▸ Der Stoffkreislauf in einem aquatischen Ökosystem

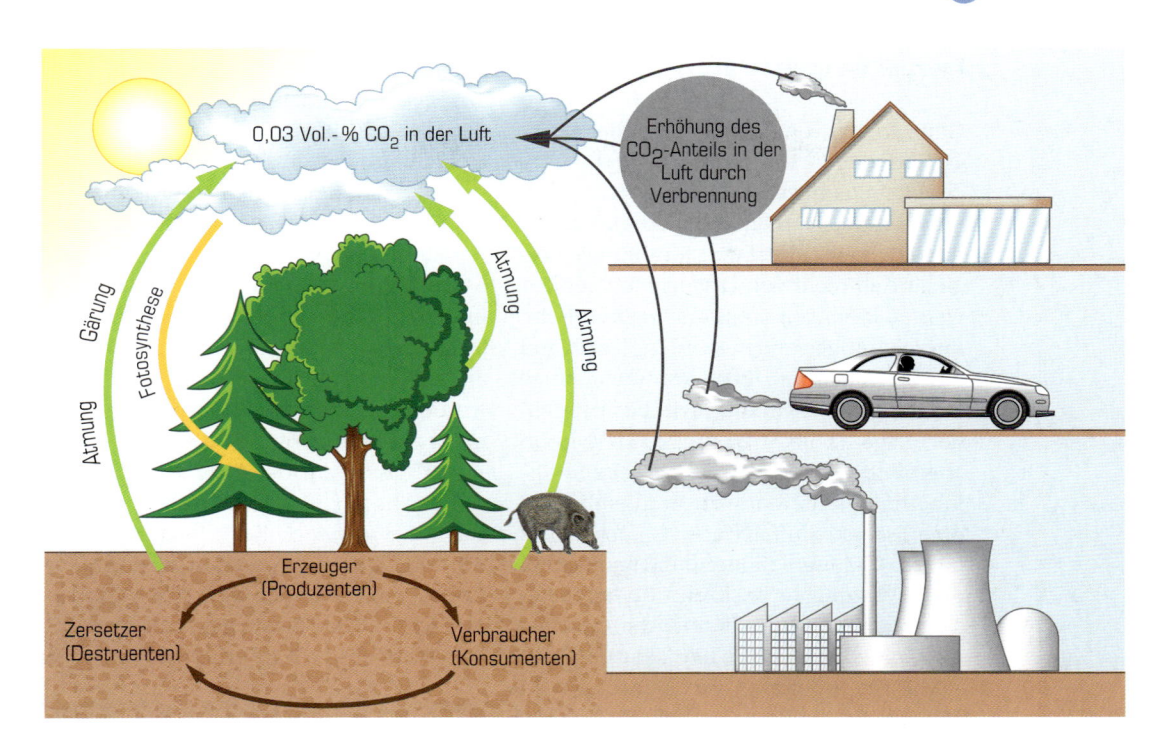

Der Kohlenstoffkreislauf

Der Stoffkreislauf wird besonders deutlich, wenn der Weg des Kohlenstoffs verfolgt wird (Abb. 1). Der Kohlenstoff gelangt durch Fotosynthese über das in der Luft enthaltene Kohlenstoffdioxid (CO_2) in chlorophyllhaltige Organismen, die **Produzenten.**

In der Nahrungskette nimmt er seinen Weg von den Produzenten in den Körper von **Konsumenten,** z. B. in den der Tiere und des Menschen. Bereits durch die Atmung der meisten Organismen wird ein Teil wieder als Kohlenstoffdioxid freigesetzt.

Nach dem Tod der Organismen erfolgt der Abbau der organischen Stoffe durch die **Destruenten,** wobei der Kohlenstoff als Kohlenstoffdioxid wieder frei wird und wiederum in den Kreislauf eingehen kann. Im Verlauf der Erdgeschichte hat sich ein solches Gleichgewicht zwischen Kohlenstoffdioxid-Produktion und Kohlenstoffdioxid-Verbrauch durch Organismen eingestellt, sodass der Kohlenstoffdioxid-Gehalt der Luft nahezu konstant bleibt.

Dieses Gleichgewicht kann durch **menschliche Tätigkeit** erheblich gestört werden. So werden u.a. durch Verbrennung fossiler Stoffe (u.a. Öl, Kohle), die auf Lebensprozesse von Organismen in früheren Erdperioden zurückgehen und große Mengen Kohlenstoff enthalten, ungeheure Mengen Kohlenstoffdioxid freigesetzt und an die Atmosphäre abgegeben. Gleichzeitig wird Sauerstoff verbraucht. Das führt zur Erhöhung des Kohlenstoffdioxid-Gehalts der Luft und bewirkt u.a. den Treibhauseffekt.

Deshalb ist es so wichtig, die Kohlenstoffdioxid-Freisetzung infolge menschlicher Tätigkeit, z.B. durch Verringerung der Verbrennung fossiler Energieträger, zu senken. Durch internationale Konferenzen und Abkommen soll gesichert werden, dass dieses Ziel auch erreicht wird (z.B. Kyoto-Abkommen von 1997).

1 ▸ Der Kreislauf des Kohlenstoffs in der Natur und die Einflüsse menschlicher Tätigkeit auf ihn

Energiefluss in einem Ökosystem

Ganz anders verhält es sich mit der **Energie**. Energie ist für die Aufrechterhaltung der Lebensprozesse unerlässlich. Sonnenenergie ist reichlich vorhanden. Es handelt sich aber um Strahlungsenergie, die so nicht von Organismen genutzt werden kann. Sie muss erst in chemische Energie umgewandelt werden. Dazu sind nur die Algen und Pflanzen sowie einige Bakterien, die Chlorophyll besitzen, in der Lage (Fotosynthese, S. 43). Die in chemische Energie umgewandelte Strahlungsenergie ist dann in den gebildeten organischen Stoffen (z. B. Glucose) enthalten. In diesem Sinne sind Organismen, die Chlorophyll besitzen, Energielieferanten für nahezu alle anderen Organismen, die *Konsumenten* und *Destruenten*.

Mit der Aufnahme von Nahrung wird gleichzeitig die darin enthaltene Energie weitergegeben. Das Besondere ist nun, dass auf diesem Weg von einer Stufe zur nächsten z. B. Energie in Form von Bewegungsenergie oder Wärme an die Umwelt abgegeben wird. Der Rest wird beim Abbau der organischen Stoffe durch Destruenten frei. Es gibt also keinen Energiekreislauf, sondern einen **Energiefluss** in der Beziehung zwischen Produzenten, Konsumenten und Destruenten.

Am Ende ist die von den Produzenten in chemische Energie umgewandelte Strahlungsenergie aufgebraucht, d. h. in andere Energieformen umgewandelt worden und steht den Organismen nicht mehr zur Verfügung.

Das Leben auf der Erde kann folglich nur existieren, wenn von den Algen und Pflanzen sowie einigen Bakterien fortwährend Strahlungsenergie in chemische Energie umgewandelt wird. Auch aus dieser Sicht sind sie also unersetzbar, um das Leben auf der Erde zu erhalten.

> **Es gibt keinen Energiekreislauf, sondern einen Energiefluss. An dessen Ende ist die Energie aufgebraucht.** M

1 ▶ Nahrungspyramide im Ökosystem

- Endverbraucher/ Endkonsumenten (Fleischfresser)
- Zweitverbraucher/ Sekundärkonsumenten (Fleischfresser)
- Erstverbraucher/ Primärkonsumenten (Pflanzenfresser)
- Erzeuger/ Produzenten (Pflanzen und Pflanzenteile)

Abnahme der Biomasse
Abnahme der Energie
Abnahme der Individuenanzahl

gewusst · gekonnt

1. Der Sauerstoffgehalt des Wassers in einem See kann sehr unterschiedlich sein. Wie ist das zu erklären? Welche Auswirkungen kann das für die Lebewesen haben?

2. Licht ist ein wesentlicher Faktor für die Existenz von Lebewesen. Beschreibe wie unterschiedliche Lichtverhältnisse in einem See zustande kommen und wie sie sich auswirken.

3. Auf Landpflanzen hat der Lichtfaktor sichtbaren Einfluss.
Vergleiche unter diesem Aspekt den Bau von Sonnenblättern und Schattenblättern. Nimm auch die Abbildung zu Hilfe. Ziehe eine Schlussfolgerung.

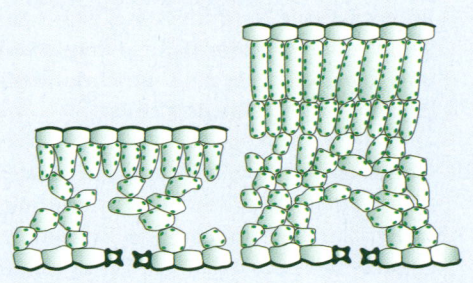

4. Analysiere die folgende Abbildung über die Wuchshöhe von Wald-Ziest. Erkläre die Unterschiede.

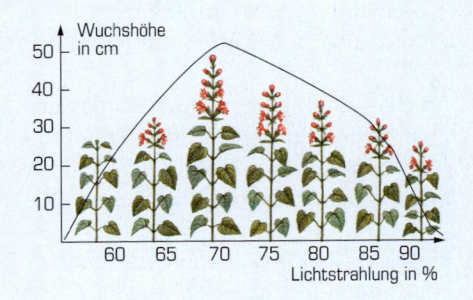

5. Frühblüher sind charakteristische Pflanzen des Laubwalds.

a) Weshalb findet man Frühblüher im Laubwald, aber z. B. selten im Fichtenwald?
b) Was ermöglicht den Frühblühern das zeitige Blühen?

6. Definiere die Begriffe wechselwarm und gleichwarm.

7. Vergleiche Winterruhe und Winterschlaf miteinander. Erkläre, warum beide Formen Anpassungen an die kalte Jahreszeit darstellen.

8. Von den Landwirbeltieren kommen in arktischen Gebieten der Erde fast nur Vögel und Säugetiere vor. Lurche und Kriechtiere kommen nur in ganz wenigen Ausnahmen vor.
Welche Erklärung gibt es dafür?

9. Die im Wasser lebenden Pflanzen und anderen Organismen sind an die hier herrschenden Bedingungen angepasst.
a) Begründe dies am Beispiel der *Weißen Seerose*.
b) Nenne andere Beispiele und ihre Anpassungen.

10. Die Wasserverhältnisse auf dem Land sind sehr unterschiedlich. Den unterschiedlichen Bedingungen sind Lebewesen ebenfalls angepasst.
Definiere aus dieser Sicht die Begriffe „Hygrophyten", „Mesophyten" und „Xerophyten".

11. Es gibt Zeigerorganismen. Nenne Beispiele.
a) Erläutere, durch welche Besonderheiten sich diese Arten auszeichnen.
b) Suche Beispiele für Säureanzeiger, Kalkanzeiger, Trockenheitsanzeiger, Nässeanzeiger und für Licht.

gewusst · gekonnt

12. Auf Seite 102 ist eine Einteilung der Gewässer in Gewässergüteklassen vorgenommen worden. Überprüft, ob es auch andere Möglichkeiten der Einteilung gibt. Nutzt dazu auch die Veröffentlichungen der EU im Internet.

13. Erläutere den Begriff „Toleranz".

14. Die Lebewesen in einem See stehen auf verschiedene Weise miteinander in Beziehung. Fertige dazu ein Schema an und trage entsprechende Beispiele ein.

15. a) Definiere den Begriff „Symbiose".
b) Erkläre diese Vergellschaftungsform an einem selbst gewählten Beispiel.

16. Ordne jedem der folgenden Begriffe die richtige Aussage zu: Symbiose, Konkurrenz, Parasitismus:
a) Wechselbeziehung zwischen artverschiedenen Organismen mit einseitigem Nutzen für die eine Art
b) Wettbewerb zwischen artgleichen Organismen um die Nutzung von begrenzt verfügbaren Ressourcen
c) Wechselbeziehung zwischen artverschiedenen Organismen mit gegenseitiger Abhängigkeit und Nutzungsausgleich

17. Der *Schweinefinnenbandwurm* ist ein Innenparasit. Begründe diese Aussage. Nimm Literatur zu Hilfe und suche Informationen im Internet, auch unter www.schuelerlexikon.de.

18. Stelle die Räuber-Beute-Beziehung zwischen *Hecht* und *Karpfen* in einem Diagramm dar. Beschreibe die wechselseitigen Beziehungen.
Nutze dazu Informationen aus dem Internet bzw. www.schuelerlexikon.de.

19. Erläutere die Begriffe „Biotop" und „Biozönose". Ermittle die Merkmale des Biotops eines Sees in der Nähe deines Wohnorts und erkunde die Zusammensetzung der Biozönose anhand typischer Pflanzen- und Tierarten des Sees.

20. Was verstehst du unter einem Ökosystem? Nenne Beispiele aus unserer Umwelt, die als Ökosystem aufgefasst werden können.

21. Ermittle einige typische Pflanzenarten verschiedener Ökosysteme (z. B. einer Hecke, eines Waldes, einer Wiese, eines Gewässerufers), auch mit einem Bestimmungsbuch. Welche Arten prägen das äußere Bild der ausgewählten Ökosysteme?

22. Entwickle eine Nahrungskette, deren Ausgangspunkt abgestorbene Pflanzenteile und tote Tierkörper sind. Beschreibe und begründe die Ernährungsstufen.

23. Ordne die nachfolgend aufgeführten Organismen den entsprechenden Ernährungsstufen zu. Begründe deine Zuordnung.
Organismen: *Schwebfliege, Hecht,* pflanzliches Plankton, *Frosch*
Ernährungsstufen:
1. Produzenten
2. Konsumenten 1. Ordnung
3. Konsumenten 2. Ordnung
4. Konsumenten 3. Ordnung

24. Im Ökosystem gibt es einen Stoffkreislauf, aber keinen Energiekreislauf, sondern einen Energiefluss. Erkläre diese Tatsache anhand der Abbildung 1 auf Seite 118.

25. Entwickle für den Kreislauf des Sauerstoffs ein ähnliches Schema, wie es zum Kreislauf des Kohlenstoffs auf Seite 117 dargestellt ist. Stelle das Ergebnis im Unterricht zur Diskussion.

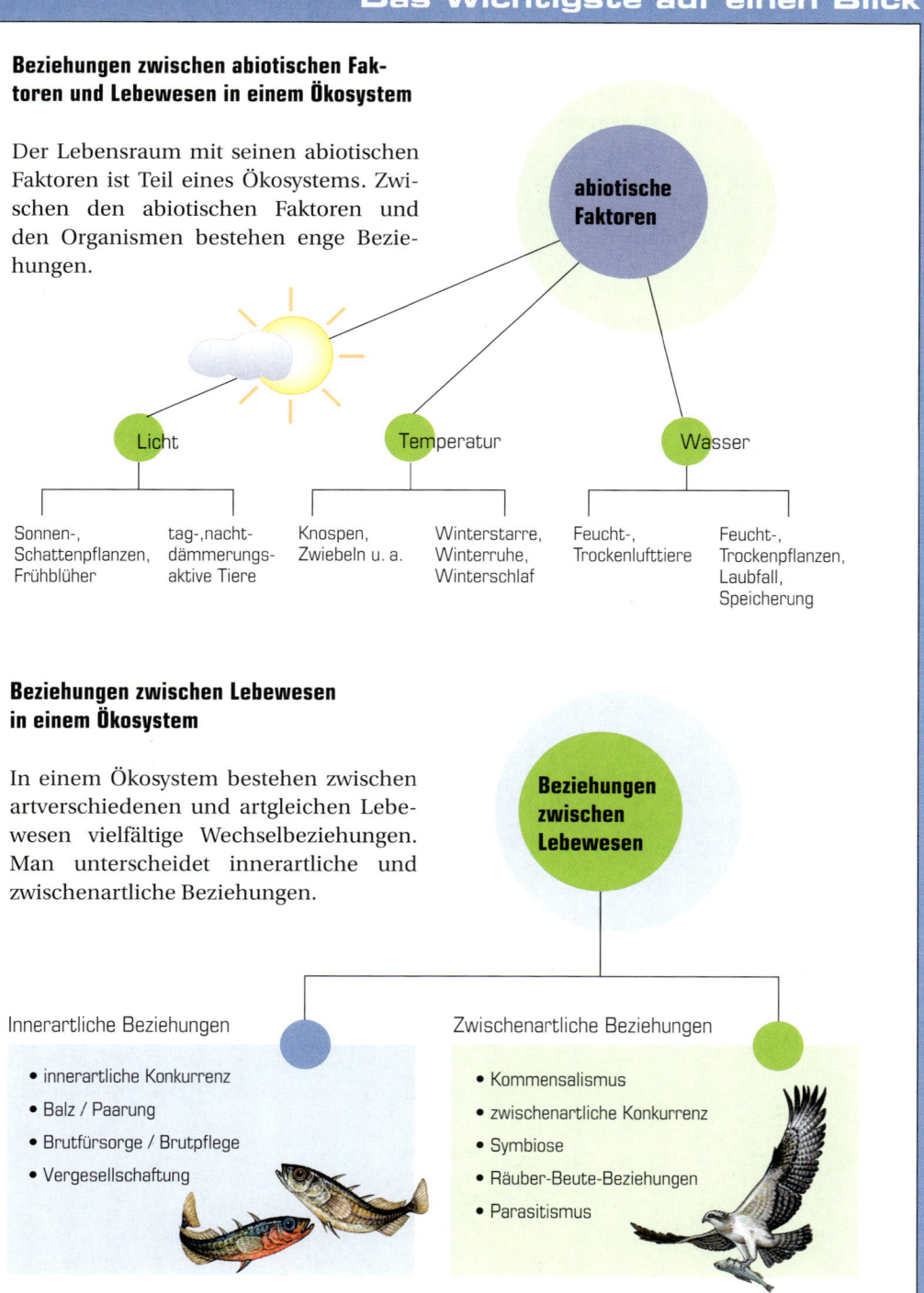

Wechselwirkungen zwischen den verschiedenen Faktoren in einem See | **Biologie** | **121**

Das Wichtigste auf einen Blick

Beziehungen zwischen abiotischen Faktoren und Lebewesen in einem Ökosystem

Der Lebensraum mit seinen abiotischen Faktoren ist Teil eines Ökosystems. Zwischen den abiotischen Faktoren und den Organismen bestehen enge Beziehungen.

abiotische Faktoren

- **Licht**
  - Sonnen-, Schattenpflanzen, Frühblüher
  - tag-, nacht-, dämmerungsaktive Tiere
- **Temperatur**
  - Knospen, Zwiebeln u. a.
  - Winterstarre, Winterruhe, Winterschlaf
- **Wasser**
  - Feucht-, Trockenlufttiere
  - Feucht-, Trockenpflanzen, Laubfall, Speicherung

Beziehungen zwischen Lebewesen in einem Ökosystem

In einem Ökosystem bestehen zwischen artverschiedenen und artgleichen Lebewesen vielfältige Wechselbeziehungen. Man unterscheidet innerartliche und zwischenartliche Beziehungen.

Beziehungen zwischen Lebewesen

Innerartliche Beziehungen
- innerartliche Konkurrenz
- Balz / Paarung
- Brutfürsorge / Brutpflege
- Vergesellschaftung

Zwischenartliche Beziehungen
- Kommensalismus
- zwischenartliche Konkurrenz
- Symbiose
- Räuber-Beute-Beziehungen
- Parasitismus

Das Wichtigste auf einen Blick

Beziehungen zwischen Produzenten, Konsumenten und Destruenten

Aufgrund der Nahrung und ihrer Verwertung bestehen zwischen den Algen und Pflanzen als **Produzenten** (Erzeuger), den Pflanzen- und Fleischfressern als **Konsumenten** (Verbraucher) sowie z. B. den Bakterien und Pilzen als **Destruenten** (Zersetzer) vielfältige Beziehungen. Diese lassen sich u. a. in Nahrungsketten und Nahrungsnetzen erfassen.

Produzenten (Erzeuger) Algen, Samenpflanzen

Konsumenten (Verbraucher) Fische, Wassertiere

Destruenten (Zersetzer) Bakterien, im Boden lebende wirbellose Tiere

Stoffkreislauf und Energiefluss in einem See

Nahrungsketten und Nahrungsnetze bewirken einen Stoffkreislauf sowie einen Energiefluss im Ökosystem. Im Ökosystem erfolgen stets Veränderungen, die zu Ungleichgewichten führen.

Die Gesamtheit der ständig schwankenden Umweltfaktoren (biotische, abiotische) im Ökosystem bewirkt eine relative Stabilität des gesamten Ökosystems, ein ökologisches Gleichgewicht.

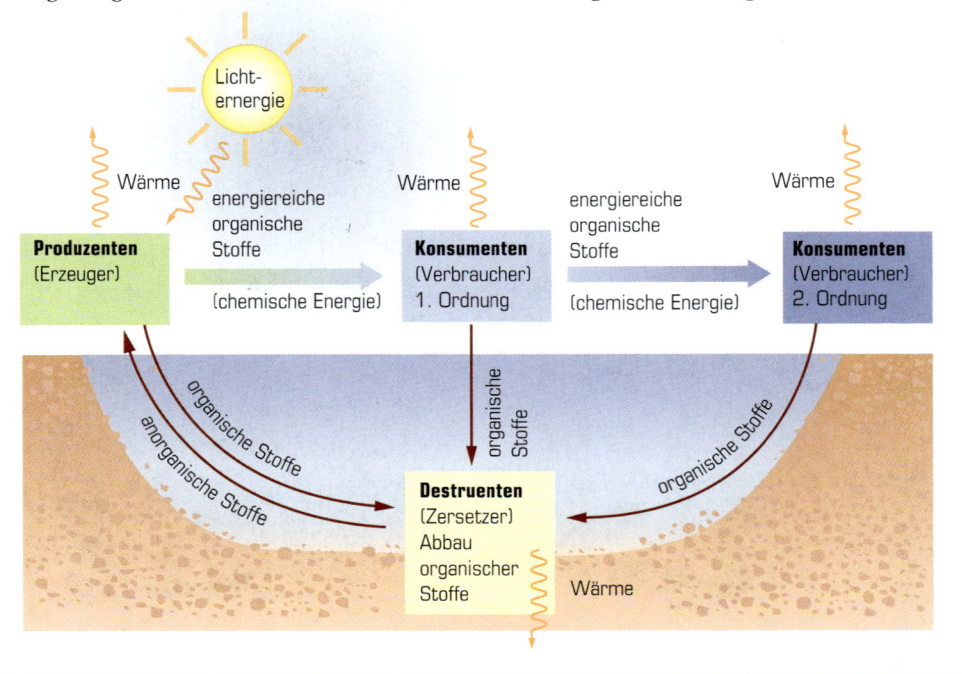

Lichtenergie

Wärme

Produzenten (Erzeuger) → energiereiche organische Stoffe (chemische Energie) → **Konsumenten** (Verbraucher) 1. Ordnung → energiereiche organische Stoffe (chemische Energie) → **Konsumenten** (Verbraucher) 2. Ordnung

organische Stoffe / anorganische Stoffe

Destruenten (Zersetzer) Abbau organischer Stoffe

Wärme

2.3 Schutz der Gewässer

Gewässer nutzt der Mensch ▶▶ Gewässer sind nicht nur eine Ansammlung von Wasser und belebende Elemente der Landschaft. Vom Menschen werden sie beispielsweise als Ort der Erholung, zur Gewinnung von Trinkwasser und als Verkehrswege genutzt.

Störung des Gleichgewichts ▶▶ Veränderungen weniger Faktoren können das ökologische Gleichgewicht eines Sees empfindlich stören. Im Extremfall kann der See als Ökosystem zusammenbrechen.

Seen sind durch menschliche Tätigkeit gefährdet ▶▶ Gefahren entstehen z. B. durch ungeklärte Abwässer. Gelangen sie in Seen, können sich die Lebensbedingungen für die Organismen so verändern, dass viele von ihnen sterben. Der Schutz der Seen muss deshalb Aufgabe aller sein.

Eintrag von Schadstoffen

In Sachsen sind im Gegensatz zu 1991 noch etwa 6 % der Flüsse stark bis übermäßig verschmutzt. Die angestrebte Gewässergüteklasse II ist aber erst bei 27 % aller Fließgewässer erreicht.

Viele Gewässer sind akut gefährdet, und sie selbst können sich nicht dagegen „wehren". Diese Belastung ist hauptsächlich das Ergebnis menschlicher Tätigkeit und Lebensweise.

Hauptgefahr ist der **Eintrag von Schadstoffen** in das Wasser der Gewässer. Sie haben Auswirkungen auf die Wasserqualität und die darin lebenden Organismen:
- Durch den Abbau von Inhaltsstoffen des Abwassers wird im Wasser gelöster Sauerstoff verbraucht und damit den Organismen entzogen.
- Einige Inhaltsstoffe (u. a. Arsen- oder Zyanidverbindungen) sind hochgradig giftig und führen zum Absterben der Organismen, wenn sie nicht aus dem Abwasser entfernt werden.
- Andere Stoffe (u. a. Schwermetalle – Quecksilber; Reste von Pflanzenschutzmitteln) reichern sich in der Nahrungskette an und gelangen so auch in den menschlichen Organismus. Sie können das Wohlbefinden des Menschen erheblich beeinträchtigen oder sogar schwere Erkrankungen auslösen.
- Beim Einleiten bestimmter Abwässer (u. a. phenolhaltige Abwässer) nimmt das Wasser einen unangenehmen Geschmack an und wird so unbrauchbar.

Für den **Gewässerschutz** ist deshalb die sachgerechte **Entsorgung von Chemikalien** aller Art, auch Resten von Haushaltschemikalien, von großer Bedeutung. Wasser, das in Industrie, Haushalten und Landwirtschaft genutzt wird, wird in der Regel verunreinigt, es wird **Abwasser** (Tab.).
Werden ungereinigte Abwässer in Gewässer eingeleitet, bewirken sie erhebliche Veränderungen der Lebensbedingungen.
Die Verschmutzung des Wassers kann alle Teile des Wasserkreislaufs betreffen.

1 ▶ Fischsterben in vergiftetem Wasser

Besonders gefährdet ist das **Grundwasser,** da es kaum Sauerstoff enthält und Schadstoffe daher nur langsam oder gar nicht abgebaut werden.

> Abwässer müssen vor ihrer Einleitung in Seen, Flüsse oder Meere so weit gereinigt werden, dass sie das biologische Gleichgewicht nicht stören.

Herkunft Abwässer	Belastet durch
Haushalt	• organische, meist in Wasser lösliche Stoffe (u. a. Kohlenhydrate, Eiweiße) • Verbindungen aus synthetischen Waschmitteln (u. a. Stickstoff- und Phosphorverbindungen) • meist reich an Mikroorganismen
Abwässer aus der Landwirtschaft	• meist viele organische Stoffe aus der Viehhaltung (u. a. Gülle, Silage, Ölrückstände) • Rückstände von Bioziden • ausgewaschene Düngemittel
Industrielle Abwässer	• u. a. Öle, Fette, Teer, Kraftstoffe, Zellstoffabwasser, Kalilaugen (äußerst giftig)

Reinigung von Abwasser

Um Abwasser den Seen, Flüssen und Meeren wieder zuzuführen, ohne dass es den darin lebenden Organismen schaden kann, wird es in **Kläranlagen** gereinigt. Das geschieht in mehreren Reinigungsstufen.

1. **Mechanische Abwasseraufbereitung**
   Der Zufluss des Abwassers erfolgt durch Rechen. Dadurch werden grobe Verunreinigungen zurückgehalten. Anschließend fließt das Abwasser durch den Sandfang, in dem sich erdige Bestandteile absetzen. Im Absetzbecken setzen sich dann die feinsten unlöslichen Verunreinigungen als Schlamm ab. Der Schlamm wird in den Faulbehälter gepumpt. Das sich dort bildende Biogas wird in Gasometern gesammelt.

2. **Biologische Abwasseraufbereitung**
   Im *Belebtbecken* leben Mikroorganismen, die die gelösten Verunreinigungen als Nahrung verbrauchen. Mit entsprechenden Einrichtungen wird das Wasser gut durchlüftet. Danach gelangt es in Tropfkörper. Das sind Betonkessel, die mit feinkörnigem Gestein gefüllt sind. Darauf siedeln sich Mikroorganismen an. Von oben wird Abwasser auf die Steine gesprüht und von unten Luft eingeleitet.
   Im *Nachklärbecken* setzen sich dann die Mikroorganismen zusammen mit dem gebildeten Schlamm ab. Aus dem Schlamm wird im Faulbehälter Biogas gewonnen.

3. **Chemische Abwasseraufbereitung**
   Im Rührkessel werden dem Abwasser mit gelösten Schadstoffen Chemikalien zugesetzt. In einer chemischen Reaktion bilden diese mit den Schadstoffen unlösliche Reaktionsprodukte, die sich im Nachklärbecken als Schlamm absetzen. Gegebenenfalls wird dieser auf einer Sonderdeponie gelagert.

Häusliche Abwässer, die nicht in die Kanalisation eingeleitet werden können (z. B. von verstreut liegenden Siedlungen), sollten durch **Hauskläranlagen** so weit gereinigt werden, dass sie unbesorgt in den Boden abgeleitet werden können. Bewährt hat sich die Kombination von Mehrkammerfaulgruben und Klärteichen bzw. Pflanzenbeeten.

1 ▶ Klärwerk

a Vorklärbecken

b Nachklärbecken

c Belebtbecken

d Schlammspeicher

Öl bedeutet eine spezifische Gefahr für ein Gewässer. 1 Liter Öl macht 1 Million Liter Wasser für Lebewesen unbrauchbar. Gelangt es ins Wasser, bildet es einen dünnen luftundurchlässigen Film auf der Wasseroberfläche. Damit verringert sich der Gasaustausch zwischen Wasser und der atmosphärischen Luft, und der Sauerstoffgehalt des Wassers nimmt ab.

Gewässer, insbesondere Seen, sind nicht nur durch Abwässer, sondern oft auch durch übermäßigen **Tourismus** bedroht. Von Motorbooten gelangen Schmierstoffe ins Wasser, Sonnenöl und auch Fäkalien kommen hinzu. Nicht selten werden Büchsen, Flaschen und anderer Abfall achtlos ins Wasser geworfen (Abb. 1).

Besonders gefährdet ist der **Schilfgürtel**, wenn Boote hineinfahren und an Schilfpflanzen „festmachen" (Abb. 3). Dadurch werden zahlreiche Schilfpflanzen vernichtet, der Schilfgürtel wird lichter. Nicht nur der Lebensraum Wasser wird geschädigt, sondern auch die Selbstreinigungsfunktion der Schilfpflanzen eines Gewässers beeinträchtigt. Wenn Gewässer erst einmal verschmutzt sind, ist es kostspielig, sie wieder „rein" zu bekommen.

> **Maßnahmen zum Schutz von Seen sind u. a. die Klärung der Abwässer, die Einschränkung der Düngung im Umfeld sowie auch ein verantwortungsvoller Tourismus.**

1 ▸ Leider noch immer Alltag – verschmutzte Flüsse

2 ▸ Fischsterben, eine Folge verunreinigten Wassers

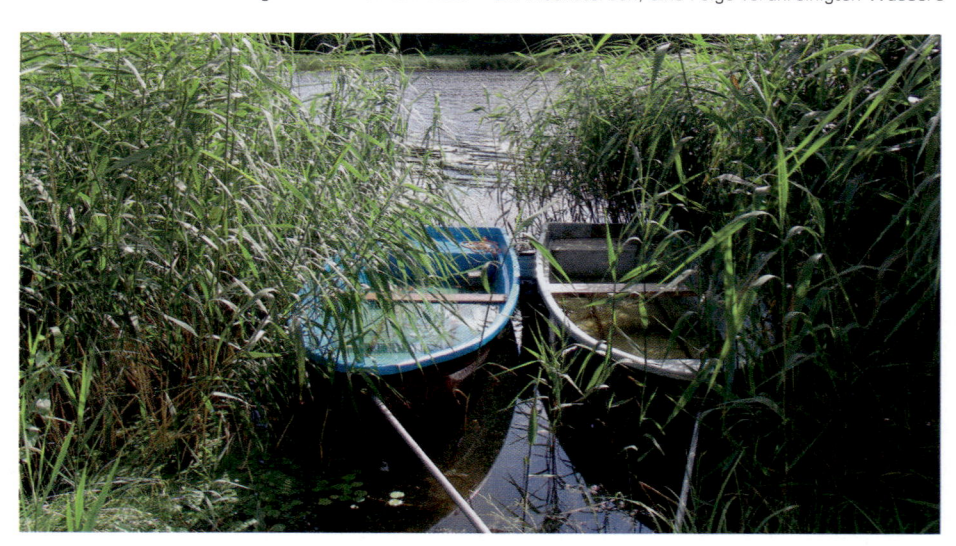

3 ▸ An Schilfpflanzen festgemachte Boote gefährden den Schilfgürtel.

Maßnahmen zur Sanierung und Restaurierung von Seen

Viele unserer Seen sind durch Eintrag von Nährstoffen, Schadstoffen sowie mineralischen und organischen Stoffen so geschädigt, dass Maßnahmen notwendig sind, um eine naturnahe Situation wieder herzustellen. Dazu gehören **Maßnahmen im Einzugsgebiet:**

- Das gesamte Abwasser des Einzugsgebiets eines Sees wird gesammelt und über Leitungen (oft um den See herum) Kläranlagen unterhalb des Sees zugeführt, sodass es den See nicht belastet.
- Reduzierung des im Abwasser gelösten Phosphats (Eutrophierung, S. 93). Dies kann durch *Zugabe von gelöschtem Kalk, Eisen-* oder *Aluminiumsalzen* in den Kläranlagen erfolgen. Dadurch wird erreicht, dass das geklärte Wasser bis zu 90 % weniger Phosphat enthält und damit die Belastung von Seen mit diesem Nährstoff erheblich verringert wird.
- Bei kleineren Zuflüssen in Seen, die stark belastet sind, können Nährstoffe insbesondere Phosphat durch *Sumpfbeete* entzogen werden.
Hier handelt es sich um flache Erdbecken (bis 1 m Wassertiefe), die mit Schilf und anderen Sumpfpflanzen besiedelt sind. Diese Pflanzen, vor allem aber Algen, die sich ansiedeln, nehmen viel Nährstoffe auf, die somit nicht in Seen gelangen und dadurch ungewolltes Wachstum insbesondere von Algen verringern.

Oft sind **Maßnahmen im See** selbst erforderlich. Geschädigte Seen sind meist sauerstoffarm. Eine Maßnahme besteht daher darin, insbesondere die unteren Wasserschichten des Sees mit *Sauerstoff anzureichern*. Dies geschieht mithilfe schwimmender Geräte, durch die über Rohre Luft in die unteren Schichten eingeblasen wird, die dann beim Aufsteigen das Wasser durchmischt und mit Sauerstoff anreichert.

Möglich ist auch eine *Tiefenwasserentnahme*, wodurch im unteren Teil des Sees angereicherte Nährstoffe entfernt werden können.

Gelegentlich ist es auch notwendig, insbesondere in flachen Seen eine *Entschlammung* vorzunehmen. Dadurch werden nährstoffreiche, sauerstoffzehrende Ablagerungen aus dem See entfernt, wodurch das ungewollte Algenwachstum ebenfalls vermindert wird.

1 ▸ Maßnahmen der Sanierung und Restaurierung sind langwierig und kostspielig. Deshalb sollte man die Gewässer gar nicht erst verschmutzen.

Einige gefährdete Pflanzen in Sachsen

Vom Aussterben bedrohte Pflanzen

1 ▸ Weiß-Tanne  2 ▸ Weiß-Tanne  3 ▸ Wassernuss

Stark gefährdete Pflanzen

4 ▸ Feld-Rittersporn  5 ▸ Bärlapp  6 ▸ Trollblume

Seltene Pflanzen

7 ▸ Winter-Schachtelhalm  8 ▸ Weiße Seerose

Schutz der Gewässer

Einige gefährdete Tiere in Sachsen

1 ▶ Wanderfalke

2 ▶ Birkhuhn

Vom Aussterben bedrohte Tiere

3 ▶ Uhu

4 ▶ Hirschkäfer

5 ▶ Fischotter

Gefährdete Tiere

6 ▶ Luchs

7 ▶ Teichfrosch

8 ▶ Feuersalamander

Methoden

Wie lege ich ein Herbarium an?

Ein Herbarium ist eine Sammlung gepresster Pflanzen oder Pflanzenteile. Man legt es an, wenn man mehr von den Pflanzen wissen will, z. B. wie sie gebaut sind, aus welchem Land sie stammen oder auf welchem Boden sie wachsen.
Beim Anlegen eines Herbariums geht man folgendermaßen vor:

Schritt ①

Pflanzen bestimmen und sammeln
Beim Sammeln der Pflanzen muss man die Regeln des Natur- und Umweltschutzes beachten. Bevor man eine Pflanze abschneidet, sollte man sie bestimmen. Nur so ist man sicher, dass sie nicht geschützt ist.
Außerdem sind die Pflanzen noch frisch, alle Farben sind natürlich und man kann alle Teile gut erkennen. Zum Bestimmen nutzt man Bestimmungsbücher.
Wenn man die Pflanze bestimmt hat, wird sie knapp über dem Boden abgeschnitten. Dabei muss man darauf achten, dass alle Teile der Pflanze (Stängel, Laubblätter und Blüte) vorhanden sind. Die Pflanze wird vorsichtig in eine feuchte Plastiktüte gesteckt und der Fundort notiert. Die Pflanze wird nach Hause transportiert.

Schritt ②

Vorbereiten und Pressen der Pflanzen
Vor dem Aufbewahren im Herbarium müssen Pflanzen getrocknet und gepresst werden. Dazu wird jede Pflanze zwischen dünnes saugfähiges Papier (z. B. Seidenpapier) und dann in einen Zeitungsaufschlag gelegt. Die Pflanze so zwischen das Papier legen, dass alle Pflanzenteile gerade und nicht übereinanderliegen und dass sie nicht geknickt werden.
Etwa 50 solcher „Lagen" können in einer Pflanzenpresse untergebracht werden.
Schau alle 2 bis 3 Tage nach, ob das verwendete Zeitungspapier noch trocken ist! Besonders in der Anfangszeit tritt nämlich noch viel Feuchtigkeit aus der Pflanze aus, und das Papier sollte gegen trockenes Papier ausgetauscht werden.
Die Pflanze ist vollständig trocken, wenn sie sich nicht mehr biegen lässt.

Schritt ③

Pflanzen auf Herbarbogen befestigen
Lege die getrocknete Pflanze vorsichtig auf den Herbarbogen (Zeichenpapier oder Zeichenkarton, DIN A 4) und befestige sie mit kleinen Klebestreifen. Achte unbedingt darauf, dass wichtige Merkmale nicht verdeckt werden. Beschrifte den Herbarbogen.

dt. Name:	Gänse-Fingerkraut
lat. Name:	Potentilla anserina
Familie:	Rosengewächse
Fundort:	Burgstädt

Schritt ④

Aufbewahren
Zum Schluss werden die fertigen Herbarbögen sortiert, z. B. nach Familien. Lege für jede Familie ein Deckblatt mit Inhaltsverzeichnis an; dann die Herbarblätter in einen Ordner legen. Zum Schutz gegen Insektenfraß sollte man das Herbarium mit einem handelsüblichen Insektizid (z. B. Flip, Vapona) besprühen und in Klarsichthüllen aufbewahren.

Projekt

Bestimmen und Herbarisieren von Pflanzen der Uferregion

Herbarisierte Pflanzen besitzen alle Baumerkmale der frische Pflanzen. Sie sind für wissenschaftliche Untersuchungen ein unentbehrliches Hilfsmittel, um die auf der Erde vorkommenden Pflanzenarten zu erkennen und zu beschreiben. In der Regel werden von jeder neu entdeckten Art Herbarbögen angelegt. So sind zahlreiche Herbarien entstanden. Bekannt ist z. B. das „Herbarium Hausknecht" in Jena mit 3 Millionen Belegen. Noch größere Herbarien befinden sich in Kew (England), Petersburg und Paris mit je 7 Millionen Herbarbögen.

1. Erkundigt euch im Internet über Aufgabenstellung, Inhalt und Umfang einiger berühmter Herbarsammlungen der Welt.

Je nach Zweck sind Herbarien unterschiedlich angelegt. Bei den großen Herbarien ist die Zugehörigkeit zu bestimmten Familien bzw. Gattungen ein wichtiger Gesichtspunkt.
Man kann aber auch Herbarien nach ganz anderen Gesichtspunkten anlegen, z. B. nach der
- Form der Laubblätter und
- Herkunft der Art (u. a. bei Neuankömmlingen – Neophyten).

Oft werden auch Herbarien von Pflanzen bestimmter Standorte angelegt, z. B. einer Wiese, einer Hecke oder eines Schuttplatzes.
Da der See im Mittelpunkt des Lehrgangs stand, bietet es sich an, die in der Uferregion vorkommenden Arten zu herbarisieren (Schrittfolge siehe S. 130).

2. Wählt einen bestimmten Standort (Biotop) aus und fertigt eine Umrissskizze an.

3. Erfasst und bestimmt die auf diesem Standort vorkommenden Arten (evtl. auch Anzahl der Individuen zählen). Versetzt die Arten jeweils mit einer Ziffer und tragt diese in die Umrissskizze ein.

4. Herbarisiert jeweils ein Exemplar der vorkommenden Art nach der Vorschrift auf Seite 130.

5. Wertet die Skizze in Verbindung mit den Herbarbögen aus.
   - Welche Arten kommen am häufigsten vor?
   - Gibt es darunter seltene Arten oder Arten, die unter Naturschutz stehen?
   - Welche Arten haben ihren Standort vorwiegend in Ufernähe, welche am Rand, welche sind über die ganze Fläche verteilt?
   - Welche Arten gehören zu den Hygrophyten, welche zu den Mesophyten?
   - Welche Arten sind Bäume, welche Sträucher bzw. Kräuter?
   - Welche Schlüsse lassen sich aus dem Gesamtbild ziehen?

1 ▸ Gemeiner Froschlöffel

2 ▸ Sumpf-Dotterblume

3 ▸ Natternzunge

4 ▸ Wasser-Minze

gewusst · gekonnt

1. Wähle im Umfeld deines Wohnorts ein Gewässer aus.
   a) Prüfe den Geruch des Wassers.
   b) Ermittle die Sichttiefe.
   c) Interpretiere deine Ergebnisse.

2. Wenn Wasser gebraucht wird, entsteht Abwasser.
   a) Beschreibe charakteristische Merkmale von Abwasser.
   b) Nenne Beispiele, wo überall Abwasser entsteht.
   c) Erläutere Maßnahmen, die dazu führen, die Umwelt nicht mit Abwasser zu belasten.

3. Mische 1 Tropfen Öl mit 100 ml Wasser in einem Becherglas. Beobachte und notiere deine Ergebnisse.

4. Gewässer sind in Gefahr. Erläutere an Beispielen, wodurch unsere Gewässer besonders gefährdet sind.

5. Erkläre an Beispielen, was jeder Einzelne tun kann, um unsere Gewässer zu schützen.

6. Ermittle Wasserschutzgebiete im Umfeld deiner Schule.
   Stelle fest, welche besonderen Vorschriften für die einzelnen Zonen der Schutzgebiete gelten.

7. Wähle im Umfeld deiner Schule einen See und prüfe, wodurch ihm Gefahren drohen könnten.
   a) Beschreibe drohende Gefahren.
   b) Welche Maßnahmen wären notwendig, um diese Gefahren abzuwenden?

8. In Kläranlagen werden die Abwässer der Städte und Gemeinden gereinigt. Beschreibe die einzelnen Stufen der Abwasserreinigung.

9. Siedlungen, die weitab von Städten und Gemeinden liegen, sind oft nicht an öffentliche Abwassersysteme angeschlossen. Die dort lebenden Menschen sind für die Klärung ihrer Abwässer selbst verantwortlich. Eine Möglichkeit zur Reinigung der Abwässer bietet die Pflanzenkläranlage (Abb). Beschreibe ihre Funktion. Nutze dazu auch das Internet.

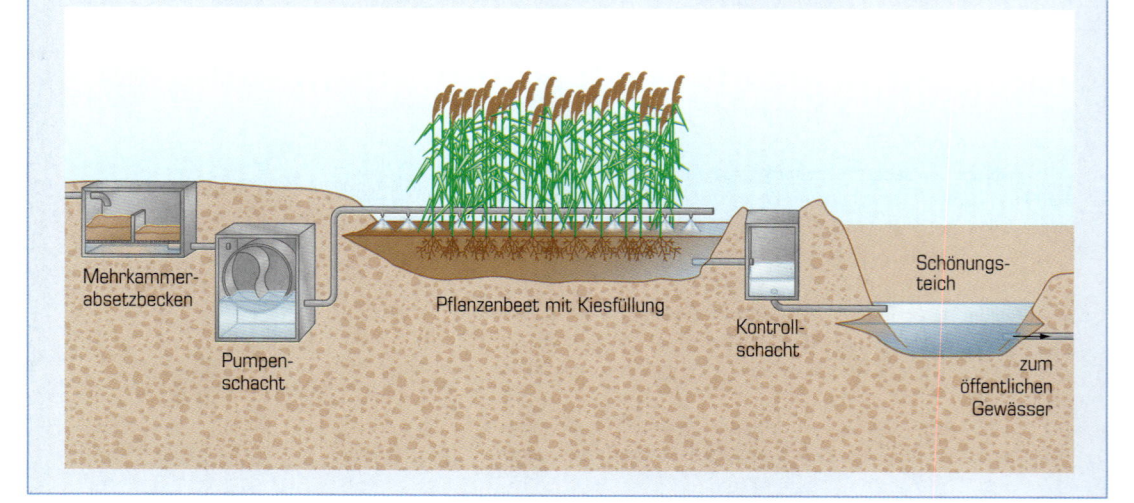

Schutz der Gewässer   Biologie   133

Das Wichtigste auf einen Blick

Gefahren, die der Umwelt drohen

Umweltgefahren sind unterschiedlich bedingt. Sie kommen durch **natürliche Vorgänge** (Prozesse) und durch **Auswirkungen der Tätigkeit des Menschen** zustande.

Möglichkeiten der menschlichen Beeinflussung

- übermäßige Freisetzung von Stoffen, vor allem von Schadstoffen
- Vernichtung von Arten
- Vernichtung von Lebensräumen u. a. durch Rodung, Entwässerung, Rohstoffabbau, Bebauung

---

- Treibhauseffekt
- saurer Regen
- Ausdünnung der Ozonschicht
- Zerstörung der Lebensbedingungen für viele Arten

- Verringerung der Artenvielfalt, damit Störung des natürlichen Gleichgewichts in der Natur

- Zerstörung von Lebensstätten für viele Arten, damit auch der kreislaufähnlichen Beziehungen in Ökosystemen

Maßnahmen zum Schutz der Umwelt

Die Erhaltung und der Schutz der Artenvielfalt als unsere Lebensgrundlage erfordert internationale Zusammenarbeit und die Mitwirkung jedes Einzelnen. Ziel muss eine nachhaltige Entwicklung auf allen Gebieten sein.

Maßnahmen

- Erhaltung von Lebensräumen für Organismen
- Erhaltung natürlicher Lebensräume (z. B. Hecken, Trockenrasen, Feuchtgebiete)

- Verringerung der Abgabe von Schadstoffen (u. a. Autoabgase, CO$_2$-Ausstoß der Industriebetriebe und Haushalte), Reinigung von Abwässern
- Sicherung von Flächenschutzgebieten (Nationalparks, Biosphärenreservate, Naturparks, Naturschutzgebiete, Landschaftsschutzgebiete)

- Ermittlung und Schutz gefährdeter Arten
- Schutz besonderer Objekte wie Alleen und Moore

Wahlpflichtbereich – Fächerverbindendes Thema

Hinweise für die Gruppenarbeit an Projekten

Bei der Bearbeitung eines Themas in Form eines Projekts geht es darum, ein Thema weitgehend selbstständig zu bearbeiten. Konkret heißt das:
- Ideen zum Thema entwickeln
- Aufgaben stellen, die in Gruppen möglichst selbstständig bearbeitet werden können
- das Thema von unterschiedlichen Seiten betrachten

Damit das Projekt auch ein Erfolg wird, geht man am besten schrittweise vor.

Schritt ①

Ideenmarkt
Alles, was zum Thema passt, wird „auf den Tisch gepackt". Aus der Fülle der Ideen werden die bearbeitbaren Themenbereiche ausgewählt und der jeweiligen Gruppe zugeteilt.

Schritt ②

Arbeitsplan
Jede Gruppe stellt für sich einen Arbeitsplan auf. Er sollte folgende Punkte unbedingt enthalten:
- Welche Fragen sollen in der Gruppe zum ausgewählten Themenbereich beantwortet werden?
- Welche Materialien/Medien sollen genutzt werden?
- Welche Methoden sollen bei der Informationsbeschaffung angewendet werden?
- Welche Experimente möchte die Gruppe durchführen?
- Wer ist für welchen Bereich bzw. für welche Frage zuständig?
- Welcher zeitliche Rahmen steht zur Verfügung?
- Wie sollen die Ergebnisse dargestellt werden?

Schritt ③

Arbeit am Projekt
Wenn Fragen bei der Arbeit auftreten, kann man sich an den Lehrer wenden.

Schritt ④

Ergebnispräsentation vor den Mitschülern
Hierbei muss man beachten, dass sich die Mitschüler mit anderen Fragestellungen beschäftigt haben.
Deshalb sollte die Darstellung in kurzer und logischer Form erfolgen. Nur so können die anderen Mitschüler die Versuche und Ergebnisse verstehen und die gewonnenen Erkenntnisse nachvollziehen.

Schritt ⑤

Ergebnispräsentation im Schulhaus
Zum Abschluss des Projekts kann z. B. eine Wandzeitung oder ein Poster angefertigt werden. Die anderen Schüler können dann sehen, womit sich die Klasse beschäftigt hat und zu welchen Ergebnissen sie gekommen ist.

Projektstruktur

Projektidee
Mikrokosmos Wiese

Projektplan
Erarbeiten der Schwerpunkte; Festlegen der Thematik (z. B. Mikrokosmos Wiese)

Projektdurchführung
Aufteilung der Klasse in Gruppen; Festlegen der Wiese, die untersucht werden soll; Bestimmen der Schwerpunkte, die überprüft werden sollen

Projektpräsentation
Vortrag, Poster, Powerpoint-Präsentation

Projekt

Mikrokosmos Wiese

Außer Seen und Wäldern gibt es viele andere Landschaftsbereiche. Ob sie auch als Ökosysteme angesehen werden können, erfordert genauere Untersuchungen. Am Beispiel der **Wiese** soll das geprüft werden.

Weiden, Wiesen und Rasenflächen werden zum Grünland gezählt. Dort kommen keine oder nur wenige Bäume und Sträucher vor.

1. Wählt eine geeignete Wiese aus.
Vergleicht das äußere Bild z. B. mit einem See oder Wald.
Welche Unterschiede fallen auf. Beschreibt diese Unterschiede.

Wiesen sind Grünlandflächen, die maximal dreimal im Jahr gemäht werden. Das Mähen ist aber für viele Pflanzen und Tiere ein gravierender Eingriff. Viele sind jedoch an diesen Eingriff angepasst. Wenn zudem nur einmal im Jahr, etwa im Juli, gemäht wird, haben viele Pflanzen und Tiere Zeit genug, um ihre Entwicklung abzuschließen. Deshalb findet man vor allem auf Wiesen feuchter Standorte meist zahlreiche Moose und Kräuter sowie verschiedene Tiere, die eine ausdauernde Lebensgemeinschaft bilden.

Wiesen weisen auch eine bestimmte Schichtung auf; zwischen Pflanzen und Tieren bestehen vielfältige Beziehungen und Abhängigkeiten.

2. Für Ökosysteme ist meist eine vertikale Schichtung (Zonierung) kennzeichnend.
Führt dazu entsprechende Beobachtungen durch.
Wenn eine Schichtung erkennbar ist, fertigt dazu eine Skizze an und benennt die einzelnen Schichten.

1 ▸ Silber-Gras

2 ▸ Kuckucks-Lichtnelke

Wahlpflichtbereich: Mikrokosmos Wiese

Projekt

3 ▸ Löwenzahn    4 ▸ Feld-Ehrenpreis    5 ▸ Horst einer Seege

3. Die auf einer Wiese vorkommenden Lebewesen sind untrennbar mit den hier herrschenden Lebensbedingungen verbunden.
Welche Besonderheiten hinsichtlich der abiotischen Faktoren sind erkennbar?
Führt evtl. entsprechende Messungen durch (u. a. Lichtintensität im Vergleich z. B. zum Waldinnern, zu Temperatur, Feuchtigkeit). Beschreibt diese Besonderheiten und erklärt, worauf sie zurückzuführen sind.

4. Welche Lebewesen bilden die Lebensgemeinschaft (Biozönose) Wiese?
Welche Pflanzen herrschen vor?
Bestimmt einige und versucht zu erkennen, wie sie an die Lebensbedingungen einer Wiese angepasst sind.
Welche Tiere kommen vor?
Bestimmt einige. Sucht u. a. nach Tierspuren. Fertigt eine Liste der vorkommenden Tiere an.

Auf *trockenen Standorten* (z. B. Kalktrockenrasen) kommen oft viele **Pflanzen** vor, die an diese Wasserverhältnisse angepasst sind. Typisch sind u. a. *Kuhschelle* und *Silber-Gras* (Abb. 1, S. 136). Es ist silbriggrau und bildet „igelähnliche" Horste. *Trockenrasen* stehen unter Naturschutz.
Auf *feuchten Wiesen* kommen wesentlich mehr verschiedene Pflanzen vor. Sie überstehen das Mähen auf unterschiedliche Weise. Einige, z. B. *Kuckucks-Lichtnelke* (Abb. 2, S. 136), keimen zeitig, blühen früh und bilden schnell Samen. Dann sterben sie ab. Der *Glatthafer* dagegen besitzt am Grund des Halmes zahlreiche Erneuerungsknospen, die durch das Mähen nicht erreicht werden. Sie treiben nach dem Mähen wieder aus.
Auffällig sind auch verschiedene *Seggen*, die oft dichte Horste (Abb. 5) bilden.
Eine Reihe von Wiesenpflanzen bilden oberirdische oder unterirdische Ausläufer und überdauern so die Mahd und auch den Winter. Dazu zählen z. B. das *Mädesüß*, viele *Wiesengräser* und auf sehr feuchten Stellen die *Sumpf-Dotterblume*. Auch die *Große Brennnessel* (Abb. 6) bildet unterirdische Ausläufer.

6 ▸ Große Brennnessel

Projekt

Tagpfauenauge

Grasfrosch

Weißstorch

Gut erhaltene Wiesen beherbergen zahlreiche **Tiere.** Manche leben ständig hier, z. B. *Maulwurf, Mäuse, Regenwürme*r und *Spinnen*. Andere sind nur zeitweilig Gäste auf der Wiese, z. B. *Reh, Wildschwein, Honigbiene, Schmetterlinge*. Für den *Bussard* und andere Greifvögel sowie den *Weißstorch* sind Wiesen ein beliebtes Jagdrevier.

Bei der Mahd der Wiesen werden auch alle Bewohner mehr oder weniger beeinflusst. Am wenigsten beeinträchtigt werden die Tiere, die im Wiesenboden leben, z. B. *Maulwurf, Regenwürmer, Wühlmaus*, oder auch die Tiere, die flüchten können, z. B. *Eidechsen*, auch *Frösche* und *Vögel*. Am stärksten von der Mahd sind z.B. die *Spinnen, Schnecken* und *Insekten* betroffen.

5. *Sucht nach Wechselbeziehungen zwischen den Lebewesen einer Wiese. Fertigt dazu eine Übersicht an.*
Ordnet Lebewesen den Produzenten, den Konsumenten verschiedener Ordnung und den Destruenten zu.

Wiesen sind für zahlreiche Tiere der Lebensraum. Sie finden dort in verschiedenen „Stockwerken" sowohl Nahrung, Wohn- und Brutstätten als auch Schutz vor Feinden.
In der *Bodenschicht* und auf der Bodenoberfläche leben zahlreiche wirbellose Tiere, z. B. *Regenwurm, Milben, Tausendfüßer, Asseln, Schnecken* sowie *Larven* von Käfern und Fliegen.

1 ▶ Für den Maulwurf ist die Wiese ein idealer Lebensraum.

Wahlpflichtbereich: Mikrokosmos Wiese   Biologie   139

Projekt

Diese Tiere ernähren sich zumeist von abgestorbenen Organismen. Sie tragen so zur Zersetzung toter Lebewesen und damit zur Humusbildung bei. Einen besonderen Anteil haben die *Regenwürmer*. Eine 10 cm mächtige Bodenschicht wandert z. B. in 30 Jahren einmal durch den Darm von Regenwürmern.

In der *Krautschicht* leben zahlreiche Tiere, die sich von Pflanzen ernähren. Einige sind Blattfresser, z. B. Insektenlarven. Die *Heuschrecken, Blattläuse* und *Wanzen* sind Säftesauger.

Die *Blütenschicht* beherbergt vor allem Nektarsauger, z. B. *Bienen, Hummeln, Schmetterlinge* (Abb. 1). Oft gibt es zwischen dem Bau der Blüte und dem Bau der Mundwerkzeuge von Insekten eine enge Beziehung. So ist z. B. der *Wiesen-Salbei* eine ausgesprochene Hummelblüte (vgl. S. 113).

Kohlweißling

Sehr eng sind die Bindungen mancher **Schmetterlinge** an die Pflanzen der Wiese. Hier finden sie u. a. Unterschlupf, Aufwärmplätze, Nahrung und Möglichkeiten, ihre Eier abzulegen. Ihre Larven (Raupen) ernähren sich von Pflanzen und verpuppen sich daran. Der Kreislauf beginnt dann von Neuem.

6. *Begründet, dass eine Wiese ebenfalls ein Ökosystem ist, und beschreibt dessen Besonderheiten.*

Projekt

Mannigfaltigkeit der Pilze

Auf der Erde sind bisher etwa 100 000 verschiedene Pilzarten bekannt. Sie kommen in den unterschiedlichsten Formen und Größen vor und sind weltweit verbreitet. Einige Vertreter sind so winzig, dass man sie nur mithilfe von Lupe oder Mikroskop erkennen kann. Dazu gehören z. B. die **Hefepilze,** die nur aus einer Zelle bestehen, und die **Schimmelpilze,** die man in und auf schimmeligen Nahrungsmitteln findet. Im Wald findet man oft die Fruchtkörper von Pilzen. Diese Pilze werden **Hutpilze** genannt.

Am Ende des Stiels eines Hutpilzes findet man ein verzweigtes Geflecht feiner weißer Pilzfäden. Dieses Myzel ist der eigentliche Pilz. Bei günstigen Temperaturen bildet das Myzel den oberirdischen Teil der Pilze aus, den Fruchtkörper. Dieser ist in Stiel und Hut gegliedert.

1 ▶ Steinpilz

2 ▶ Marone

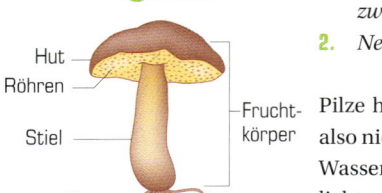

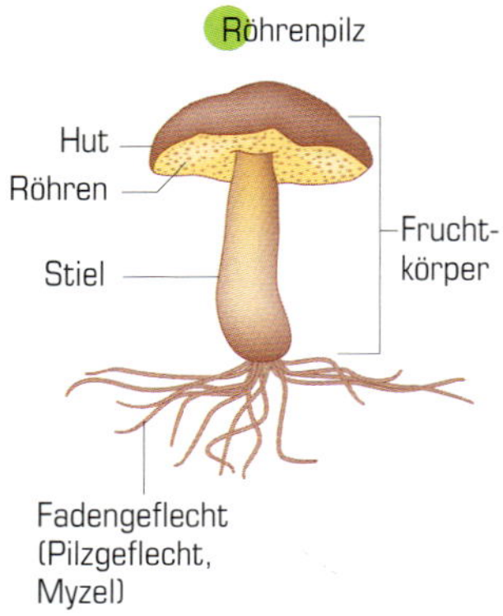

1. *Hutpilze teilt man aufgrund äußerer unterschiedlicher Merkmale in zwei Gruppen ein. Nennt diese.*

2. *Nennt für jede Gruppe mindestens drei Beispiele.*

Pilze haben keinen grünen Blattfarbstoff (Chlorophyll). Sie können sich also nicht wie die Algen und Pflanzen vom Kohlenstoffdioxid der Luft, von Wasser und Mineralstoffen aus dem Boden unter Nutzung des Sonnenlichts ernähren. Sie ernähren sich von organischen Stoffen.

Pilze ernähren sich z. B. von Pflanzenresten wie totes Holz und zersetzen diese dabei. Als Zersetzer von Pflanzenresten haben sie eine große Bedeutung.

3. *Beim Pilzesammeln soll man für den Menschen ungenießbare oder giftige Pilze nicht zerstören, sondern stehen lassen. Begründet aus ökologischer Sicht, warum diese Maßnahme sinnvoll ist.*

Hutpilze pflanzen sich durch Sporen fort. An der Unterseite des Hutes werden in den Röhren bzw. an den Lamellen Millionen sehr kleiner Sporen gebildet. Sie dienen der ungeschlechtlichen Fortpflanzung und Vermehrung der Pilze.

Wahlplichtbereich: Mannigfaltigkeit der Pilze   Biologie   141

Projekt

4. *Erarbeitet mithilfe der Abbildung die Fortpflanzung der Hutpilze.*

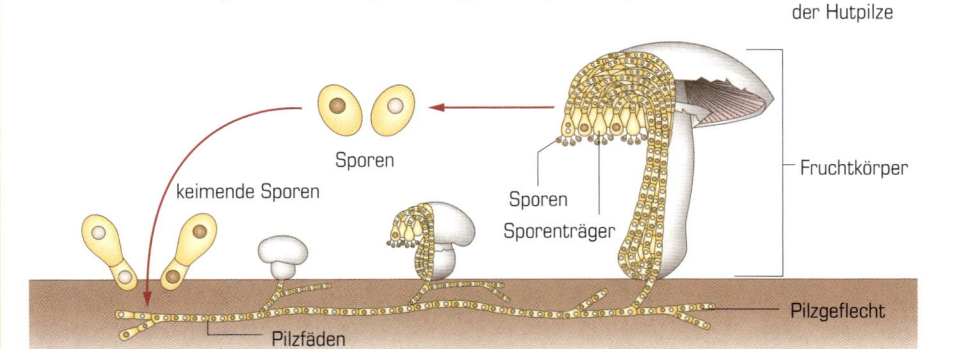

3 ▸ Fortpflanzung der Hutpilze

keimende Sporen — Sporen — Sporen — Sporenträger — Fruchtkörper — Pilzgeflecht — Pilzfäden

Zu den Hutpilzen gehören unsere meisten Speisepilze sowie auch gefährliche Giftpilze. Spätsommer und Herbst sind die Zeiten des Pilzsammelns. Wer Pilze sammeln möchte, sollte vorher sein Wissen über Pilze erweitern, z. B. an Pilzwanderungen teilnehmen, die von einem Fachmann geführt werden, seine selbst gesammelten Pilze in öffentlichen Beratungsstellen untersuchen und bestimmen lassen. Er muss auch wissen, dass die Hutpilze in essbare, ungenießbare und giftige Hutpilze eingeteilt werden und dass Pilzgifte u. a. die inneren Organe und das Nervensystem schädigen sowie zum Tod führen können. Deshalb ist es wichtig, dass Pilzsammler bestimmte Regeln für das Sammeln von Pilzen einhalten.

Eine Regel lautet z. B.: Bist du dir nicht sicher, ob du essbare Pilze gesammelt hast, suche eine Pilzberatungsstelle auf!

5. *Stellt wichtige Regeln für das Pilzsammeln zusammen.*

Erfahrene Pilzsammler wissen, dass einige Waldpilze besonders in der Nähe bestimmter Waldbäume vorkommen. So findet man beispielsweise den *Birkenpilz* unter Birken, den *Goldgelben Lärchenröhrling* (Goldröhrling) unter Lärchen, den *Steinpilz* unter Eichen, den *Maronenröhrling* unter Fichten, den *Butterpilz* und den *Pfifferling* unter Kiefern.

Untersucht man bei diesen Bäumen die Enden der feinen Wurzeln, so stellt man fest, dass sie von einem dichten Pilzgeflecht vollständig umsponnen sind. Die von den Pilzfäden umschlossenen Baumwurzelenden schwellen durch das Eindringen der Pilzfäden oftmals zu kleinen länglichen Knollen an und verzweigen sich auf unterschiedliche Art (Abb. 4). Dadurch ist eine große stoffaufnehmende Oberfläche entstanden, denn das Pilzgeflecht übernimmt für den jeweiligen Baum die Aufgabe der feinen Wurzelhaare, nämlich die Wasser- sowie Mineralstoffaufnahme aus dem Boden.

4 ▸ Mykorrhiza

Projekt

6. *Manche Pilze leben mit den Wurzeln von Bäumen zusammen und bilden eine Pilzwurzel (Mykorrhiza). Wie bezeichnet man diese Form des Zusammenlebens? Erläutert die Vorteile dieses Zusammenlebens für beide Partner.*

Zu der Gruppe der Pilze gehören auch solche, die Gemüse, Früchte, Brot, Marmelade und andere Nahrungsmittel schimmeln lassen. Zuerst bilden sich auf diesen Nahrungsmitteln nur kleine Flecken, die schnell größer werden, bis die Oberfläche völlig mit einem pelzartigen farbigen Schimmelrasen überzogen ist. Erst mit der Lupe und dem Mikroskop betrachtet, erkennt man feinen Pilzfäden, die als dichtes Pilzgeflecht (Myzel) die Nahrungsmittel durchziehen. Man nennt diese Pilze **Schimmelpilze** (Abb. 4).

1 ▸ Köpfchenschimmel

2 ▸ Pinselschimmel

3 ▸ Gießkannenschimmel

4 ▸ Schimmelpilze haben ein Donut zersetzt.

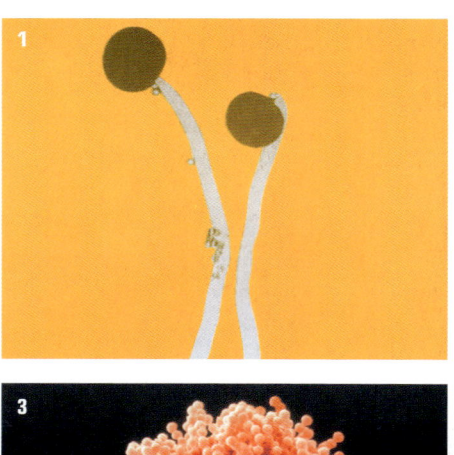

Das Pilzgeflecht bildet Sporenträger aus, die Sporen tragen. Die Anordnung der Sporen ist artspezifisch. Daran kann man die drei Vertreter der Schimmelpilze erkennen: *Köpfchenschimmel, Pinselschimmel* und *Gießkannenschimmel* (Abb. 1 bis 3).

7. *Informiert euch über Bau, Ernährung und Fortpflanzung der Schimmelpilze.*

Wahlpflichtbereich: Mannigfaltigkeit der Pilze

Biologie 143

Projekt

Im **Kreislauf der Natur** haben Schimmelpilze eine große **Bedeutung** als **Destruenten**. Sie sind aber auch Material- und Nahrungsschädlinge sowie Helfer bei der Herstellung von Lebensmitteln und Antibiotika. Aufgrund ihrer heterotrophen Ernährungsweise können Schimmelpilze, wenn sie Nahrungsmittel aller Art, Futtermittel (z. B. Stroh, Heu, Getreidekörner) oder Rohstoffe (z. B. Holz, Leder) befallen, diese zersetzen. Dabei bilden sie giftige Stoffe (Toxine), die für den Menschen bzw. für die Tiere schädlich sind, da sie Krankheiten (z. B. Krebs) verursachen können.
Verschimmelte Nahrungsmittel dürfen deshalb nicht verzehrt werden. Ebenso dürfen Tiere nicht mit verschimmelten Futtermitteln gefüttert werden. Nahrungs- und Futtermittel kann man durch chemische Zusätze begrenzt vor Schimmelpilzbefall schützen.

8. *Beschreibt und begründet Maßnahmen, die das Wachstum von Schimmelpilzen hemmen.*
9. *Lasst unterschiedliche Nahrungsmittel (Zwieback, Knäckebrot, frisches Brot, Obstkuchen, Marmelade) eine Zeit lang ohne Kühlung stehen.*
Achtung, Arbeitsschutz beachten!
Beobachtet die Veränderungen. Vergleicht und erklärt die unterschiedlichen Ergebnisse.

Seit Jahrtausenden werden wenige Schimmelpilzarten vom Menschen zur **Herstellung von Lebensmitteln** genutzt. Bei der „Reifung" einiger Käsesorten, z. B. *Camembert* und *Roquefort*, werden ungiftige Schimmelpilze zugesetzt. Sie verleihen dem Käse den typischen Geschmack.
Infektionskrankheiten werden u. a. mit Antibiotika bekämpft. Das bekannte Antibiotikum **Penicillin** wird aus dem Schimmelpilz *Penicillium* gewonnen. Penicillin wird in der Medizin gegen Bakterien eingesetzt, die zahlreiche Krankheiten der inneren Organe hervorrufen. Das Antibiotikum zerstört die Zellwand des Bakteriums oder verhindert die Bildung der Zellwand.
Die Bakterienzelle kann nicht wachsen und sich nicht vermehren. Heute wird Penicillin in großer Menge in Bioreaktoren durch biotechnologische Verfahren gewonnen.

5 ▶ Roquefort ist ein Weichkäse mit Schimmelpilzbildung.

10. *Informiert euch über die Geschichte der Entdeckung des Penicillins.*
11. *Mit der Geschichte des Penicillins ist der Name Alexander Fleming verbunden. Erarbeitet einen Vortrag über Leben und wissenschaftliche Leistungen des englischen Bakteriologen. Nutzt dazu auch die Internetadresse www.schuelerduden.de.*

Projekt

Von der Gerste zum Bier

Hefepilze sind einzellige Pilze. Jede Hefepilzzelle besteht aus Zellplasma, dem Zellkern, der Zellwand. Mithilfe des Mikroskops sieht man deutlich in der Mitte der Zelle eine Vakuole (Abb. 1).

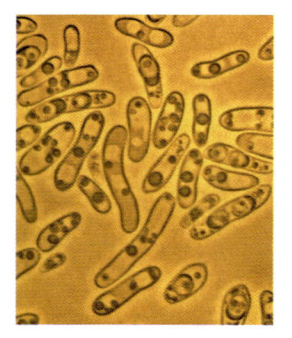

1. *Erforscht, wo Hefepilze vorkommen.*

Hefepilze enthalten wie die Hut- und Schimmelpilze kein Chlorophyll. Sie ernähren sich von organischen Stoffen, vor allem von Zucker. Es sind also auch *heterotrophe Organismen*.
Stehen den Hefepilzen ausreichend zuckerhaltige Stoffe als Nahrung, genügend Feuchtigkeit und eine günstige Temperatur zur Verfügung, beginnen sich an den Zellen Auswüchse zu bilden, die sich abtrennen und die jeweils zu einer neuen Zelle heranwachsen. Die neuen Zellen können auch zusammenbleiben und Zellketten bilden. Diese Form der ungeschlechtlichen Fortpflanzung wird *Sprossung* genannt.

Hefepilze benötigen wie alle Lebewesen Energie für ihre Lebensprozesse. Sie erhalten sie nicht nur durch Atmung, in deren Prozess organische Stoffe mithilfe des Sauerstoffs abgebaut werden. Bei Hefepilzen und einigen Bakterien kommt auch eine andere Form des Abbaus vor, die **Gärung**. Unter Abwesenheit von Sauerstoff werden organische Stoffe abgebaut. Man sagt sie werden vergoren. In diesem Prozess wird Energie freigesetzt, allerdings nicht so viel wie bei der Atmung.

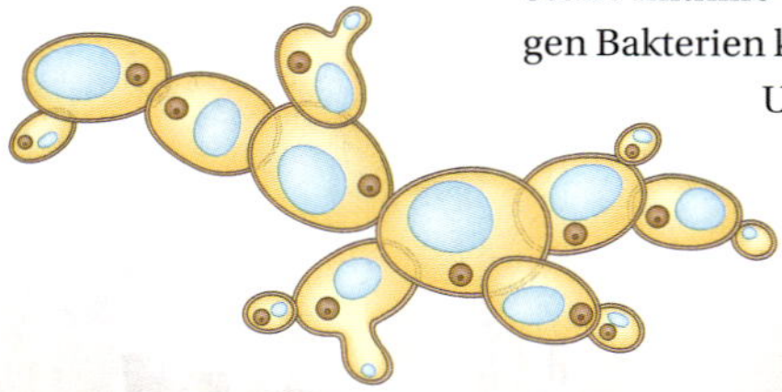

1 ▶ Hefezellen vermehren sich asexuell durch Zellteilung (Sprossung).

Alkoholische Gärung

2 ▶ Schematischer Verlauf der alkoholischen Gärung

$$C_6H_{12}O_6 \xrightarrow{Enzyme} 2\ C_2H_5OH + 2\ CO_2 \qquad Q = -n\ kJ$$

2. *Vergleicht beide Formen der Energiegewinnung, Atmung und Gärung, hinsichtlich Ausgangsstoffe, Reaktionsprodukte, Bedingungen und Energieausbeute.*

Wahlpflichtbereich: Von der Gerste zum Bier — Biologie

Projekt

Den Prozess der Gärung nutzt der Mensch bei der Wein- und Bierherstellung aus. Die Kohlenhydrate aus dem Getreide und den Trauben der Weinrebe werden durch Bier- und Weinhefepilze in Ethanol und Kohlenstoffdioxid umgewandelt. Nach dem entstehenden Produkt (Ethanol) wird dieser Prozess als **alkoholische Gärung** bezeichnet.

Der Weg von der Gerste zum Bier verläuft in mehren Schritten.
Der wasserlösliche Malzzucker aus der Maische muss nun vergoren werden. Dazu filtriert man die Maische und fügt Hopfen zum Filtrat (Würze) hinzu. Diese Würze versetzt man anschließend mit **Bierhefe**.
Durch die Stoffwechselprozesse der Bierhefe wird der Malzzucker vergoren. Es entsteht Kohlenstoffdioxid und Ethanol. Das Ethanol kann von den Hefezellen nicht weiterverarbeitet werden und wird ausgeschieden. Dabei können sie nur einen Alkoholgehalt von ungefähr 15 % vertragen, da Ethanol auch für Hefezellen giftig ist und diese dann absterben. Der Gärprozess ist u. a. von der Temperatur abhängig.

In Gegenwart von Sauerstoff (aerobe Bedingungen) bauen Hefen den Zucker durch Atmung vollständig zu Kohlenstoffdioxid und Wasser ab:

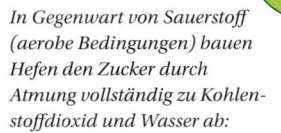

$$C_6H_{12}O_6 + 6\,O_2 \longrightarrow 6\,CO_2 + 6\,H_2O$$
$$Q = -n\,kJ$$

3. Trefft eine Voraussage zur Temperaturabhängigkeit der Gärung und überprüft eure Vermutung experimentell.

   Geräte und Chemikalien:
   3 Gärröhrchen nach EINHORN, 3 Bechergläser (50 ml), Spatel, Trockenhefe, Wasser, Traubenzucker

   Durchführung:
   Gebt zwei Spatelspitzen Trockenhefe und zwei Spatelspitzen Traubenzucker in jedes der drei Bechergläser.
   Füllt jeweils zur Hälfte mit Wasser auf und rührt gut um.
   Befüllt alle drei Gärröhrchen mit der Suspension. Stellt einen Ansatz in den Kühlschrank (ca. 10 °C), einen in den Trockenschrank (40 °C) und einen auf die Fensterbank (ca. 20 °C).

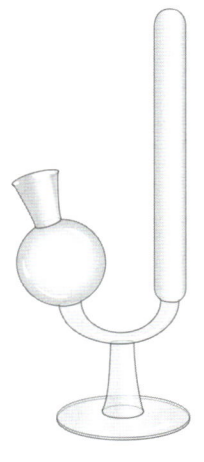

   Beobachtung und Auswertung:
   Notiert eure Beobachtungen und erklärt sie. Wurde eure Voraussage bestätigt?

3 ▶ Mit Gärröhrchen nach Einhorn lässt sich das Volumen des gebildeten Kohlenstoffdioxids einfach ablesen.

Zur Gärung wird die gehopfte Würze im Gärkeller auf die je nach Biersorte notwendige Gärtemperatur abgekühlt und mit der entsprechenden Bierhefe versetzt. Die Gärung dauert ca. 1 Woche.
Zur Nachreifung lagert die Brauerei das fertige, aber noch junge Bier 4 bis 5 Wochen in großen Tanks. Danach wird es noch einmal gefiltert, in Fässer bzw. Flaschen abgefüllt und verkauft.

Projekt

4. Erläutert das folgende Fließschema zur Bierherstellung.

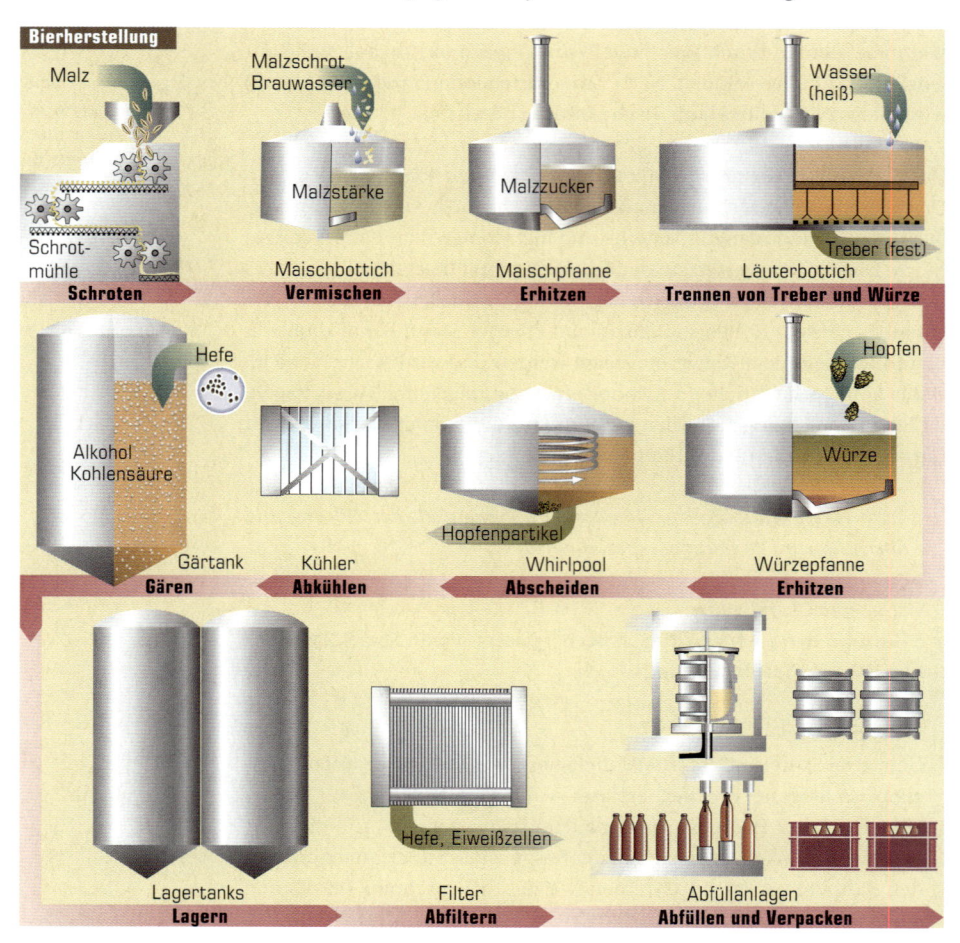

Bierherstellung

- Malz → Schrotmühle → **Schroten** → Malzschrot
- Malzschrot + Brauwasser → Maischbottich (Malzstärke) → **Vermischen**
- → Maischpfanne (Malzzucker) → **Erhitzen**
- + Wasser (heiß) → Läuterbottich → **Trennen von Treber und Würze** (Treber (fest))
- → Würzepfanne + Hopfen (Würze) → **Erhitzen**
- → Whirlpool (Hopfenpartikel) → **Abscheiden**
- → Kühler → **Abkühlen**
- + Hefe → Gärtank (Alkohol, Kohlensäure) → **Gären**
- → Lagertanks → **Lagern**
- → Filter (Hefe, Eiweißzellen) → **Abfiltern**
- → Abfüllanlagen → **Abfüllen und Verpacken**

Alkohol ist ein Genussmittel und eine legale Droge. Regelmäßige Einnahme von Alkohol führt zu seelischer und körperlicher Abhängigkeit (Alkoholsucht).
Länger anhaltender Alkoholmissbrauch hat Schädigungen innerer Organe zur Folge.

5. Erforscht Gründe für die Entstehung von Süchten.
6. Beschreibt, welche Folgen der regelmäßige Konsum von Alkohol haben kann. Geht dabei nicht nur auf körperliche Schädigungen ein.
7. Warum sind Heranwachsende besonders gefährdet?
8. Wo finden Alkoholabhängige Hilfe?

Fächerverbindendes Thema

Energie und Umwelt

Primär-, Sekundär- und Nutzenergie

Der Energiebedarf der Menschheit ist in den letzten Jahrzehnten sprunghaft angestiegen und hat inzwischen einen Wert von über $4 \cdot 10^{20}$ J pro Jahr erreicht (Abb.1). Nach allen Prognosen wird er weiter ansteigen.

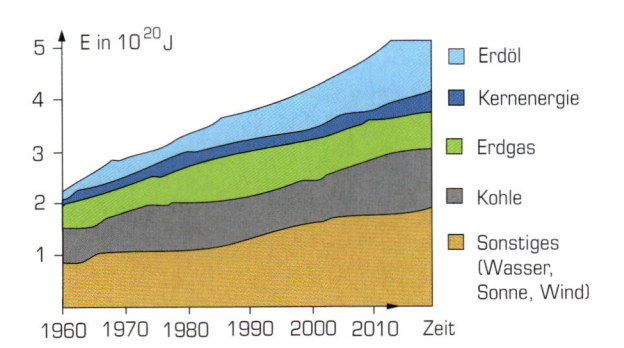

1 ▸ Entwicklung des Energiebedarfs der Menschheit

Der Gesamtverbrauch an Energie in Deutschland beträgt etwa $1{,}45 \cdot 10^{19}$ J, wobei fossile Brennstoffe einen erheblichen Anteil an den Energieträgern stellen. Holz, Kohle, Erdöl, Erdgas, Uranerz, Wind, Wasser, Biomasse und Sonnenstrahlung sind **Primärenergieträger,** die in der Natur vorkommen. Briketts, Koks, Benzin, Heizöl und elektrischer Strom sind **Sekundärenergieträger.**

Die **Primärenergie** wird heute nur in begrenztem Umfang unmittelbar genutzt. Sie wird in vielfältigen Umwandlungsprozessen in andere Energieformen umgewandelt, die sich besser transportieren, verteilen und für den Nutzer bereitstellen lassen. Die elektrische Energie ist dabei die wichtigste **Sekundärenergie.**

1. Der Anteil verschiedener Energieträger an der Deckung des gesamten Energiebedarfs ist in einzelnen Ländern, aber auch von Region zu Region verschieden.
   a) Berechnet den Anteil der einzelnen Energieträger beim Primärenergieverbrauch (Tab. rechts) am Gesamtverbrauch in Deutschland.
   Stellt die Anteile in einem Säulendiagramm dar und interpretiert es.
   b) Informiert euch über die Verteilung der Energieträger beim Primärenergieverbrauch in anderen Ländern. Wählt zweckmäßige Veranschaulichungen, die einen Vergleich ermöglichen.

2. Fast alle Energie auf der Erde stammt von der Sonne. Recherchiert, wie wichtig der Energielieferant Sonne für das Leben auf der Erde ist.

Energieverbrauch Deutschland 2003

Energieträger	in E in 10^{18} J
Mineralöl	5,58
Erdgas	3,12
Steinkohle	1,90
Kernenergie	1,87
Braunkohle	1,62
Sonstiges	0,29
Wasser- und Windkraft	0,12

Fächerverbindendes Thema

Kraftwerke im Vergleich

In Kraftwerken wird aus Primärenergie über mehrere Umwandlungsprozesse elektrische Energie erzeugt. Je nach Primärenergieträger und Art der Anlage unterscheidet man zwischen Wärmekraftwerken, Kernkraftwerken, Wasserkraftwerken, Windkraftwerken und geothermischen Kraftwerken. Wesentliche Kriterien zur Beurteilung von Kraftwerken sind – neben dem Wirkungsgrad (Tab. links) – die Kosten, die Risiken, die Umweltbelastung und die Verfügbarkeit der Energieträger.

Art des Kraftwerks	η
Solarkraftwerk	20 %
Windkraftwerk	30 %
Kernkraftwerk	38 %
Kohlekraftwerk	40 %
Gasturbinenkraftwerk	52 %
Pumpenspeicherkraftwerk	75 %
Kraftwerk mit Kraft-Wärme-Kopplung	85 %
Wasserkraftwerk	90 %

1 ▸ Wirkungsgrad η von Kraftwerkstypen

3. *Worin unterscheiden sich wichtige Arten von Kraftwerken? Welche Vorteile und welche Nachteile weisen sie auf?*

Von großem Nachteil in Wärmekraftwerken sind beim Verbrennen fossiler Brennstoffe auftretende **Umweltbelastungen,** wie Staub, Stickoxide (NO, NO_2), Schwefeldioxid (SO_2) sowie Kohlenstoffdioxid (CO_2).

4. *Weist jeweils Kohlenstoffdioxid beim Verbrennen eines Kohlenstücks, einer Petroleumprobe und etwas Kerzenwachs nach. Entwickelt eine Experimentieranordnung und fordert nötige Geräte und Chemikalien beim Lehrer an. Fertigt ein Protokoll an.*

5. *Erkundet, wie z. B. Anlagen zur Rauchgasentschwefelung und Elektrofilter zur Verringerung der Staubbelastung funktionieren.*

In Deutschland werden gegenwärtig ca. 30 % der elektrischen Energie aus Kernenergie gewonnen. Das geschieht in 18 Kernkraftwerken und trägt zu einer stabilen Energieversorgung bei. Trotzdem gibt es kontroverse Diskussionen über die Nutzung von Kernenergie.

6. *Gestaltet einen Workshop zum Thema „Pro und kontra Kernenergie". Ladet kompetente Gesprächspartner ein.*
Bereitet euch in Gruppen auf einzelne Aspekte vor, z. B. Vorteile und Nachteile gegenüber anderen Kraftwerken, Risiken beim Betrieb, Störfälle, Lagerung des radioaktiven Mülls.

Radioaktive Strahlung kann bei entsprechender Dosis und Dauer der Einwirkung zu Schädigungen des menschlichen Körpers, aber auch anderer Lebewesen führen (Strahlenkrankheit).

7. *Die biologischen Wirkungen der radioaktiven Strahlung werden durch die Äquivalentdosis erfasst.*
Informiert euch im Internet, welche Wirkungen bereits kurzzeitige Bestrahlungen hervorrufen können.

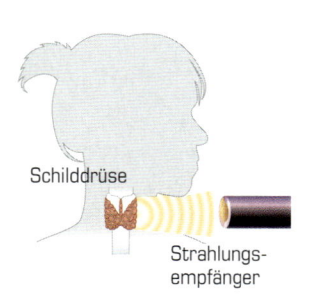

2 ▸ Radioaktive Strahlung wird auch zu Heilzwecken eingesetzt.

Wahlpflichtbereich: Energie und Umwelt   Biologie   149

Fächerverbindendes Thema

Erneuerbare und nicht erneuerbare Energieträger

Die weltweit am umfangreichsten genutzten Energieträger Kohle, Erdöl und Erdgas sind in Millionen von Jahren unter speziellen Bedingungen entstanden und können unter heutigen Verhältnissen nicht neu entstehen. Sie sind nicht erneuerbar. Das Ende ihrer Verfügbarkeit ist bereits abzusehen. Energieträger, die nachwachsen (Holz, Biomasse) oder von Neuem nutzbar sind (Wind, Wasser, Sonnenstrahlung), nennt man **erneuerbare** oder **regenerative Energieträger**.

Energie-träger	Verfügbarkeit in Jahren	
	weltweit	BRD
Braunkohle	515	230
Steinkohle	151	330
Erdöl	43	31
Erdgas	65	16

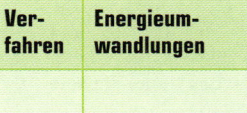

8. Die Tabelle rechts zeigt, wie lange die Reserven an fossilen Energieträgern reichen, wenn man den jetzigen Verbrauch zugrunde legt.
   a) Welche Folgerungen kann man aus diesen Daten ableiten?
   b) Diskutiert die Konsequenzen, die sich aus den Daten für die Nutzung erneuerbarer Energien ergeben.

Biomasse gehört zu den Energieträgern, die ständig nachwachsen. Weltweit werden pro Jahr etwa 155 Milliarden Tonnen produziert. Auch die Nutzung organischer Abfälle (tierische und pflanzliche Ausscheidungsprodukte und Rückstände) nimmt anteilig an der Energiegewinnung zu. So wird z. B. brennbares Biogas erzeugt. Es entsteht durch Gärungsprodukte unter Mithilfe von Mikroorganismen.

9. Tragt in einer Tabelle verschiedene Verfahren zur Nutzung von Biomasse als Energieträger für die Energieversorgung zusammen und geht dabei auf die Energieumwandlungen ein.

Verfahren	Energieumwandlungen

10. Stellt Biogas her und überprüft die Brennbarkeit.

Durchführung:

- Reagenzglas
- Teichwasser
- Faulschlamm

1. Einige Tage warm stellen
2. Reagenzglas vorsichtig entfernen
3. Auf Brennbarkeit prüfen

Auswertung:
Vergleicht die Entstehung von fossilen Brennstoffen und von Biogas.
Ordnet die Energieträger in den Kohlenstoffkreislauf ein.

A

abiotische Faktoren 92 f., 104
Abwasser 124
Abwasseraufbereitung 125
Adenosindiphosphat 44, 51
Adhäsion 28
Algen 8, 9
alkoholische Gärung 144, 145
aquatisches Ökosystem 116
Assimilation 54
Atmung 48, 50, 51, 53, 63
Außenparasiten 114
autotrophe Assimilation 54
autotrophe Ernährung 39

B

Bedecktsamer 25
Befruchtung 14
Gewässerbelastung 102
Bestäubung 14
Bestäubungssymbiose 113
Beziehungen
- innerartliche 106
- zwischenartliche 110
- interspezifische 106
- intraspezifische 106

Bildungsgewebe 29
Bioindikatoren 102
biologisches Gleichgewicht 79
Biomasse 149
biotische Faktoren 91f.
Biotop 81, 90
Biozönose 74, 81, 90
Blüte 12
Boden
- saurer 105
- kalkreicher 105
- trockener 105

Bodenschicht 138
Bodenverhältnisse 105
Bodenzone 68
Bruchwaldzone 74
Brutfürsorge 108
Brutpflege 107

C

Cellulose 46
chemische Energie 63

Chemosynthese 54
Chlorophyll 40, 42, 62
Chloroplasten 38, 42, 62

D

Destruenten 79, 117, 118, 122, 143
Dichteanomalie des
  Wassers 67
Dickenwachstum von
  Sprossachsen 29
Diffusion 20
Dissimilation 55
Düngung 23

E

Einfluss
- der Temperatur 97
- des Lichtes 94, 95, 96
- des Wassers 100

einkeimblättrige Landpflanzen 10
Eintrag von Schadstoffen 124
Endodermis 19
Energie 47, 54, 147
Energiefluss 118, 122
Energieumwandlungen 43
Entsorgung von Chemikalien 124
Enzyme 43
Epidermis 31
Erdöl 47
Ernährung 39
Ernährungsweisen 39
Erschließungsfeld
- Stoff- und Energie 56
- Wechselwirkung 56
- Zeit 82

Eutrophierung eines Sees 93

F

Farnpflanzen 8, 9, 10
Feuchtpflanzen 100
Flachmoor 83
Flechten 112
Fleischfresser 79
Fortpflanzungsverhalten 106
Fotosynthese 38 f., 50 f., 62
Freiwasserzone 77
Fremdverbreitung 17
Frucht 15

Fruchtblätter 12, 14
Fruchtform 16

G

Gärung 144
Gasaustausch 7, 33
Gefäßteil 25
Gerste 144
Geruch des Sees 70
geschlechtliche Fortpflanzung 14
Gewässerschutz 124
Giftstoffe 46
Gleichgewicht 115
gleichwarme Tiere 99
Glucose 43, 46, 50
Grünalgen 112
Grundwasser 124
Guttation 27

H

Hauptwurzel 18
Hauskläranlagen 125
Hefe 145
Hefepilze 140
Herbarium 130 – 131
heterotrophe Assimilation 54
heterotrophe Ernährung 39
Hochmoor 83
Holzteil 25, 29
Humusstoffe 116
Hutpilze 141
Hydrophyten 100
Hygrophyten 100

I

Indikatorpflanzen 103
individualisierter Verband 109
Ingenhousz, Jan 40, 48
Innenparasiten 114
Insektenbestäubung 14, 113
Interzellulare 31

J

Jahresringe 29

K

Kältestarre 99
Kapillaren 27

Keimung 98
Kläranlagen 125
Kohäsion 28
Kohle 47
Kohlenstoffkreislauf 117
Kommensalismus 110
Kompensationsebene 68
Konkurrenz 106, 111
Konsumenten 79, 117, 118, 122
Korbblütengewächse 13
Kraftwerke 148
Krautschicht 139
Kreislauf der Natur 143
Kreislauf des Wassers 89
Kreuzblütengewächse 13
Kutikula 31

L

Landpflanzen 98, 103, 105
Landtiere 98
Laubblatt 30, 32, 37
Lebensbedingungen 8, 69, 73, 89
Lebensgemeinschaften 73
Lebensraum 65, 68
Leitbündel 19, 24, 26, 30
Leitorganismen 102
lichtabhängige Reaktion 44
Lichtdurchlässigkeit 68, 70
Lichtenergie 40
Lichtfaktor 95
lichtunabhängige Reaktion 44
Lippenblütengewächse 13
Lungen 78

M

Mangelerscheinung 23
MAYER, JULIUS ROBERT 48
Membranen 20
Mesophyten 100
Mineralstoffe 22, 23, 28
Mischdünger 23
Mitochondrien 38, 50
Moospflanzen 8, 9

N

Nacktsamer 10, 25
Nahrungsbeziehungen 79, 90
Nahrungsnetz 79, 83

O

offener anonymer Verband 109
ökologische Einnischung 80
ökologisches Gleichgewicht 123
Ökosystem 38, 47, 81 f., 90, 121, 136
Öl 126
organische Stoffe 46, 47
Osmose 21, 22

P

Paarung 106, 107
Palisadengewebe 31
Parasitismus 114
Partnerbeziehungen 106, 108
Pflanzen 8
Pflanzenfamilie 12
Pflanzenfresser 79
pflanzliches Plankton 77
pH-Wert des Wassers 71
Pilze 140
Pilzgeflecht 112
Plankton 77 f.
Pollenschlauch 14
Primärenergieträger 147
Prinzip der Oberflächen-
   vergrößerung 19
Produzenten 79, 117, 118, 122
Projekt 135
Putzsymbiosen 113

R

Räuber-Beute-Beziehung 115
Reinigung von Abwässern 116, 125
Restaurierung von Seen 127
Revierverhalten 106
Rhizodermis 19
Rhizome 97
Rinde 29
Rindengewebe 19
Rindenzellen 24
Röhrichtzone 74
Rosengewächse 13

S

SACHS, JULIUS 40, 41
Samen 12, 15
Samenanlage 15

Samenpflanzen 6.f., 12 f.
Sangesbeginn der Vögel 96
Sanierung von Seen 127
Sauerstofffreisetzung 63
Sauerstoffgehalt 69, 92
Sauerstoffverbrauch 93
Schadstoffe 53
Schattenpflanzen 95
Schimmelpilze 140, 142
Schließfrüchte 16
Schmetterlingsblütengewächse 13
Schutz der Gewässer 123
Schutz der Umwelt 133
Schwammgewebe 31
See 65, 68, 69, 81, 131
Sekundärenergieträger 147
Selbstverbreitung 17
semipermeable Membran 20, 22
Sichttiefe des Wassers 70
Sonnenpflanzen 95
Spaltöffnungen 7, 31, 32
Speicherorgan 18
Sprossachse 7, 24, 26, 36
sprossbürtiges Wurzelsystem 18
Sprungschicht 67
Stagnation 67
Stängelepidermis 24
Stärke 46
Staubblatt 12, 14
Stickstoffverbindungen 71
Stoff- und Energieumwandlungen 50
Stoff- und Energiewechsel 54
Stoffkreislauf 79, 116, 117, 122
Stoffumwandlung 43
Strahlungsenergie 43, 118
Streufrüchte 16
Sukzession 82, 83, 90
Süßwasser 65, 66
Symbiose 112, 113

T

Tauchblattzone 76
Temperatur 67, 69, 92
Tiefenalgenzone 76
Tiefenzone 68
tierisches Plankton 78
Toleranz 104

Tracheen 78
Transpirationssog 27, 28
Transpiration 27, 32, 33
Trinkwasser 66
Trockenpflanzen 100
Tropophyten 100

U
Uferzone 68
Umweltbelastungen 148

V
Verbreitung von Früchten und Samen 17
Verdunstung 32
Verflachung 82
Vergesellschaftung 109
Verkleinerung 82
Verlandung 82

Verschmutzung des Wassers 86
Vitamine 46
Vögel 17

W
Waldökosystem 83
wandlungsfähige Pflanzen 100
Wasser 28, 66
Wasseraufnahme 22
Wasserleitung 26
Wasserpflanzen 100
Wassertransport 26, 28, 37
wechselwarme Tieren 99
Wechselwirkung 56, 92
Wiese 136, 137, 139
Windbestäubung 14
Winterruhe 99
Winterschlaf 99
Winterstarre 99

Wirt 114
Wirtswechsel 114
Wurzel 7, 18 f., 36
Wurzeldruck 27, 28
Wurzelhärchen 19

X
Xerophyten 100

Z
Zeigerarten 102-103
zeitweilige Tischgenossenschaft 110
Zentralzylinder 19
Zirkulation 67
Zone der Schwimmblattpflanzen 75
Zonierung 18, 68, 89
zweikeimblättrigen Pflanzen 25

Bildquellenverzeichnis

Siegel, R./Arco Digital Images: 12/1, 105/2; Arco Digital Images: K. Wohte: 128/2; David Aubrey/Getty Images: 65/1; BASF: 8/4; BASF Agrarzentrum, Limburgerhof: 13/1; Berliner Wasserbetriebe: 125/1; Bibliographisches Institut & F. A. Brockhaus, Mannheim: 126/1; A. Biedermann, Berlin: 142/4; M. Biere-Mescheder, Schloss Holte-Stukenbrock: 46/1; Bildarchiv Pflanzen: 16/4, 45/4, 137/1; Bildagentur Waldhäusl/MM Images/Vorbusch: 74/1; Böhmig, R., „Rat für jeden Gartentag" (Neumann Verlag, 24. Aufl., Radebeul 1995): 16/5; Landesumweltamt Brandenburg: 96/1, 129/5; S. Brezmann, Hamburg: 16/6, 32/1, 98/1; Bundesumweltministerium: 4/5, 126/2; Corel Photos Inc.: 96/4, 111/2; Cornelsen Verlag, Berlin, „Pflanzen der Heimat": S. 10; Ralf Dettmann, Güstrow: 75/4; Deutsches Museum, München: 48/2; W. Eisenreich, Gilching: 99/1; R. Fischer, Berlin: 91/4, 101/1; C. Fischer:11/1; Dr. T. Geisel, Paulinenaue: 39/1,3u.4, 65/2, 85/1, 91/1, 97/2, 123/1, 127/1, 136/2; Herbert Haas/primap software: 66/1; F. Horn, Rostock: 8/3; 11/5, 11/2; Dr. Anton E. Lafenthaler, Bad Hofgastein: S.128/5; Lavendelfoto Pflanzenarchiv:13/2; Lichtwer Unternehmensgruppe: 46/3; Dr. G. Liesenberg, Berlin: 16/1; H. Mahler, Fotograf, Berlin: 53/2, 61/3; Birke/mauritius images: 77/2; mauritius images: 104/6, 108/3; mauritius images/R. Dirscheri: 109/1; Phototake/mauritius images:142/2-3; Reinhard/mauritius images: 5/2, 138/1; dia/mediacolors:126/3; Georg Müller: 5/1, 1140/2; Naturfotografie F. Hecker: 3/3, 4/2, 12/2, 74/3, 75/2, 100/1, 101/3, 110/1, 111/1, 128/3, 138/1; www.naturganznah.de/Deuerling: 8/2, 16/2; Z. Neuls, Berlin: 11/6, 95/2, 101/2,143/1; Tschups/panthermedia; 128/8; H.-U. Pews, Berlin: 103/1; Photo Disc Inc: 6/1, 7/1 u. 4, 64/1, 65/1, 92/1, 104/1, 123/3, 134/1, 134/2, 144/2; PHYWE SYSTEME GmbH & Co. KG, Göttingen: 70/1, 71/3; picture-alliance/dpa/Jarmo Tolonen: 16/3; picture-alliance/ZB: 23/1; Picture-alliance/OKAPIA/H. Reinhard: 46/2, 95/1; picture-alliance/dpa: 76/2, 94/3, 124/1, 141/4; picture-alliance / ZB: 98/2; picture-alliance/OKAPIA KG/B. Brosette: 99/2; picture-alliance/OKAPIA/U. Walz: 108/1; picture-alliance/U. Schwenk/OKAPIA: 108/2; picture-alliance/OKAPIA KG: 129/2; picture-alliance/dpa/dpa-web/P. Seeger: 53/1; Prof. W. Probst, Flensburg: 8/1, 13/3 u. 5, 94/2; B. Raum, Neuenhagen: 12/4, 74/4, 123/2; Dr. F. Sauer/F. Hecker: 4/4, 74/2, 75/1, 76/1, 77/1-2, 94/1, 100/2, 104/2; Schulte, PJ., University of Washington: 31/2; von Sengbusch: 40/1; Silvestris GmbH, Kastl: 103/3, 113/2; Archiv Nationalpark Vorpommersche Boddenlandschaft, H. Sporns: 106/2; H. Theuerkauf, Gotha: 11/4, 29/1+3, 31/1, 36/1(Hinterlegung), 86/1, 128/6, 136/1, 137/1, 138/2, 140/1, 142/1, 144/1; H. Thomas: 129/1; Tierbildarchiv Angermayer, Holzkirchen: 76/3-4, 86/2-3, 96/2-3, 107/2, 113/1, 114/2, 86/2, 129/4, 129/7; Chemisches und Veterinäruntersuchungsamt Ostwestfalen-Lipp: 114/1; Prof. Dr. V. Wirth, Murr: 112/2; Prof. Dr. E. Zabel, Güstrow: 69/1-2, 72/1, 73/1-7, 97/1, 103/2, 137/2

Ökosystem Wiese

Wiesen sind für zahlreiche Tiere die Lebensgrundlage. Sie finden dort in verschiedenen „Stockwerken" sowohl Nahrung, Wohn- und Brutstätten als auch Schutz vor Feinden.
Die Wiese ist also ein unersetzbarer Lebensraum, um viele verschiedene Pflanzen und Tiere zu schützen und zu erhalten.